本书为2019年度"浙江省社科规划课题成果"
（课题编号：19NDJC191YB）

鼓楼史学丛书·区域与社会研究系列

戏曲学视域下的明清温州地域社会与文化研究

王春红 著

The Study of Wenzhou's Regional Society and
Culture in Ming and Qing Dynasties from the Perspective
of Traditional Chinese Opera

中国社会科学出版社

图书在版编目（CIP）数据

戏曲学视域下的明清温州地域社会与文化研究/王春红著. —北京：中国社会科学出版社，2020.5

ISBN 978-7-5203-6278-8

Ⅰ.①戏… Ⅱ.①王… Ⅲ.①社会发展史－研究－温州－明清时代 ②文化史－研究－温州－明清时代 Ⅳ.①K295.53

中国版本图书馆CIP数据核字（2020）第059450号

出 版 人	赵剑英
责任编辑	宋燕鹏
责任校对	王 龙
责任印制	李寡寡

出　　版	中国社会科学出版社
社　　址	北京鼓楼西大街甲158号
邮　　编	100720
网　　址	http://www.csspw.cn
发 行 部	010-84083685
门 市 部	010-84029450
经　　销	新华书店及其他书店
印　　刷	北京明恒达印务有限公司
装　　订	廊坊市广阳区广增装订厂
版　　次	2020年5月第1版
印　　次	2020年5月第1次印刷
开　　本	710×1000　1/16
印　　张	20.5
字　　数	325千字
定　　价	98.00元

凡购买中国社会科学出版社图书，如有质量问题请与本社营销中心联系调换
电话：010-84083683
版权所有　侵权必究

目　　录

绪　论 ··· 1
 第一节　本书的选题背景与研究视角 ··············· 1
 第二节　研究现状与存在的不足、本书的研究意义 ············· 2
 第三节　本书的研究创新 ·············· 5
 第四节　本书结构安排与主要研究内容概述 ············· 6

第一章　明清时期温州戏曲盛行的原因 ··············· 16
 第一节　酬神：悠久而执着的地方神信仰 ············· 16
 第二节　敬祖：持续而浓厚的宗族移民文化 ············· 22
 第三节　娱众：满足民众的娱乐需求 ············· 26
 第四节　过节：岁时节庆习俗的需要 ············· 29
 第五节　偏远、隔绝：特殊的地理位置与地域环境 ············· 31

第二章　明清时期温州地方神信仰与戏曲 ············· 34
 第一节　演神戏的类型 ············· 35
 第二节　温州的城隍神信仰 ············· 41
 第三节　迎神赛会的重要作用 ············· 52

第三章　明清时期温州宗族与戏曲 ············· 57
 第一节　宗族演戏的类型 ············· 57
 第二节　禁止族中子弟以演戏为业：有辱先祖，为世所讥 ············· 64

第三节　族规祖训中的其他规定：禁止族中妇女外出观场等 …… 68

第四章　明清时期温州地方士绅与戏曲
　　　　——以张棡为例 …………………………………………… 72

第一节　张棡温州看戏史料汇总：日记中54年间在温州的
　　　　看戏记载 …………………………………………………… 73

第二节　张棡温州看戏史料分析：一个地方士绅一生在温州的
　　　　看戏生活 …………………………………………………… 93

第三节　张棡外地看戏史料汇总及分析：无论何时何地，
　　　　看戏是其不变的娱乐选择 ………………………………… 103

第四节　张棡在沪与友听唱书访艳吃花酒：地方士绅
　　　　去到大城市的娱乐选择 …………………………………… 107

第五节　温州其他地方士绅与戏曲：一定程度反映温州
　　　　地方士绅的看戏生活 ……………………………………… 112

第五章　明清时期温州地方官府禁止演戏的原因 ………………… 120
第一节　淫戏有伤风化，引人向恶 ………………………………… 120
第二节　男女纵观，淫浪生事 ……………………………………… 123
第三节　借演戏之机，聚众赌博 …………………………………… 125
第四节　演戏导致靡财废产 ………………………………………… 129

第六章　温州明清古戏台研究 ……………………………………… 133
第一节　各县市区每座古戏台数据列表：125座古戏台的
　　　　各项数据信息 ……………………………………………… 135
第二节　各县市区古戏台列表数据的分别统计 …………………… 159
第三节　各县市区古戏台分别统计数据的汇总列表 ……………… 168
第四节　各县市区古戏台汇总列表数据的总体分析 ……………… 174

第七章　温州与浙江省内其他地域明清古戏台比较研究 ………… 187
第一节　宁波宁海古戏台 …………………………………………… 187

第二节　绍兴嵊州古戏台 ·· 195
　　第三节　温、宁、嵊古戏台文化特征比较 ························· 200

第八章　温州与浙江省外其他地域明清古戏台比较研究 ········ 209
　　第一节　赣东乐平古戏台 ··· 210
　　第二节　徽州祁门古戏台 ··· 216
　　第三节　温、乐、祁古戏台文化特征比较 ························· 221

第九章　温、宁、嵊、乐、祁明清古戏台的总体研究 ············ 227
　　第一节　五地古戏台文化特征比较：体现不同层面
　　　　　　明清古戏台的文化特性 ····································· 227
　　第二节　五地古戏台文化特征的鲜明对比：温州古朴、自然，
　　　　　　祁门肃穆、内敛 ·· 241
　　第三节　五地古戏台修建及留存共性原因分析 ················· 244

第十章　明清时期温州戏联的丰富内涵 ································ 270
　　第一节　宣扬传统道德观念，教化民众 ···························· 271
　　第二节　宣扬因果报应，劝恶向善 ·································· 274
　　第三节　描写方寸舞台有限，时空变化无穷 ····················· 276
　　第四节　描写戏如人生，世戏同情 ·································· 279

第十一章　温州地方戏曲传承个案研究：应界坑乱弹 ············ 283
　　第一节　应界坑村及其乱弹简介 ····································· 283
　　第二节　应界坑乱弹传承至今且保持特色的原因 ·············· 284
　　第三节　应界坑乱弹的传承现状及对未来的思考 ·············· 289

第十二章　明清时期温州戏曲值得关注的其他问题 ············· 291
　　第一节　戏资的来源：抽谷集资、轮流出资、罚款 ··········· 291
　　第二节　戏价的数额：多样、不等 ·································· 294
　　第三节　戏贾：牵线搭桥、从中获利、能够操纵戏曲演出市场 ······ 296

第四节　戏约：约束演需双方 …………………… 298
第五节　戏曲演出的组织者：称呼不一，作用相同 ………… 300
第六节　戏业组织：专业行业组织与业余爱好组织并存 ……… 303
第七节　书会：由下层文人组成，进行剧本创作兼参与
　　　　戏曲演出 ……………………………………………… 305

结　束　语 ……………………………………………… 309
参考文献 ………………………………………………… 310

绪　论

第一节　本书的选题背景与研究视角

温州作为南戏故里，至今保存有丰富的戏曲文化资源。学界对温州戏曲的既有相关研究，主要集中在剧本、剧目、剧作家、曲谱、戏曲史等方面，先后涌现出一批颇有影响的学者，如钱南扬、冯沅君和陆侃如、赵景深、董每戡、胡雪冈、沈不沉、孙崇涛、俞为民、徐宏图等[①]。可以看出，与温州悠久的戏曲发展史及丰富的戏曲文化资源相比，目前学界的研究，相对狭隘，多限于对温州戏曲自身的传统研究。

地方戏曲的产生、发展、存在是一个复杂的历史过程，戏曲文化体现在方方面面，通过戏曲可以进行多角度的思考和分析。

本书的不同之处，并不是研究戏曲自身，而是将戏曲作为一个切入点，通过戏曲学的视域研究明清时段的温州地域社会与文化，研究当时戏曲与温州地域社会和文化之间的相互关系。如明清时期影响温州戏曲存在、发展、特色的一些主要因素，包括温州悠久而执着的地方神信仰、持续而浓厚的宗族移民文化、僻处浙之东南的地理位置和封闭、隔绝的地域环境等。

---

① 钱南扬：《宋元南戏百一录》，哈佛燕京学社1934年版。冯沅君、陆侃如：《南戏拾遗》，安徽教育出版社2011年版。赵景深：《元明南戏考略》，人民文学出版社1990年版。董每戡：《中国戏剧简史》，商务印书馆1949年版。胡雪冈：《温州南戏考述》，作家出版社1998年版。沈不沉编著：《温州戏曲史料汇编》，中国戏剧出版社2011年版。孙崇涛：《南戏论丛》，中华书局2001年版。俞为民：《宋元南戏考论》，台湾商务印书馆1983年版；《宋元南戏考论续编》，中华书局2004年版；《南戏通论》，浙江人民出版社2008年版；《宋元南戏文本考论》，中华书局2014年版。徐宏图：《南戏遗存考论》，光明日报出版社2009年版；《温州古代戏曲史》，人民出版社2018年版。

而戏曲也深深影响着当时的地域社会和文化，如对以张棡为代表的地方士绅的生活、温州古戏台的修建等都产生着重要影响。这些都是本书所要关注的问题。希望通过本书的思考和研究，能够展现明清时期温州戏曲与地域社会和文化之间，不一样的内容和风采。

第二节　研究现状与存在的不足、本书的研究意义

据笔者的研究积累和调研得知，目前学界的相关研究还十分薄弱。

在徐宏图等主编的《平阳县、苍南县传统民俗文化研究》[①]中收录有几篇相关成果。如徐兆格《平阳怀溪乡垟溪宫"五显爷庙会"》一文，描写了平阳县怀溪乡坎头村和垟溪村，相隔不到两公里，均建庙供奉"五显爷"。演庙戏时，不仅同时上演，而且还大演"斗台戏"，以吸引观众的多寡决定输赢。该文还指出，一些戏曲种类如傀儡戏，在当时受到统治者的"榜禁"，只能托为"禳斋赛祷"，才能躲过此灾。白洪祉《平阳县腾蛟镇忠训庙庙会》一文，也描写了庙会时演"斗台戏"的情形。张奋《平阳县钱仓城隍庙会》，则主要分析了温州的城隍神信仰与戏曲演出之间的关系。三篇文章不仅说明温州人爱看戏、演戏，而且也说明演戏、戏曲生存与地方神信仰之间的密切关系。

胡雪冈《〈张协状元〉校释前言》[②]指出，南戏之所以产生在温州，与其地域文化的历史积淀和传承有着不可分割的联系。正所谓"瓯俗多敬鬼乐祠""俚俗以神为戏事"，指出了地方神信仰与戏曲之间的相互关系。

李冬君《南戏里的民间精神》[③]一文，对温州楠溪江流域宗祠古戏台的形制、规模，及在戏台上上演的戏曲所反映的温州民间文化精神等，进行了分析。

温州大学刘水云及其指导的两位硕士研究生（黄义枢、郝慧娜），先后发表过关于张棡日记看戏史料的相关研究成果。刘水云、黄义枢《张棡〈杜

---

① 民族出版社 2005 年版。
② 《胡雪冈集》，黄山书社 2009 年版，第 304—308 页。
③ 《文史天地》2015 年第 7 期。

隐园日记〉中的地方戏剧史料》①、黄义枢、刘水云《试论〈杜隐园观剧记〉的戏曲史料价值》②。《杜隐园日记》即张棡日记，《杜隐园观剧记》是沈不沉从张棡日记中辑录的戏曲史料集。两文主要从日记内容对时代背景下温州戏曲的繁荣、戏班的变革、剧种的兴衰等记载的角度，阐述日记中戏曲史料的价值。郝慧娜《清末民初温州地方戏曲演出研究——以〈杜隐园日记〉为中心》③及《从〈杜隐园日记〉看清代光、宣年间温州戏曲演出之盛》④，两文以《杜隐园日记》为史料基础，对时代背景下温州戏曲演出的相关问题进行了分析。

沈不沉《张棡日记：半部温州戏剧史》⑤，亦是关于张棡日记中看戏史料的研究成果。文章从日记内容对温州戏曲剧目演出、剧种改革等印证的角度，评述其史料价值。

戏台不仅是戏曲演出的场所，而且在形制、朝向、规模、装饰等方面，能够反映出不同地域的社会、文化背景和特性。通过古戏台等戏曲文物，研究地域社会和文化，已成为一门学科，即戏曲文物学。其中以山西师范大学为代表，不仅较早进行戏曲文物研究，而且成立了戏曲文物研究所。目前国内代表性的戏曲文物研究学者有刘念兹、黄竹三、冯俊杰、廖奔、车文明、曹飞等⑥。但他们的研究中，对于温州古戏台的情况，并未涉及。温州至今留存有数量巨大的古戏台，具有开展相关研究的文物基础和价值。

目前可见关于温州古戏台的成果有：崔卫胜主编《温州古戏台》⑦一书，其是温州第三次全国文物普查的成果。普查时花费了比较大的时间和精力，对温州地域内各县市区的古戏台进行了较为全面的普查、登记，包括地域

---

① 《文献》2007年第3期。
② 《温州大学学报》（社会科学版）2007年第4期。
③ 硕士学位论文，温州大学，2010年。
④ 《温州大学学报》（社会科学版）2010年第1期。
⑤ 《温州日报》2012年7月30日第11版。
⑥ 刘念兹：《戏曲文物丛考》，中国戏剧出版社1983年版。黄竹三主编：《宋金元戏曲文物图论》，山西人民出版社1987年版。冯俊杰：《戏剧与考古》，文化艺术出版社2002年版；《山西神庙剧场》，中华书局2006年版。廖奔：《宋元戏曲文物与民俗》，中国戏剧出版社2016年版。车文明：《20世纪戏曲文物的发现与曲学研究》，文化艺术出版社2001年版；《中国神庙剧场》，文化艺术出版社2005年版；《中国古戏台调查研究》，中华书局2011年版。曹飞：《清代山西神庙戏碑辑考》，三晋出版社2012年版。
⑦ 浙江古籍出版社2013年版。

分布、建造年代、主要特征、规模等信息，并配有大量精美图片。该书是本书进行温州古戏台研究的主要文献资料和实地调研的基础。

薛林平《中国传统剧场建筑》[①]一书，从建筑学的角度，对全国不同地域的传统剧场[②]进行研究，其中包括浙江。至于温州古戏台，仅对永嘉县岩龙村季氏祠堂的规模大小及其中戏台的位置等，进行了简单介绍。

通过上述对学界相关研究现状的分析可以看出，与温州地域悠久的戏曲历史和丰富的戏曲文化资源相比，目前的相关研究成果确实比较薄弱，仅是对其中一些具体问题的简略涉及，没有形成系统化、整体化的研究成果。本书从戏曲学的角度，专题、系统研究明清时期的温州地域社会和文化，是一个可取的有价值的视角。具体研究意义，概括如下。

第一，对于温州戏曲研究来说，拓宽了研究视野和范畴，有利于温州戏曲研究的丰富化、深入化、完整化。

从以往学界单纯的关于戏曲剧本、剧作家、剧目、声腔、戏曲史等戏曲自身的研究，扩展到戏曲与当时地域社会中的地方神信仰、宗族文化、地方士绅、古戏台等的相关研究。拓宽了研究视野，丰富了研究内容，有利于温州戏曲研究的丰富化、深入化、完整化。

第二，对于温州地域社会和文化研究而言，这是一个独特、新颖的视角，丰富了研究材料的选取，推动其研究。

明清时期的温州地域社会和文化，包含、反映在方方面面，可以从不同角度进行广泛而深入的挖掘、探究。而且不同的视角，会带来不同的研究成果。本书从戏曲的角度研究明清时期温州的地域社会与文化，将会丰富、推动其研究。

第三，希望本课题的研究，能够为学界的相关研究和思考起到抛砖引玉的作用。

中国地域面积广阔，不同地域的社会、文化，异彩纷呈，具有自己独特的魅力和价值。如温州作为东瓯故地，具有独特的瓯文化色彩。希望本书从戏曲学角度对明清时期温州地域社会和文化的研究，能够给学界同好

---

① 中国建筑工业出版社 2009 年版。
② 剧场：指古戏台及其所属的整个院落。

对我国其他地域社会和文化的相关研究,提供一点启示和借鉴。

第三节　本书的研究创新

关于本书的研究创新,共分为如下五个方面。

第一,研究视角。从戏曲学的视域,探究、展示明清时期温州地域社会与文化的特性和风采。

明清时期是中国古代社会的最后一个统一时期,也是整体社会发展相对稳定、连续,且各个地域社会和文化充分发展、异彩纷呈的时期。明清时期的温州,即是其中之一。本书从戏曲学的角度,探究、展示当时温州地域社会和文化的特性、风采,将会别有天地。

第二,研究方法。本书将历史学的传统文献研读法与人类学田野调查、戏曲文物学、量化分析、比较研究等方法相结合,通过多学科研究方法的综合使用推动研究。

本书对相关的史志、谱牒、文集、日记、竹枝词等文献资料,进行传统的研读。对古戏台、戏曲碑刻等戏曲文物,通过田野调查进行资料收集、解读,以物证史,用古戏台等相关文物证实温州戏曲发展过程中呈现出的一些现象,进而证实体现出的温州地域社会和文化的特性。对古戏台的存世数量、地域分布、特征,对张棡日记中的看戏史料等,进行量化统计、分析。对温州不同县市区古戏台,温州与浙江省内的宁波宁海、绍兴嵊州古戏台,温州与浙江省外赣东乐平、徽州祁门古戏台,进行对比。通过上述多学科研究方法的综合使用,使本书的研究更加全面、深入、扎实。

第三,注重地域比较。在比较研究中,更好地展现明清时期温州地域社会和文化的特性与风采。

本书不仅注重从戏曲学的角度对明清时期温州的地域社会和文化进行直接研究,还注重与其他地域的比较,尤其是关于温州古戏台部分的研究。这样使本书的研究既关于温州,又不仅仅局限于温州,具有一定的广度和深度。在与其他地域的比较研究中,更好地形成对本书研究对象特性和风采的认识。

第四,注重上下结合。本书的研究具有国家与地方的关联意识。

不同地域的社会和文化各具特色，具有自己的研究价值。但任何地域都是中国版图的一部分，地域从属于整体，而整体又体现于地域。所以本书一方面是自下而上，从地域研究反思关联的国家层面的相关问题，思考当时相关的宏观国家和时代背景。另一方面是自上而下，思考相关国家政策在地方的施行与实践，及在与地方社会的结合中，体现出的地方社会的特性等。

第五，注重理论提升。本书的研究，希望在对现象进行关注的基础上，注重分析现象背后的原因，包括分析明清时期温州特有的原因和一些在其他地域或全国具有的共性原因，并进行理论提升，以地方研究折射对其他地域及全国的相关研究。

本书对一些与温州戏曲相关的现象进行关注及原因分析，如今天温州的古戏台主要保存在祠庙中，是因为地方神信仰和宗族文化是影响明清时期温州戏曲发展的两大要素。又如今天我们见到的张棡日记中大量关于看戏的记载，是因为看戏对以张棡及其家人为代表的地方士绅和一般民众的生活产生着重要影响，是当时他们非常重要的娱乐方式。在对这些现象关注及背后原因分析的基础上，进行理论提升，总结发现其体现、蕴含了一些在其他地域乃至全国相关研究中存在的共性问题。

第四节　本书结构安排与主要研究内容概述

本书从戏曲学的视域对明清时期温州的地域社会和文化进行了研究，全书共分为十二章。具体结构安排为：第一章：明清时期温州戏曲盛行的原因；第二至第五章：明清时期温州的地方神信仰、宗族、地方士绅、地方官府与戏曲的相关研究；第六至第九章：从不同视角对温州明清古戏台的相关研究；第十章：明清时期温州戏联的丰富内涵；第十一章：温州地方戏曲传承的个案研究——应界坑乱弹；第十二章：明清时期温州戏曲值得关注的其他问题。

下面依次对各章的主要内容和观点，做一简要概述。

第一章　明清时期温州戏曲盛行的原因

本书之所以选取明清作为研究时段，是因为当时戏曲盛行。其是多种因素综合作用的结果，主要包括如下五个方面。

第一节　酬神：悠久而执着的地方神信仰

温州早在东瓯国时期，已有好巫敬鬼的地方神信仰文化传统，而且非常执着。在遇到官府禁毁时，通过藏匿塑像、用正祀掩饰、伺机恢复等方法，与官府周旋。为了得到所信奉地方神的护佑，会以演戏的方式讨取神的欢心，所以演戏酬神是推动温州戏曲盛行的原因之一。

第二节　敬祖：持续而浓厚的宗族移民文化

温州僻处浙南，三面环山、一面向海，形成偏远而又封闭、隔绝的地域环境，也因此成为中国历史上躲灾避难的好去处。在温州很多宗族的墓志、族谱中，多有关于避难迁徙来温的记载。迁徙时间从隋至清，持续不断。这些迁徙者，多是衣冠大族。迁徙之初，为了能够在新迁地比较容易地立足生存，立足生存后，为了能够更好地发展，他们一直十分注重借助一木本源的共祖血缘关系，会通过每年定期祭祖，将宗族的力量凝聚起来，所以形成了浓厚的宗族文化氛围和传统。在祭祀敬祖的各种仪式中，就包括戏曲演出，所以敬祖演戏成为推动温州戏曲盛行的又一原因。

第三节　娱众：满足民众的娱乐需求

看戏是明清时期温州民众非常重要的娱乐方式，这可在地方文献中得到印证。如在当时的诗文和地方士绅的日记中，多有关于男女老少、彻夜纵观的记载。为了满足民众的娱乐需求，自然推动了戏曲演出的盛行。

第四节　过节：岁时节庆习俗的需要

中国地方戏曲在传承过程中，与各地的岁时节庆习俗紧密结合，成为中国传统社会节庆仪式的重要组成部分。温州俗尚歌舞，具有岁时节庆演戏的良好民俗文化土壤和现实需要。

第五节　偏远、隔绝：特殊的地理位置与地域环境

温州偏远的地理位置和封闭、隔绝的地域环境，使之成为中国历史上一处相对和平、安全的地域。其在使避难迁徙而来的衣冠大族得到延续、发展的同时，也使本地得到持续开发，使地域文化得到保存和发展。明清时期，中国地方戏曲普遍得到发展，温州也形成了演戏、看戏之风盛行的地域戏曲文化环境。

第二章 明清时期温州地方神信仰与戏曲

在地方戏曲发展传承的过程中,一个重要推动因素是地方神信仰。因为人们为了赢得神的护佑,会以演戏的方式酬神、娱神。本章对温州地方神信仰与戏曲之间的一些问题,进行研究。

第一节 演神戏的类型

明清时期的温州,和地方神信仰有关的戏曲演出,主要包括神诞戏、平安戏、落成开光戏等三种类型。

第二节 温州的城隍神信仰

温州城隍神信仰力量强大,对戏曲发展产生了重要影响。所以,本节从三个方面对温州的城隍神信仰进行研究,分析其在温州地方社会中起到的作用,及体现出的地域文化特性。

第三节 迎神赛会的重要作用

第三章 明清时期温州宗族与戏曲

第一节 宗族演戏的类型

明清时期,温州宗族进行的戏曲演出,主要包括庆寿戏、祭祀戏、圆谱戏等类型。通过演戏,在达到庆寿等目的的同时,也起到了以戏曲演出教化族人的作用。

第二节 禁止族中子弟以演戏为业:有辱先祖,为世所讥

在明清时期温州宗族的族规祖训中,涉及演戏最多的内容,是禁止族中子弟以演戏为业。其原因如下。第一,对内而言,认为从事这样的职业会有辱于先祖。第二,对外来说,认为会为世家君子所讥讽。其实质无非是以当时社会的职业价值标准作为判断依据,认为从事这个职业会给本姓宗族带来羞辱,有损于宗族的社会声望和地位。而这些对处于宗族社会形态下的各姓宗族,至关重要。

第三节 族规祖训中的其他规定:禁止族中妇女外出观场等

在温州各姓宗族的族规祖训中,关于戏曲,还有一些其他方面的规定,如:一些宗族明确禁止本族妇女外出看戏,认为不符合传统妇德标准,败坏风俗。还有一些宗族,禁止彻夜演戏、禁止在祠堂演戏等。说明各姓宗

族从自己的利益考量，对于戏曲做出了各种各样的规定。其中有些是主流性的，有些是个别宗族自己的规定。

第四章 明清时期温州地方士绅与戏曲——以张棡为例

看戏是明清时期温州民众日常生活中，非常重要的娱乐方式。本书选择一位当时的观众——地方士绅张棡，作为代表，分析看戏对其一生及生活产生的影响及反映出的诸多问题。

第一节 张棡温州看戏史料汇总：日记中54年间在温州的看戏记载

本节以张棡日记为史料基础，将其中关于张棡在温州看戏需要研究的史料信息，逐一辑录，然后以列表的方式汇总。

第二节 张棡温州看戏史料分析：一个地方士绅一生在温州的看戏生活

本节对张棡自1888至1941年的54年间在温州的看戏史料，按第一节辑录、列表的顺序和内容，逐项进行统计、分析，反映出一些现象和问题。

第三节 张棡外地看戏史料汇总及分析：无论何时何地，看戏是其不变的娱乐选择

张棡作为一个戏迷，一生不仅在温州看戏，还在温州之外的其他地方看戏。日记记载其从1889到1937年的49年间，在温州之外的上海、杭州、南京三地看戏的情况。

第四节 张棡在沪与友听唱书访艳吃花酒：地方士绅去到大城市的娱乐选择

在张棡有机会到上海的日子里，其娱乐活动，除了看戏，还有与朋友一起听唱书访艳吃花酒。说明上海作为中国开埠较早的大城市，商业性的听唱书访艳吃花酒的条件和氛围，清末时已经比较成熟，成为张棡等外地来沪士绅的重要娱乐方式之一。

第五节 温州其他地方士绅与戏曲：一定程度反映温州地方士绅的看戏生活

本节对张棡之外的其他温州地方士绅，包括张组成、林骏日记中的看戏史料，进行了分析。与张棡相比，虽然二人日记中记载的相关看戏史料，多少、详略不一，但分析结果与张棡一致，一定程度反映了温州地方士绅的看戏生活。

通过本章研究可以发现，以张棡等为代表的温州地方士绅，虽然不能涵盖当时温州社会整体的看戏情况，但至少是一个窗口和视角，可以通过其来探究、展示清末民国温州地方社会的戏曲演出情况，及看戏对当时民众的生活产生的影响等问题。

第五章 明清时期温州地方官府禁止演戏的原因

明清时期的温州，虽然戏曲文化发达，演出活动盛行，但也曾遭到官府的禁止。其中的原因，主要包括以下几个方面。

第一节 淫戏有伤风化，引人向恶

当时官府之所以禁止演唱淫戏，主要是因为演淫戏败坏社会风气，有伤风化，引人向恶。

第二节 男女纵观，淫浪生事

基于封建社会的伦理道德，在明清时期的社会观念中，看戏时男女要分开，不能混杂一处。如果男女混杂，易于生事。而温州地方文献中，多有关于男女彻夜纵观，淫浪生事的记载。

第三节 借演戏之机，聚众赌博

借迎神赛会演戏的机会组织赌博，在温州的地方文献中多有记载。庙宇本是供奉神灵的清净、肃穆之所，演戏本是酬神的虔诚之举。而在赛会演戏酬神的时间里，在庙宇聚众赌博，丧失了迎神赛会演戏的初衷。

第四节 演戏导致靡财废产

演戏之所以会导致靡财废产，是因为：第一，演戏名目繁多，且往往持续多日，花费巨大；第二，演戏期间，亲戚"动经旬日"的住在家里，期间的款待费用也是一笔不小的支出；第三，民众终日痴迷看戏，无心工作，"罢市废业"。

官府虽然会出于上述原因禁止演戏，但并不是一味地盲目禁止。其真正目的，是将戏曲演出规范得符合统治者的政治倾向和利益需求。

第六章 温州明清古戏台研究

留存至今，美轮美奂的古戏台，作为戏曲文物，是地域社会传统建筑文化、戏曲文化、宗族文化、信仰文化等诸多文化的传承载体和呈现舞台，蕴含着丰富的地域社会与文化信息。

第七章　温州与浙江省内其他地域明清古戏台比较研究

在浙江省内，除温州外，宁波宁海、绍兴嵊州的古戏台也具有代表性。不仅留存数量多，造型精美，而且各具特色，具有明显的地域差异。将三者进行对比，分析其异同及背后的原因，不仅有利于对温州明清古戏台的研究，而且能够展示三者各自的风采，并在一定程度上反映浙江明清古戏台的文化样貌和特性等。

第一节　宁波宁海古戏台

宁海县有"中国古戏台文化之乡"的美称，本节以其2006年申报为国家重点文物保护单位的7座古戏台为代表，进行相关数据的统计、分析，总结出宁海古戏台的文化特征是：注重装饰、异彩纷呈。

第二节　绍兴嵊州古戏台

本节通过对嵊州14座代表性古戏台相关数据的统计、分析，总结出嵊州古戏台的文化特征是：注重装饰、雕刻精美、金碧辉煌。

第三节　温、宁、嵊古戏台文化特征比较

本节通过对温、宁、嵊三地古戏台文化特征的逐项比较，发现其有某些相同之处，也有一些相异之处。

第八章　温州与浙江省外其他地域明清古戏台比较研究

本章选取了浙江省外，在地缘上毗邻的赣东乐平、徽州祁门两地的古戏台，作为比较研究的对象。希望通过分析、比较，发现三地古戏台文化特征的异同及背后的原因。不仅有助于对温州明清古戏台的研究，也能在一定程度上看到三地古戏台各自的风采，及其所代表的南方明清古戏台的一些文化特征。

第一节　赣东乐平古戏台

乐平素有"中国古戏台之乡""中国古戏台博物馆"之称，甚至有中国古戏台"北有山西临汾，南有江西乐平"的说法。所以，乐平古戏台值得作为温州古戏台研究的一个参照对象。通过对乐平7座古戏台相关数据信息的分析，总结其文化特征为：注重装饰、独具特色的晴雨台。

第二节　徽州祁门古戏台

在今天徽州古戏台的留存现状中，祁门县古戏台相对分布比较集中，有代表性的古戏台数量达到 10 座，而且全部为祠堂台，并在 2006 年被国务院列入第六批全国重点文物保护单位。从数量、特点、重要性等方面，都具有研究的代表性。通过对祁门 10 座代表性古戏台相关数据信息的分析，总结其文化特征为：全部为祠堂台。

第三节　温、乐、祁古戏台文化特征比较

本节通过对温、乐、祁三地明清古戏台文化特征的对比，发现其有一些相同之处，但更有明显的相异之处。

第九章　温、宁、嵊、乐、祁明清古戏台的总体研究

第一节　五地古戏台文化特征比较：体现不同层面明清古戏台的文化特性

在第六至第八章研究的基础上，本章第一节对明清时期，温、宁、嵊、乐、祁五地古戏台的文化特征，做最后的总体性对比分析。一方面为了更好地认识、展示温州明清古戏台的地域文化特征和风采；另一方面希望能够发现五地明清古戏台各自的风采，及浙江、江西、安徽等南方，甚至中国明清古戏台的一些共性文化特征，使本书的研究具有更广、更高层面的价值和意义。

第二节　五地古戏台文化特征的鲜明对比：温州古朴、自然，祁门肃穆、内敛

本书在对五地古戏台文化特征进行对比、分析过程中，发现差异最为鲜明的两地是温州和徽州祁门。

温州古戏台的总体文化特征为：古朴、自然、简洁、素雅、轻盈、灵动、秀美，与当地的自然、山水，和谐地融为一体，多了一些山野自然与乡土随意。徽州祁门古戏台的总体文化特征为：高大、肃穆、沉闷、内敛、精美。

第三节　五地古戏台修建及留存共性原因分析

明清时期，温、宁、嵊、乐、祁五地能够修建一定数量且精美的古戏台，并留存下来，其中的原因，有许多共同之处。

第十章　明清时期温州戏联的丰富内涵

明清时期温州的戏曲文化体现在方方面面。戏联作为古戏台的重要组成部分,不仅具有装饰、美化作用,其文字内涵更是非常丰富、博大精深。本章将明清时期温州古戏台悬挂的戏联,按文字的内涵分类,分析其反映出的戏联的撰写目的及戏曲的艺术特点等。

第一节　宣扬传统道德观念,教化民众

一类悬挂在祠庙的戏联,通过宣扬忠、孝、仁、义、礼、智、信等中国传统社会的道德观念,引导民众将之作为自己为人行事的准则,达到实施社会教化的目的。

第二节　宣扬因果报应,劝恶向善

一类戏联通过宣扬因果报应,使民众陷入一个善恶因果循环的报应信仰中。使其在行事时,有了敬畏的心理,不敢去做恶事,从而起到警醒、教化世人的作用。

第三节　描写方寸舞台有限,时空变化无穷

一类戏联描述的是中国传统戏曲的一大艺术特点,即能够在有限的时间、空间内,演绎跨越时空、变换无穷的内容,这也是戏曲艺术的一大魅力所在。

第四节　描写戏如人生,世戏同情

还有一类戏联描写的是中国传统戏曲具有的戏如人生、世戏同情的艺术特点。这也是民众爱看戏的一个原因,可以在戏文中,或多或少看到自己或自己生活的现实世界的影子。看戏时有一种恍若置身其中的错觉,容易引发情感的共鸣。

第十一章　温州地方戏曲传承个案研究:应界坑乱弹

第一节　应界坑村及其乱弹简介

应界坑村位于今温州市永嘉县碧莲镇应坑乡,村里姓氏以麻姓为主,是温州乱弹的发源地,又称为乱弹戏剧村。清乾隆年间(1736-1795),麻氏祖先麻志钏在大宗创立了"老寿昌"乱弹班戏馆。作为一项古老且传承至今的地方乱弹剧种,应界坑乱弹具有重要的历史文化和艺术价值。

第二节　应界坑乱弹传承至今且保持特色的原因
第三节　应界坑乱弹的传承现状及对未来的思考

应界坑村虽然今天通了公路，与外界交流增多，但因为客观地理位置的偏远，依然是一个远离闹市的安静的小村落。村里宗族、信仰文化的基础，依然深厚。在这样的环境中，应界坑乱弹被传承的很好。

第十二章　明清时期温州戏曲值得关注的其他问题

本章将明清时期温州戏曲中，一些值得关注，但又不能单独成章的内容，并在一处，进行分析，探寻其反映出的温州的地域社会和文化。

第一节　戏资的来源：抽谷集资、轮流出资、罚款

戏资是指组织、聘请戏班进行戏曲演出的相关费用。关于其来源，在明清时期的温州，主要有抽谷集资、轮流出资、罚款等形式。

第二节　戏价的数额：多样、不等

戏价是指观看戏曲演出时，需要支付费用的具体数额。通过研究发现：民国初年，温州城内已有一定数量可以付费看戏的商业性场所、戏票已经区分等级、可以坐在茶摊上付茶资看戏等。

第三节　戏贾：牵线搭桥、从中获利、能够操纵戏曲演出市场

戏贾是指在戏曲演出需求者与戏班之间牵线搭桥，起到中间媒介作用，并从中获利的人。戏贾的存在，第一，说明了温州戏曲演出市场的发达，具有一定规模，能够养活戏贾这一行当。第二，说明当时温州戏曲演出市场的商业化气息浓厚。第三，说明温州戏曲演出市场运作的规范化。

至于温州戏贾能够在一定程度上操纵戏曲演出市场的原因，本书推测有以下几点。第一，与温州一直以来广泛的戏曲演出市场需求有关。第二，与温州具有一定数量的演出班社有关。第三，与温州的地理环境有关。温州境内多山的地理环境，客观上阻隔了戏曲演出需求者与班社之间的信息沟通，职业性中介人的出现，一定程度上解决了这一问题。久而久之，形成了依赖中介人的习惯，甚至最终因为职业中介人对戏曲演出演需市场信息的垄断，使之具有了比一般中介人更大的权利。

第四节　戏约：约束演需双方

戏约的存在，说明戏曲演出活动的常规化、规模化、市场化，需要一

定的文书对演需双方进行约束和限制。

第五节 戏曲演出的组织者：称呼不一，作用相同

祠庙等聘请戏班进行演出，包括其他相关的祭祀活动等，都要有人负责出面组织。在清末民初的温州地方社会，相关事务的组织者，有福首、司事、斋官、首事等不同的称呼，但职责基本相同，都是负责相关事务的组织、联系、协调，解决出现的各种问题等。如果办事不力，还会受到惩罚。

第六节 戏业组织：专业行业组织与业余爱好组织并存

温州存在的戏业组织，包括专业的戏曲行业组织——戏捐局，也包括业余的戏曲爱好组织——珊珊票房。

第七节 书会：由下层文人组成，进行剧本创作兼参与戏曲演出

温州书会是由下层文人组成的进行剧本创作兼参与戏曲演出的组织。之所以会出现这种现象，与对剧本创作者的文化素养要求和这部分群体的社会处境相关。当时，只有下层文人或小知识分子，既具备进行剧本创作的文化素养，又不介意参与其间。同时，这部分人在整个社会体系中，处于一种联上接下的位置，使他们对人世百态、人间苦暖有着更深的感悟，有利于他们写出既符合传统伦理道德标准，又反映民间社会疾苦、百姓心声的作品。温州书会文人参与戏曲创作，对地方戏曲的发展，无疑产生了非常直接而又重要的影响。

本书以戏曲学的视域，通过上述十二章内容，从不同的角度和层面，对明清时期温州的地域社会和文化进行了较为全面、深入、充分的研究，在一定程度上揭示了当时温州地域社会和文化的特性与风采。为整个温州地域社会与文化的相关研究提供了新的视域和思考，推动了相关研究，也为学界的相关研究提供了地域的个案和参考。

第一章　明清时期温州戏曲盛行的原因

本书之所以选择明清作为研究时段，是因为温州当时戏曲盛行，其是多种因素综合作用的结果。本章从地方神信仰、宗族移民文化、民众的日常娱乐需求、岁时节庆习俗的需要、及温州特殊的地理位置和地域环境五个方面，逐一分析于下。

第一节　酬神：悠久而执着的地方神信仰

在温州地方文献中，多有瓯俗好巫敬鬼，俗以神为戏事的记载。下面即对温州因地方神信仰而进行的戏曲演出活动，进行梳理、分析。

温州地处中国东南沿海，作为东瓯国故地，早在东瓯国时期，就已有好巫敬鬼的地方神信仰文化传统。弘治《温州府志》卷一"风俗"条记载：

> 三代以前，东南荒凉为甚。汉东瓯王敬鬼，而瓯俗多信鬼，乐巫祠，是其为俗尚未变也。①

清道光鲍台撰《古鳌陈十四圣姥宫记》记载：

> 东瓯俗尚鬼，山椒水涯多淫祀。②

---

① 弘治《温州府志》，上海社会科学院出版社 2006 年版，第 11 页。
② 吴明哲编：《温州历代碑刻二集》下册，上海社会科学院出版社 2006 年版，第 1093—1094 页。

第一章 明清时期温州戏曲盛行的原因

因为敬鬼乐巫,所以温州人修建了大量祠庙进行供奉。徐兆格在《平阳怀溪乡垟溪宫"五显爷庙会"》一文中,描写了怀溪乡的神庙分布情况:

> 有山即有寺,有村即有庙,全乡的寺庙庵堂有如星罗棋布。①

又,弘治《温州府志》卷十六"祠庙"条记载:

> 神祠几遍于境中,有合祀典者,有庆祀典者。……近世良有司,怀狄仁杰、胡颖之志,间斥其淫祠而毁之,毁之诚是也。而民锢惑于祸福之说,且将为赡拜游憩之所,伺其隙而复新焉,则又劳民而伤财矣,为政者奈之何哉!②

从史料记载可以看出,无论是怀溪乡,还是温州全境,确实建有大量神祠。而且在受到地方官府的拆毁打击后,一方面因为信奉"福祸之说",另一方面因为将神祠作为"赡拜游憩之所",所以只要一有机会,就千方百计恢复重建。虽劳民伤财,地方官亦无法禁止。足以说明民众对地方神信仰的执着。

关于温州地方神信仰的执着情况,明弘治十一年任永嘉知县的汪循③曾写有一篇《唐将军庙碑记》:

> 温俗好鬼,多淫祠,凡市集、乡团居民,或百馀家,或数十家,必设立一鬼以祀之。其有水旱疾病患难,即挣操豚蹄,挈壶浆祭祷以祈福,虽渎不厌。每遇官府举行朝廷简汰之诏,辄匿其像僻室中而掩以土谷、神位,伺长人者防范少懈,复出祀之,其敬信如此。至于聪明正直之鬼著在祀典者,漫不加敬,而亦不之信也。

---

① 载徐宏图、康豹主编《平阳县、苍南县传统民俗文化研究》,民族出版社2005年版,第144页。
② 弘治《温州府志》,上海社会科学院出版社2006年版,第415页。
③ "汪循,字进之,安徽休宁人。明弘治十一年任永嘉知县。"弘治《温州府志》,上海社会科学院出版社2006年版,第616页注释92。

循始莅官谒神，见神庙多不治，喟然叹曰："敬天事神，为政之首务。今庙若是，可但已乎？"既而，以事过所谓广惠庙者，工极侈丽，中无所有，见牌书"土谷之神"，怪而问之曰："土谷之神，社稷也，亦既有坛矣，奚以屋为？"从者告其故，乃白于太守文侯宗儒，相庙陋之尤者，相与舁唐将军龚公之神以乘之，于以杜其窥伺之心，使知即正弃邪以示风教，亦重慎财力，用以纾吾民也。呜呼！予岂拂民之性者哉，不得已也。

抑考粤人勇之昔言：粤人信鬼，而其祠皆见鬼，数有效。东瓯王敬鬼而寿长，乃命粤巫立粤祝而以鸡卜。然则温之好鬼，其来也尚矣。习俗之难变，愚夫之难晓，一至此极也，可胜叹哉！使鬼果有灵，莫灵于天地、山川、五祀、祖祢与夫忠臣烈士。有功德于民如龚公者，皆阴阳之正气流行于两间。至而伸者为神，反而归者为鬼，与我相为流通者也。我能敬事之，则其福我也宜矣。然所谓事之者，存其心，养其性，夭寿不贰，修身以俟耳。粢盛褚币云乎哉！《诗》曰："永言配命，自求多福。"此之谓也，若夫依草附木之妖，需祭求食之鬼，气已不正，而于吾体了不相涉矣，岂能祸福哉！然则瓯王之所敬而能寿者，亦必当祭之鬼耳。不然，获罪于天，无所祷也。淫昏之鬼，孰有大于天者哉！循惧岁月漫灭，谨请于今守邓侯安济，纪之于石，而意拳拳如此，为吾民者尚鉴之哉！①

汪循作为在温州任职的地方官，主要从政府官员的立场，分析当时民间多敬巫好鬼而不信天地正祀的现象。当时民众不仅信仰地方神，而且每当被官府斥为淫祀禁毁时，往往通过藏匿塑像、用正祀掩饰、伺机恢复的方法与官府周旋，以坚持自己的信仰。对此，汪循作为地方官十分无奈。恰恰说明了温州民众对于地方神信仰的执着。

为了得到所信奉地方神的护佑，信众会尽力讨取神的欢心。至于讨神欢心的方式，就像选择谁作为自己的信仰一样，靠的是信奉者本人的主观意愿。他们觉得看戏是一年中非常重要的娱乐方式，认为被供奉的神灵也

---

① 弘治《温州府志》，上海社会科学院出版社2006年版，第587页。

会喜欢，所以其酬神的方式之一，就是在一些固定的日子里演戏。这充分展现出地方神信仰及其供奉方式的民间性、随意性、功利性等特点。

关于演戏酬神，在温州地方文献中多有记载。如唐顾况①的《永嘉》诗：

何处乐神声，夷歌出烟岛。②

"乐神声"一语，表明早在唐朝时，温州就有歌舞娱神的习俗。

北宋许景衡③《横塘集》之《献王祠》写道：

列国提封倚乐亭，九河分处见孤城。池台钓罢人何在，邱垄春来草自生。遗像丹青皆旧物，斯民箫鼓漫新声。谁能特表平生事，祝史从官得币牲。④

又，南宋叶适⑤《水心集》之《永嘉端午行》写道：

岸腾波沸相随流，回庙长歌谢神助。⑥

从这两条史料"斯民箫鼓漫新声""祝史""回庙长歌谢神助"等描述，可以看出两宋时演戏酬神习俗的存在。

《东瓯逸事汇录》卷五"古迹上·忠靖王⑦庙"条记载：

忠靖王庙，一在八仙楼巷，元延祐间建；一在华盖山下，明洪武初建。……今每年三月初，民间必请王出庙，巡行城内外以驱瘟

---

① 顾况，唐至德二年（757）进士。大历六年（771）曾任永嘉监盐官。
② 中共温州市委宣传部等编著：《人文温州》，浙江摄影出版社2013年版，第209页。
③ 许景衡（1072—1128），字少伊，人称横塘先生，今温州瑞安白门人。温州"元丰太学九先生"之一。著有《横塘集》《横山阁》《池上》等。
④ 上海古籍出版社1987年影印本，第1127册，第190页。
⑤ 叶适（1150—1223），字正则，世称水心先生，今温州鹿城区人。南宋时期著名思想家、文学家、政论家。
⑥ 上海古籍出版社1987年影印本，第1164册，第142页。
⑦ 温州忠靖王，又称东岳爷，是民间信奉驱疫的地方神。

疫。两庙之神轮出……巡行一周，必需一二十日。遇雨，即暂住各庙。归殿即无定期。至归殿以后，各里纠纷搭台演戏数本，名曰"平安戏"。靡费钱财，累百盈千，在所不惜。倘逢歉岁，赛会偶不举行，民间多疾，必归咎于神不出巡。习俗相沿，有司不能禁止也。①

忠靖王作为驱疫禳灾之神，在温州有着忠实的信众基础。即使遇到年景不佳，迎神之赛会一般也会尽力举行。如果"偶不举行"，再遇到"民间多疾"，结果"必归咎于神不出巡"。说明在时人的心目中，忠靖王每年的例行出巡与自己的生活平安之间，有着必然的因果关系。当地酬神的方式之一，就是每年三月初，请神出巡驱疫后演戏。不仅各里均演，而且演出的数量是数本。虽然整个过程耗费钱财甚巨，但信众们毫不吝惜。目的是使神通过看戏心情大悦，然后能够佑己平安。其痴信之程度，连官府也不能禁止。

又，《东瓯逸事汇录》卷二五"神仙·陈杨二神"条记载：

陈、杨二神，不知由来，其说荒唐无征。邑人多崇祀之，凡城郭街衢及山谷间，率以砖砌小亭，设炉以供香火。大者建祠三楹，雕塑神像，定期而祭祀，演剧报赛。神亦时有灵应，故人益敬惮之。②

虽然陈、杨二神来路不明，但依然得到从城郭到山野的普遍供奉。只是被供奉的规模参差不齐，有"三楹"的大祠，也有路边的简陋"小亭"。其中建祠、塑像供奉者，是定期祭祀、演剧以酬的。

温州地方文献关于演剧酬神的记载，还有很多，如光绪十六年（1890）《关帝庙碑记》的记载：

俟开垦以后修租之日，酌议演戏叁台，以昭诚敬。③

---

① 陈瑞赞编注：《东瓯逸事汇录》，上海社会科学院出版社2006年版，第103—104页。
② 同上书，第582页。
③ 吴明哲编：《温州历代碑刻二集》上册，上海社会科学院出版社2006年版，第214页。

孙同元《永嘉闻见录》记载：

> 昔东瓯王信鬼，其风至今未替，故俗获病祈禳演剧酬神之事终年不绝。①

温州演戏酬神之风，至民国未变。如民国《平阳县志》记载：

> 合村立一社庙，每春二月二日祈福于庙，曰太平愿，亦曰谢太岁，亦曰春愿。秋冬于庙演剧酬之。②

通过上述内容可以看出，温州自东瓯国时就有好巫敬鬼的地方神信仰之文化传统，并伴随着历史的发展产生了演戏酬神的行为。这种风气至民国，一直相沿不辍，足见其执着。《瓯海民报》1935年3月13日登载的一则戏曲演出告示，证明演戏酬神依然是温州戏曲演出的重要市场需求，即《"江南春儿童昆剧社"男女合演特别启事》的记载：

> 本社重金礼聘著名昆剧教师，悉心教演唱做，业已有年，现在对于昆曲中著名剧本，演唱均日趋纯熟。近日又特别派员到上海、温州各埠，采办全新款绣服装，定四月六日开台，十七日在宜山街正式开演。各地如有迎神赛会欲求定演者，向下列各处接洽可也。恐未周知，特此通告。
> 永嘉纱帽河大厅11号周志承先生处
> 平阳鳌江黄大义绸庄周恒卿先生处
> 宜山陈日新广业号陈如升先生处③

---

① 转引自沈不沉编著《温州戏曲史料汇编》上册，中国戏剧出版社2011年版，第428页注释②。
② 转引自徐宏图、康豹主编《平阳县、苍南县传统民俗文化研究》，民族出版社2005年版，第177页。
③ 转引自沈不沉编著《温州戏曲史料汇编》上册，中国戏剧出版社2011年版，第429—430页。

第二节　敬祖：持续而浓厚的宗族移民文化

温州地处浙之东南，三面环山，一面向海，是一个与内陆隔绝，相对偏远、封闭、安全的地域，所以成为中国历史上战乱发生时避难的好去处。如弘治《温州府志》卷一"风俗"条记载：

> 汉魏以还，天下有变，常首难于西北。四方习俗所利，举萃东南。①
>
> 永嘉之后，帝室东迁，衣冠避难，多所萃止，艺文儒术，斯之为盛。②

避乱迁温这一史实，在温州很多宗族的墓志、族谱等文献记载中，得到了印证。如《芦浦杨氏族谱序》记载：

> 隋末之世……诸镇相争，僚属相忌……故璋公、璘公、琼公，共徙平邑南雁凤巢。③

从杨氏族谱的记载可知，其先祖是隋朝时避乱迁温的。

更大规模的移民潮是避唐末五代乱迁温，如苏伯衡《平仲集》卷十四《郭府君墓志铭》记载：

> 唐汾阳忠武王之后也。远祖太初，避黄巢之乱来居平阳之钱浦，卒葬其地。④

《平仲集》卷十四《孔教授夫人汪氏墓志铭》记载：

---

① 弘治《温州府志》，上海社会科学院出版社2006年版，第11页。
② 同上。
③ 钱克辉主编：《苍南谱序族规家训选编》，线装书局2015年版，第105页。
④ 俞光编：《温州古代经济史料汇编》，上海社会科学院出版社2005年版，第10页。

其先歙人，灵慧公之后也。五季时，避乱来居平阳。至夫人父，始徙居郡之墨池坊，遂为郡人。①

魏了翁《鹤山集》之《朝奉郎曹君易墓志铭》记载：

许峰曹氏，其先闽人，避五代乱，徙温州，居安固之许峰。②

王激《鹤山集》之《广东佥事李楷墓志铭》记载：

先生姓李氏，为唐宗室李集氏之后。五代时避居永嘉，遂世家焉。③

王叔果《英桥王氏族谱》之《重修英桥王氏族谱序》记载：

我王氏世居永嘉华盖乡英桥里。旧传五代唐时自闽来徙。④

《平阳县志》卷八十三《林氏族谱序》记载：
平阳林氏，五季时自长溪赤岸来居四溪。⑤

避乱迁温，宋、元、明一直持续不断。如《莲川徐氏祠堂碑记》记载：

莲川徐氏……阳朔二年（前23）避乱过江，寓居婺州东阳，后徙栝。……仁宗皇帝天圣甲子（1024）由栝岩泉始迁于永嘉莲川。⑥

---

① 俞光编：《温州古代经济史料汇编》，上海社会科学院出版社2005年版，第11页。
② 同上书，第10页。
③ 同上书，第11页。
④ 同上。
⑤ 民国《平阳县志》，苍南县历史文化研究会2014年影印本，第3290页。
⑥ 郑小小主编：《永嘉金石志》，中华书局2011年版，第71页。

《文成见闻录》之《重修周一公庙记》记载：

> 瑞邑大峃屿川之乡，宋宰相必大公之孙，仕萧山教谕讳九龄公避元乱而肇迁于斯焉。①

苍南《陈氏宗谱新序》记载：

> 明朝万历年间，闽南一带沿海寇乱，民不聊生。有我龙湖祖第二十七世裔孙"丕"字辈十八位昆仲，为避寇乱相携来浙，徙居于温州之平阳县（按：1981年分设为平阳、苍南两县）。②

《西岸杨氏增修宗谱序》记载：

> 吾杨氏宗族一世祖伯玉公，初处闽之潋村，自避寇乱迁徙北港四十二都凤巢，传十五世叔太祖仲二公，偕吾太祖仲一公，乃由凤巢分派于本里杨家墩金斗河内，分处于底、西两岸，盖历三百余载。③

除了避乱迁温，还有一些宗族的谱序，并未说明迁徙的原因，只是记载是由外地迁徙而来。如《永嘉渠川叶氏祠堂记》记载：

> 叶为永嘉巨族，赵宋间由闽之长溪徙今渠川，凡三十世。④

《钱库镇垟头黄氏重修谱序》记载：

> 我先世远祖弗纪，惟闽泉太祖泮溪公，生四子，长子华、次子荣、三子培、四子仁，住居南安埔头十二都半岭。子华公由明神宗

---

① 吴鸣皋编著：《文成见闻录》，1993年铅印本，第65页。
② 陈后强主编：《苍南县陈姓通览》，杭州出版社2006年版，第247页。
③ 钱克辉主编：《苍南谱序族规家训选编》，线装书局2015年版，第100页。
④ 郑小小主编：《永嘉金石志》，中华书局2011年版，第102页。

四十三年，自闽来温，始迁平阳二十八都西秦港边，是为来温肇基祖。①

《藻溪渔湖谢氏谱序》记载：

明季吾祖慎斋公，由闽漳州之南靖而来平邑三十五都象源内而家焉。②

《重建苍南县灵溪邓氏宗祠记》记载：

我祖怀立公与闽沙荆东垂裕堂一脉相承。原籍闽泉州德化蒲坂村，系铨公之曾孙，大约清康熙庚申（1680）年间……卜择灵溪。③

《桥墩莒溪西厅陈氏宗谱序》记载：

莒溪陈氏，派属闽省，汀州上杭县碧沙村人也。越清初年间，时行公燕翼诒谋，来迁浙瓯昆阳五十一都朱山茶塘居焉。子三，长曰荣彩，次曰荣我。厥后荣我公转迁三十六都莒溪西厅。④

不难看出，历史上躲避战乱或其他原因，在从隋至清的漫长时间内，持续不断地有人迁徙来温。

这些迁徙者多是衣冠大族，在温选址定居后，也是聚族而居，绵延传续。如林藏英《莲川徐氏祠堂碑记》的记载：

永嘉僻处海隅，名家右族，其绵久多至数十百世。⑤

---

① 钱克辉主编：《苍南谱序族规家训选编》，线装书局2015年版，第44页。
② 同上书，第205页。
③ 邓昭算主编：《温州邓氏族谱》，2002年印刷本，第43页。
④ 钱克辉主编：《苍南谱序族规家训选编》，线装书局2015年版，第11页。
⑤ 吴明哲编：《温州历代碑刻二集》上册，上海社会科学院出版社2006年版，第16页。

这些著姓大族,在迁徙来温之初,为了能够在新迁地比较容易地立足生存,需要通过借助一木本源的共祖血缘关系,将宗族的力量凝聚起来。在生存定居后的继续繁衍发展中,为了使同姓子孙不至于视同秦越,为了使本姓宗族发展的越来越好,仍然要定期强调共祖同族的血缘观念。所以,每年定期祭拜先祖是他们一直以来的必然选择,也随之形成了浓厚的宗族文化氛围和传统。在祭祀敬祖的各种仪式中,就包括戏曲演出。关于温州宗族进行的祭祀戏曲演出情况,在本书第三章会单独论述。

第三节　娱众：满足民众的娱乐需求

对于明清时期生活在温州的民众而言,日常娱乐生活是比较缺乏的。一年中借各种缘由进行的戏曲演出,无疑是其十分重要的娱乐活动。廖奔指出：

> 由于不具备城市日常性游艺场所的条件,山乡里的游乐活动是和庙会祭神活动紧密联系着的,而呈季节性举行,届时乡众毕集,盛大如节,具有"百日劳之一日为蜡"的性质。①

赵山林在《中国戏曲观众学》一书中指出：

> 如果说大都市的演出活动既有瓦舍勾栏的经常性表演,又有节日演出,其中以经常性表演为主,而观众又以市民为主的话,那么,农村和小城镇的戏曲演出活动便以迎神赛会为其主要形式,观众队伍则以农民为主。演员除请来的戏班以外,借"娱神"之名、行"自娱"之实的业余演出是其一大特色。②

能够说明看戏是为了满足娱乐需求的,还有《东瓯逸事汇录》卷八"文

---

① 廖奔:《中国古代剧场史》,人民文学出版社2012年版,第189页。
② 赵山林:《中国戏曲观众学》,华东师范大学出版社1990年版,第14页。

化·永嘉观剧"条的记载：

> 余（指清梁章钜）金星不入命，于音律懵无所知，故每遇剧筵，但爱看声色喧腾之出。比年就养温州，时有演戏之局，大约专讲昆腔者不过十之三，与余同嗜者竟十之七矣。①

这条史料说明，当时的温州人看戏，大多并不是为了真正的欣赏戏曲艺术演出，而是看热闹，是为了娱乐。

关于明清时期，温州民众看戏娱乐的记载，在地方文献中俯拾可见。如清同治光绪年间在温州任官的郭钟岳，曾写有一首《瓯江竹枝词》：

> 金鼓喧阗演戏文，庙廊游女正如云，一班年少真轻薄，炯炯双眸盼翠裙。观剧游人好夜行，庙门演剧到天明，梦中风送云盤奏，恍惚身居不夜城。②

郭氏竹枝词中"金鼓喧阗""游女如云""演剧到天明""不夜城"等描写，将当时彻夜演戏、看戏、娱乐的热闹、狂欢场面，描绘的栩栩如生、淋漓尽致。此类记载，还有很多。如杨青撰永嘉风俗竹枝词《看戏》写道：

> 当年元日闹纷纷，石埠殿中看戏文。一事教郎真羡煞，台前满眼帽红缨。③

乐清人郑鞠《咏演剧》写道：

> 闻荷盛（沈按：乐清县的一个乡）演剧约费千金，赋此以志共盛。一掷千金买夜资，梨园子弟系人思，云屯画鹢迷歌舞，电闪黄

---

① 陈瑞赞编注：《东瓯逸事汇录》，上海社会科学院出版社2006年版，第182页。
② 沈不沉编著：《温州戏曲史料汇编》下册，中国戏剧出版社2011年版，第227页。
③ （民国）杨青撰，谢作拳、伍显军编：《杨青集》，上海社会科学院出版社2005年版，第2页。

龙上国旗。个个台前留醉客，家家壁上有题诗，猗欤荷盛于此盛，仿佛满场袍笏时。①

清嘉庆道光年间张梦璜的《听戏》写道：

驴车断定雇来还，要听新兴金玉班，茶票比人还又省，相公肯作不曾闲。一声喝彩千声应，十出登场九出烦，最是武场真讨厌，滚身黄布大猫斑。②

除诗文外，在地方士绅的日记中也有记载。如《林骏日记》③之"光绪三十四年（1908）九月廿七日"条记载：

与赵羽仪妹丈往小沙堤观剧。人如山海，拥挤难堪，余身材短小，看之颇觉维艰，始叹矮人登场，实可笑也。④

林骏作为生活在清末民国时期的温州地方士绅，喜欢看戏，在日记中多次记载看戏的相关内容。在这次看戏的经历中，给林骏留下深刻印象的，是当时人山人海的看戏人潮。拥挤的人群，使林骏忍不住自嘲，如自己一样，因为身材矮小而不能好好看戏者，是多么的无奈。

张组成的《浣垞观剧记》⑤之"民国廿三年（1934）八月初二日 董田观胜阳春"条记载：

下午往董田看马戏兼观古剧。剧班为胜阳春、大三星。
剧场拥挤，热气笼罩。肩儿亦与诸少年去看古剧，哺妇夜十二时后复去。缘董田此日演戏达晓，有惯例也。⑥

---

① 沈不沉编著：《温州戏曲史料汇编》下册，中国戏剧出版社 2011 年版，第 231 页。
② 同上书，第 232 页。
③ 关于林骏及其日记中的看戏史料等情况，在第四章会专门论及。
④ 沈洪保整理：《林骏日记》，中华书局 2018 年版，第 837 页。
⑤ 《浣垞观剧记》即是张组成日记中看戏史料的部分摘录，在第四章会专门介绍。
⑥ 沈不沉编著：《温州戏曲史料汇编》下册，中国戏剧出版社 2011 年版，第 438 页。

张组成在观剧记中描写了董田演戏文时的热闹场面,可谓是男女老少,彻夜纵观,而且相沿成俗,至民国未变。

不仅一般民众喜欢看戏,官员亦然。杨青在永嘉风俗竹枝词《演戏文酒》中写道:

> 未到黄昏酒席开,明批烧烤也应该。县官首席戏文点,已跳加官旦出台。
>
> 彩戏台台锣鼓催,封侯卸甲好身材。瑶池阿母蟠桃会,妒煞麻姑进酒来。①

看戏作为明清时期温州民众重要的娱乐方式,确实丰富、欢娱了当时的社会生活,满足了民众的日常娱乐需求。

第四节 过节:岁时节庆习俗的需要

中国地方戏曲在传承过程中,与各地的岁时节庆习俗紧密结合,戏曲演出成为中国传统社会节庆仪式的重要组成部分。

温州俗尚歌舞,喜欢演戏、看戏,具有岁时节庆演戏的良好民俗文化土壤。

祝穆《方舆胜览》记载:

> 隋时,温州一带民风尚歌舞。②

弘治《温州府志》卷一"风俗"条记载:

> 永嘉之俗颇同豫章,而少争讼,尚歌舞。③

---

① (民国)杨青撰,谢作拳、伍显军编:《杨青集》,上海社会科学院出版社2005年版,第36页。
② 转引自中共温州市委宣传部等编著《人文温州》,浙江摄影出版社2013年版,第209页。
③ 弘治《温州府志》,上海社会科学院出版社2006年版,第12页。

从上述文献记载可以看出,温州至少从隋朝开始,就具有尚歌舞的民俗文化传统。

关于温州地方戏曲与岁时节庆的结合,大概是在北宋时期,《中国戏曲通史》指出:

> 在北宋末的宣和年间(1119—1125)已有南戏的前身,作为多种民间技艺之一项,在温州一带农村出现。不过当时还只是一种与节日社火或敬神仪式有关的季节性活动。①

说明在北宋时,温州出现了与节日社火或敬神仪式相关的季节性戏曲演出活动,戏曲已经与岁时节庆等习俗相联系。

关于温州岁时节庆演戏的记载,屡屡见于地方文献。如《龙门集》之"郡风俗志"记载:

> 岁时剧戏,鼓乐达旦。②

清同治间叶芝寿《己卯八月初五日同人约往茶山观会,大雨不果,戏题四韵》记载:

> 秋来胜会数茶山,闻道梨园占两班。③

泰顺《分疆录点注》卷二"舆地下·岁时"条记载:

> 六月各乡以农隙迎社神,巡村演戏祭赛,或有用上元及九十月者。④

---

① 转引自胡雪冈《胡雪冈集》,黄山书社2009年版,第370页。
② (明)侯一麟撰,蔡克骄点校:《龙门集》,上海社会科学院出版社2006年版,第157页。
③ 郑笑笑、潘猛补主编:《浙南谱牒文献汇编——诗词篇》,香港出版社2007年版,第415—416页。
④ (清)林鹗、林用霖编纂,陶汉心点注校勘:《分疆录点注》,香港出版社2010年版,第81页。

叶树玉撰的一首温州竹枝词写道：

春来上巳继元宵，曼衍鱼龙着色描。北里笙歌南部曲，踏灯士女各魂销。①

通过上述分析可以看出，温州在岁时节庆时，确实有演戏的习俗，戏曲演出已经是岁时节日的重要组成部分，增强了传统节日的文化感、仪式感。岁时节庆演戏习俗的存在，为温州地方戏曲的传承和发展，提供了舞台和空间。温州地方学者沈不沉亦指出：

温州昆剧历史悠久，长期扎根于民间，多在乡村的庙台上演出，是城乡居民喜庆盛典、迎神赛会、社火鬼节、神诞佛事等各种民俗宗教活动必不可少的组成部分。②

第五节　偏远、隔绝：特殊的地理位置与地域环境

关于温州的地理位置和地域环境，明温州府知府邓淮在弘治《温州府志》序中写道：

今天下十有三省而浙为首，浙十有一郡而温独远。温之去浙千有余里，枕闽、福，控台、括，实东南沃壤。依山为城，环海为池。③

又，弘治《温州府志》王瓒序写道：

温为东瓯古壤，在浙东极处，枕江界溟，天设奇胜，危峰层峦，

---

① （民国）杨青撰，谢作拳、伍显军编：《杨青集》，上海社会科学院出版社 2005 年版，第 536 页。
② 沈不沉编著：《温州戏曲史料汇编》上册，中国戏剧出版社 2011 年版，第 50 页。
③ 弘治《温州府志》，上海社会科学院出版社 2006 年版，"邓序"第 1 页。

环控四境，蟠幽宅阻，一巨都会。①

弘治《温州府志》卷一"形胜"条记载：

> 温之为州，最浙东极处，负山滨海。
> 郡当瓯粤之穷，地负海山之险，环地千里，负海一隅。②

从上述史料的描述中，可以发现，温州在地理方面具有如下特点。第一，地理位置十分偏远，"浙十有一郡而温独远""温之去浙千有余里""浙东极处""郡当瓯粤之穷"等语，就是非常形象的概括。第二，地域环境方面，三面环山，一面向海，被阻隔成一个与外隔绝的小世界。

对于温州这个偏远、隔绝，自成一体的小世界，清孙扩图《温州好》这样描述：

> 温州好，别自一乾坤：宜雨宜晴天较远，不寒不燠气恒温，风色异朝昏。③

正是因为温州特殊的地理位置和地域环境，使之成为一处相对和平、安全的地域，能够得到持续开发。在《东瓯逸事汇录》卷一"地理·海疆孔道"条写道：

> 温州居闽、浙之交，地处边隅，乃为岩邑。争者不深入奥区，得者或始基寸土。后汉天下大乱，东瓯独安……东晋豪杰并起，未闻以东瓯为得失者。迨至五代，莅乎吴越，长治久安。④

宋代，温州得到了更为快速的发展。如北宋杨蟠《章安集》之《永嘉》

---

① 弘治《温州府志》，上海社会科学院出版社 2006 年版，"王序"第 1 页。
② 同上书，第 5—6 页。
③ 转引自金文平等编辑《鹿城地名志》，1987 年刊行本，第 199 页。
④ 陈瑞赞编注：《东瓯逸事汇录》，上海社会科学院出版社 2006 年版，第 4 页。

描写的：

> 一片繁华海上头，从来唤作小杭州。水如棋局分街陌，山似屏帏绕画楼。是处有花迎我笑，何时无月逐人游？西湖宴赏争标日，多少珠帘不下钩。①

在温州这个相对偏远、隔绝、安全、得到持续开发的环境中，不仅避难迁徙而来的世家大族得到繁衍，各种文化也先后输入，并得到保存、发展，逐渐呈现出一派繁荣景象。

在温州繁荣、兴盛、多彩的文化中，自然包括了戏曲文化。明清时期，尤其是清朝，是中国地方戏曲普遍得到发展的阶段。温州作为南戏故里，当时不仅地方剧种多样，而且演戏、看戏之风盛行，形成了具有地域文化特色的戏曲文化环境。

---

① 俞光编：《温州古代经济史料汇编》，上海社会科学院出版社2005年版，第2页。

第二章　明清时期温州地方神信仰与戏曲

在地方戏曲发展传承的过程中，一个重要推动因素就是地方神信仰。因为人们为了处理好与信奉的地方神之间的关系，赢得神的护佑，就会以演戏的方式酬神、娱神。廖奔指出：

> 在神庙里举行祭祀性的戏剧演出活动自始至终贯穿了中国戏曲史，形成不同于其他国度的民俗戏剧现象。①

日本学者田仲一成因为戏曲和信仰的紧密关系，提出"祭祀戏剧"的概念，即：

> 中国的农村戏剧是结合农村祭祀而演出的，是作为祭祀礼仪一部分而举行的一种戏剧，可从这一点上来探究农村戏剧的本质，因而便创立了与历来的"地方剧"概念迥异的"祭祀戏剧"新概念，并以此作为研究的视点。②

温州地方学者沈不沉指出：

> 村子里的庙观寺院一般都有庙产，每逢神诞、佛事、祈福、禳

---

① 廖奔：《中国古代剧场史》，人民文学出版社2012年版，第187页。
② ［日］田仲一成：《中国戏剧史》，云贵彬、于允译，北京广播学院出版社2002年版，"中译本自序"第1页。

灾等，凡雇请戏班演出，一般都从庙产中开支。各庙菩萨的诞辰与佛事的时间又各不相同，这就使民间职业戏曲班社获得一条巡回演出路线，酬神演出成了戏曲从业人员的衣食父母。①

本章就从以下几方面，具体分析明清时期温州地方神信仰与戏曲之间的一些现象及问题。

第一节 演神戏的类型

明清时期的温州，和地方神信仰有关的戏曲演出，主要包括神诞戏、平安戏、落成开光戏等类型。

一 神诞戏：诸神寿诞作戏多

神诞戏是因地方神信仰而进行的戏曲演出中的一种。温州因为地方神信仰盛行，明清时期多有在神诞时演戏的情况。对此，地方文献资料中多有记载。如王毓英②《瓯俗多数表》记载：

> 瓯城赛会有三多：上巳迎神浪费多，端阳台阁造孽多，神庙寿诞作戏多。③

张棡《温州风俗记》记载：

> 优孟衣冠，梨园丝竹。易感人以哀乐，遂诒媚夫幽冥。祀不分阴阳，曲不区邪正。偶逢神诞，竟演新声。④

---

① 沈不沉编著：《温州戏曲史料汇编》上册，中国戏剧出版社2011年版，第260页。
② 王毓英（1852—1924），字学ιαν，号隽巂，今温州市龙湾区人。
③ （清）王毓英著，卢礼阳编校：《王毓英集》，中国文史出版社2011年版，第102页。
④ 张钧孙、张铁孙、戴若兰合编：《杜隐园诗文辑存》，香港出版社2005年版，第375页。

民国《平阳县志》记载：

> 社庙神诞日，多有演剧者。①

此外，在地方士绅的日记中，也多有关于神诞演戏的记载。如张棡《杜隐园观剧记》之"光绪二十四年戊戌（1898） 三月廿三日 命优伶演上寿戏三出"条记载：

> 是日太阴圣母寿诞，本年余值福首，整衣冠到宫中叩拜，命优伶演上寿戏三出。②

《杜隐园观剧记》之"民国二十年辛未（1931）三月廿三日 赴宫中看《继母贤》"条记载：

> 是日为本地太阴宫圣母寿诞，有众社祭赛，且有戏文贺寿。③

《林骏日记》之"光绪二十九年（1903） 七月初七日"条记载：

> 卫房圣母诞日，悬灯演剧，大觉热闹。④

《林骏日记》之"光绪二十九年（1903） 八月廿九日"条记载：

> 同人议定本堂停课四日，一以本庙神圣诞期祝贺演剧，一以上郡听西士演说，不能安心授课也。⑤

---

① 转引自徐宏图、康豹主编《平阳县、苍南县传统民俗文化研究》，民族出版社 2005 年版，第 177 页。
② 沈不沉编著：《温州戏曲史料汇编》下册，中国戏剧出版社 2011 年版，第 339 页。
③ 同上书，第 412 页。
④ 沈洪保整理：《林骏日记》下册，中华书局 2018 年版，第 502 页。
⑤ 同上书，第 513 页。

第二章 明清时期温州地方神信仰与戏曲

对于温州神诞演戏的情况，其他学者也有关注。方坚铭指出：

> 永嘉场祠庙众多，每年各庙主神寿诞，"演戏上寿"和庙会的习俗盛传不衰。①

《走读温州》一书指出：

> 每逢神明的寿诞，各个庙宇按惯例都要做戏……最为精彩热闹的，"龙船未回戏不歇"，就是一般要等到龙船回归靠岸了，戏台上才可以停歇。②

《温州词典》之"文化篇·额子戏"条记载：

> 城乡各庙台定期邀请戏班酬神演出，谓之"额子戏"。由各庙与选定之戏班签订长期合同，或临时邀请，每次一般都演 3 天，如遇重大节日或经费有余也演 5—7 天。由于各庙神诞日期各不相同，因而构成各戏班一年中之规定演出路线。额子戏演出收入是旧时民间职业剧团赖以生存之主要经济来源。③

吴东总主编《东瓯遗韵：温州市非物质文化遗产大观（一）》指出：

> 永嘉昆剧是一种平民的艺术，长期扎根于民间，多在乡村的庙台上演出，是城乡居民喜庆盛典、迎神赛会、社火鬼节、神诞佛事等各种民俗宗教活动必不可少的组成部分。④

---

① 方坚铭：《"永嘉场"地域文化研究：以明代永嘉场为考察中心》，浙江大学出版社 2012 年版，第 149 页。
② 中共温州市委宣传部等编著：《走读温州》，浙江摄影出版社 2013 年版，第 62 页。
③ 殷佩章主编：《温州词典》，复旦大学出版社 1995 年版，第 392 页。
④ 吴东总主编：《东瓯遗韵：温州市非物质文化遗产大观（一）》，西泠印社 2009 年版，第 61 页。

从上述文献记载和相关研究可以看出，温州因为地方神信仰的盛行，一直存在着神诞演戏的习俗。

二 平安戏：迎神安方演戏多

温州有迎神安方，演平安戏的传统，以祈求、感谢地方神能够御灾捍患，护佑本地平安。

民国时期的平阳，民众会在每年春天的二月初于社庙许下祈求太平的太平愿，等到秋冬时节，以演戏的方式酬谢神灵护佑自己平安。

张棡作为生活在清朝末期的温州地方士绅，一生酷爱看戏，在其日记记载的诸次看戏经历中，就有一部分是平安戏。如《张棡日记》之"民国二年（1913）十月十五 本地疫平迎神安方"条记载：

> 是日，本地为时疫已平，勾资迎姜元帅安方，愚民许愿者均扮七星将令等像，各区亦均有路祭，且下午演戏娱神，颇极一时之盛云。①

《张棡日记》之"民国三年（1914）正月初八 本地赛会迎神演剧贺年"条记载：

> 是日本地赛会迎神演剧，街市一带均扦花门竹。夜间各处燃点煤气灯如同白昼，隔岸河边施放烟火，观者行人如鲫，游人如蚁，为数十年所未有。②

《杜隐园观剧记》之"民国廿二年癸酉（1933）三月十二日 不许地方迎赛"条记载：

> 瑞安向例，清明均迎城隍安方，酬恩演戏，极其热闹，具一片

---

① （清）张棡著，俞雄选编：《张棡日记》，上海社会科学院出版社2003年版，第162页。
② 同上书，第166页。

升平气象。自民国十六年后，国设党部，一班少年之狐群狗党仗势横行，任意敲诈，自诩破除迷信，妄言城隍为淫祀，不许地方人迎赛，遂令大好山河，风景顿为萧索。而城内绅民均敢怒而不敢言。①

在张组成的《浣垞观剧记》中，也有关于平安戏的记载。如"民国廿四年（1935）正月廿九日 莘塍失火后演剧"条写道：

莘塍失火后演剧，与叶子威同去一观。②

瑞安之莘塍"失火后演剧"，自然也是平安戏。

三 落成、开光戏：诸庙落成、开光演戏多

温州地方神信仰盛行，在神庙落成、开光之时，有演戏的传统。

张棡在日记中，多次记载了看神庙落成、开光演戏的经历。如张棡《杜隐园观剧记》之"光绪十四年戊子（1888） 正月廿二日 作观剧绝句十首"条记载：

南门惠佑庙结彩演剧，游人极众，余乘月闲步，因书所见，得绝句十首。③

《张棡日记》之"光绪十四年（1888） 正月十四日 瑞安陶尖庙看戏之弊俗"条记载：

过竹友夫子处，不遇而返，便经陶尖庙一游。是庙铺张华焕，灯彩辉煌，游人甚众，盖于是晚子刻开光，明日元宵演戏。④

---

① 沈不沉编著：《温州戏曲史料汇编》下册，中国戏剧出版社 2011 年版，第 414 页。
② 同上书，第 439 页。
③ 沈不沉编著：《温州戏曲史料汇编》下册，中国戏剧出版社 2011 年版，第 330 页。
④ （清）张棡著，俞雄选编：《张棡日记》，上海社会科学院出版社 2003 年版，第 1 页。

《张棡日记》之"光绪廿六年庚子（1900）十一月初七 西岘山文庙开光"条记载：

> 本月初四西岘山文庙开光演戏，班则新同福，约十本。①

《杜隐园观剧记》之"宣统元年己酉（1909） 正月十五日 龟山庙看新同福"条记载：

> 乘船一西岙谒简斋公坟，旋到场桥永福寺内午饭。饭毕，即偕同人到龟山庙看戏。时龟山庙重建落成开光，班系新同福。②

《张棡日记》之"民国四年（1915） 三月初八 赴郡游东瓯王庙"条记载：

> 盖是庙久荒废，近载郡绅士民纠资重修，规模阔大，金碧辉煌，于是日早晨开光，游人来瞻仰者不下数千，班系新同福。③

在张组成的《浣垞观剧记》中，亦有关于神庙开光演戏的记载。如"民国十七年（1928） 十月初九日 新聘福为夏宅庙开光演剧"条记载：

> 夏宅庙开光演剧，剧班新聘福，甚佳，观者如堵。④

通过上述对明清时期温州和地方神信仰相关三种演戏类型的分析，可以看出，无论哪种类型，都说明温州地方神信仰的盛行和其对戏曲演出及社会生活的重要影响。

---

① （清）张棡著，俞雄选编：《张棡日记》，上海社会科学院出版社2003年版，第64页。
② 沈不沉编著：《温州戏曲史料汇编》下册，中国戏剧出版社2011年版，第354页。
③ （清）张棡著，俞雄选编：《张棡日记》，上海社会科学院出版社2003年版，第191页。
④ 沈不沉编著：《温州戏曲史料汇编》下册，中国戏剧出版社2011年版，第437页。

第二节　温州的城隍神信仰

在温州明清时期的神戏演出中，因为城隍神信仰进行的，占有很大比重。如后面第四章对地方士绅张棡在温州看戏情况的分析，就说明了这一点。张棡日记记载其在温州看戏的场所中，温州府、县的城隍庙占了很大比重，说明温州城隍神信仰力量的强大，及其对戏曲演出产生的重要影响。所以，本节对温州的城隍神信仰进行研究，分析其在温州地方社会中起到的作用，及其体现出的温州地域文化特性等。

一　神治与吏治结合：城隍神与地方官分掌地方治理的幽明之事

关于城隍神祭祀在中国形成的历史，冯俊杰研究指出：

> 城隍之祭始于盛唐之际，唐代城隍庙开始增多，庙殿已有城隍塑像，还时见朝廷之封赐。五代及宋，封赐更多，北宋正式列入祀典。元代始封赠其夫人，且有赛神之俗。明代则完善了城隍之祭的各项制度，清代沿之未变，惟民间祭祀之俗更往热闹、红火的方向发展。[①]

关于城隍神在地方神系中的地位和作用，《明史》之《礼志三》记载：

> 各处城隍庙须屏去闲杂神道，府州县庙宇，俱如其公廨，设公座笔砚，如其守令。[②]

从《明史》的记载中可以看出，城隍神代表了国家意志，具有正统政神的独尊地位，不能与其他闲杂神等共处一庙。同时，其庙宇的设置、摆设如同府衙，意味着城隍神会参与地方事务的治理。

又，《余冬序录抄摘内外篇》卷二记载：

[①] 冯俊杰：《古剧场与神系·神庙研究》，西安交通大学出版社2014年版，第469页。
[②] 转引自冯俊杰《古剧场与神系·神庙研究》，西安交通大学出版社2014年版，第468页。

（洪武四年）特敕郡邑里社各设无祀鬼神坛，以城隍神主祭，监察善恶。未几，复论仪注：新官赴任必先谒神与誓，期在阴阳表里以安下民。盖凡祀祭之文，仪礼之详，悉出上意，于是城隍这重于天下蔑以加矣。①

可以看出，城隍神除了掌管阴幽之事，还代表了皇权意志，地位高于地方官，所以新任地方官必须致祭拜谒，一方面表示对皇权的尊敬，另一方面期望在阴阳表里的共同治理下，能够安治下民。

日本学者滨岛敦俊指出：

朱元璋政权在中国历史上第一次以统一的制度形式，在国家祭祀体系中确立了城隍神庙的固定位置。②

冯俊杰指出：

中国自明洪武以后，举凡拥有城池的府州县治、通都大邑，都要建立一座城隍庙。因为在神圣故事中，地方官与城隍互为阴阳表里，分理人间和阴间之事。乡村是没有城隍庙的。城隍还因为城池的级别不同，分为不同的等级，城隍庙之格局也和当地府州县主官（按：当为管）的衙门相似。二者最大的区别在于，城隍庙都有戏台，官府却没有。城隍之祭历来都是由当地父母官亲自主持，在每一座城池里，城隍庙的庙会总是最隆重、最热闹的。③

在温州地方文献中，多有关于城隍神与府县官司，分掌阴阳之事的记载。如宋周行己撰《代郭守修城隍庙文》记载：

---

① （明）何孟春撰：《余冬序录抄摘内外篇》，中华书局1985年版，第34页。
② ［日］滨岛敦俊：《明初城隍考》，许檀译，《社会科学家》1991年第6期。
③ 冯俊杰：《古剧场与神系·神庙研究》，西安交通大学出版社2014年版，第459页。

> 神无不在，为物之宗。在无不报，示必有本。城隍之神，人民于斯，仓廪于斯，帑藏于斯，甲兵于斯，刑狱于斯，冒亦大矣，报亦厚矣。故祀典有载，德音所及。祠宇之敝，咎将谁执？因民之暇，卜日之吉，易坏以完，增陋而严，以舍神止。神之临矣，岁时祀之，民之福矣。惟吏之职，以是来告。①

在周行己看来，城隍神不仅掌阴幽之事，而且一地治理的所有事务，几乎都有赖城隍神的护佑，所以一定要修好庙宇，虔诚供奉。

明刘久安《重修蒲岐城隍庙碑记》记载：

> 蒲岐在县治东三十里，滨海要隘也。宋淳熙间建置卫所。明洪武丁卯（二十年），倭寇猖獗，信国公汤和增筑城垣，置守御千户所千户官一十四员，旗军九百四名，弓兵百名，辖台二，烽堠八，巡检司守之，俨然一巨镇也。旧制直省州县及卫所凡设有官司者，并设城隍庙，其神与官司并尊。每逢朔望，官司具衣冠行礼致敬，人民为负屈不得直于官司者，默诉城隍神，往往有应，故俗谓官司理阳，城隍神摄阴，抑亦先王神道设教之意欤。②

温州蒲岐卫所设置的城隍神，不仅与官司并尊，而且接受官、民的供奉。其中"俗谓官司理阳，城隍神摄阴，抑亦先王神道设教之意"一语，道出官府设立城隍神等政神体系的真正目的，无非是借助神灵信仰的精神、心理作用，收到辅治天下的效果。以使心中怀有不满的民众在官府方面得不到有效解决的情况下，能够在"默诉"于神的过程中，得到一种释放和安慰。

清雍正五年（1727）张坦熊撰《新建城隍庙碑记》记载：

---

① （宋）周行己撰，周梦江笺校：《周行己集》，上海社会科学院出版社2002年版，第124页。

② 吴明哲编：《温州历代碑刻二集》上册，上海社会科学院出版社2006年版，第507—508页。

于官廨营舍告成后,议建城隍庙于府治之东,工役材物,悉出于公,不以扰民。凡阅九月而工竣。余谓:郡县之有城隍,犹其有守令也。职虽赞幽,而实以佑明于一方,吉凶灾祥皆得专主之,其所司不与他神等,而民之俎豆尸祝亦于神为最亲,如父母焉,苟有欣戚未有不走相告也。而神以聪明正直之德,能烛其隐而惬其情,固理之必然,无足异者。独念玉环为新复之地,川原初奠,户口方归,其有待于经理而抚绥者甚详且亟。余奉命来治是邦,辟垦旬宣,亦既稍稍就绪;然时和年丰,与夫水旱疠疫之为民病者,何以愿无不遂,憾无勿消,此则维神之职,而有司之不能无待于默相者也。今殿宇鼎新,牲酒丰洁,神必能降鉴焉,上为天子理阴阳之化,俾风雨寒暑以时,下以奠新集之民,相生相养而无辛苦愁叹之声,皆于是乎在,而岂土木庙食、无益于民者所可比哉!①

清乾隆二十九年(1764)王廷相撰《重建城隍庙碑记》记载:

御灾捍患,福善祸淫,夫固有默为相理者,以与守土之官同其职任,其惟城隍之神乎!幽明虽异,惟期保障斯民,灵爽式凭,忍令飘零不振乎!②

清同治六年(1867)戴槃撰《重修温郡城隍庙记》记载:

郡邑之有城隍,犹之乎府县也均有守土之责,是以操兴养立教之权以奠安苍赤,责在府县;司福善祸淫之柄以翊赞幽明,责在城隍,其有水旱不时,灾祲洊至,则官与民咸请命焉,为阖邑生灵所倚赖,于是民和而神降之福,否则祸亦随之,则惟明乎事神之道而后能治民,彰彰明矣。③

---

① 吴明哲编:《温州历代碑刻二集》上册,上海社会科学院出版社 2006 年版,第 532 页。
② 同上书,第 537 页。
③ 同上书,第 196 页。

温州清代三份关于修建城隍庙的记文，无论是新建还是重建、重修，都说明城隍神在地方社会治理中，具有不可替代的作用。其地位高于一般其他民间俗神，是与地方守令分掌幽明，相辅而治的力量。

在温州地方文献中，也有关于地方官在任时，求助于城隍神的记载。如《瓯海轶闻》卷之三十九"官师遗爱·元明·刘谦温州之政"条记载：

> 丁巳夏，旱甚，公率僚属斋沐，祷于龙湫，免冠跣行，五步一拜，暮抵神祠。祷毕，俄阴云四兴，大雨如注，岁大熟。一时名胜如大学士黄公淮、状元周公旋辈，咸赋诗颂公，有"雨向黄堂心上来"之句。癸亥，霪雨坏稼，公祁请晴，复应。有盐运使王某，秩满而去，舟过括滩，夜被劫，诬逮平民若干人。公祷于城隍之神，顷之，罪人斯得，开释无辜。①

刘谦在温州任职时，无论祈雨、祈晴，还是判案，都向城隍神求助。当时士绅赋诗以赞的举动，说明他们对于地方官祭拜城隍神行为的认可。

《瓯海轶闻》卷之四十"官师遗爱·明国朝·王世显永嘉之政"条记载：

> 王世显，字亦世，别号仙潜。顺治戊戌进士，庚子，授浙江永嘉令。甫三月，肃清吏弊，轸恤民隐，释三大冤狱。邑有虎，日出撄人，猎者莫能制。世显曰："令不德所致也。"为文告于城隍之神，翼日虎死。②

王世显为除虎患，罪己告于城隍。第二天老虎死去，患除。这样离奇的记载，和刘谦向城隍所求皆灵一样，是不可信的。但记载的目的，是为了宣传、显示城隍神在地方治理中的重要作用。

明文林《祭城隍文》记载：

---

① （清）孙衣言撰，张如元校笺：《瓯海轶闻》下册，上海社会科学院出版社2005年版，第1226—1227页。

② 同上书，第1259—1260页。

  永嘉县知县文林敢昭敢于温州府城隍之神曰：朝廷设府州县以主乎明，又各命立城隍以主乎幽。幽明所主，可相有而不可相无者也。故民有词讼冤枉，或为上司科设太重，则为府州县官者周旋掩覆，至于不得已而后已，其或疫疠妄作，年不顺成，必赖城隍之神极力以护佑之而后可。今春亢旱，蝨虫蚀稼，而交秋之中，风雨大作，晚禾又失。林心怵惕不宁寝食然。以林未任之先，并无此事。既任之后，凶险并作。是皆林之过恶滔天，亵渎神明所致，呜呼。以林一人而使千万人冻饥，林虽居位食禄亦何面目以戴天履地也。俯伏以待神之诛殛慎不可。以林一人而累此一邑之民，其或飞廉失行魑魅作夭亦宜示林，协力诛之，以报朝廷，以苏民困。神其勿怒，敢告。①

  明朝时，文林在温州做知县，他认为城隍神与守令在地方治理中，应该幽明相辅相成，共同发挥作用。在遇到解决不了的问题时，就要祈求于城隍神。所以，当遇到旱涝虫灾之时，文林作文自责告罪于城隍神。

  文林等地方官，之所以会有祈文于城隍神等行为，一方面，作为为任一方的地方官，在治理遇到问题时，向朝廷规定的政神城隍神祈文，也是做给百姓看的一种有意之为，以起到辅助地方治理的作用。另一方面，是因为在当时的社会发展条件下，一些问题仅靠人力确实难以解决。地方官也是人，也会有神灵信仰的心理，祈神保佑属于正常的真实行为。

二　本地神至上：城隍神多为民众信奉的本地神

  虽然城隍神在地方神系中代表皇权意志，属于正统政神，但国家并没有统一规定，城隍神究竟是谁？什么出身？所以，各地供奉的城隍神并不一样。

  《东瓯逸事汇录》卷二五"神仙·温州城隍"条记载：

  州、县城隍庙，莫详事始。今其祀几遍天下，朝家或锡庙额，

---

① （明）文林撰：《文温州文集》卷10，浙江巡抚采进本。

第二章 明清时期温州地方神信仰与戏曲

或颁封爵;未命者或袭邻郡之称,或承流俗所传,郡异而县不同。如温州富俗侯,处州仙都侯……皆莫究其所以也。①

又,《东瓯逸事汇录》卷二五"神仙·永嘉周苛"条记载:

城隍大约起于南北朝之世,至唐末而无地不祀,无州不祭。又必指一人以当之,如吴之春申君、永嘉之周苛、南昌之灌婴、润州之纪信。②

从史料记载可以看出,一方面,历史上各州县开始供奉城隍神的渊源,并不清晰。另一方面,得到普遍祭祀后,各地被供奉的城隍神,也不一样。

温州供奉的城隍神,称号也不固定。《瓯海轶闻》卷之五十四"祠祀·温州城隍神号"条记载:

其余相承称谓,如温州富俗侯。
按(孙氏按):今温州府城隍乃称威灵公,县城隍称威灵伯。③

也就是说温州的城隍神,曾经是富俗侯,后来变成了威灵公(伯)。

温州被供奉为城隍神者,史料记载有两位。一位是汤和。汤和因为在浙江沿海筑城抗倭有功,深得当地人民的爱戴,后成为城隍神。即:

嘉靖间,东南苦倭患,和所筑沿海城戍,皆坚敌,久且不圮,浙人赖以自保,多歌思之。巡按御史请于朝,立庙以祀。④

又,《温州节日》一书记载:

---

① 陈瑞赞编注:《东瓯逸事汇录》,上海社会科学院出版社 2006 年版,第 577 页。
② 同上书,第 577—578 页。
③ (清)孙衣言撰,张如元校笺:《瓯海轶闻》下册,上海社会科学院出版社 2005 年版,第 1478 页。
④ 《明史》卷 126《汤和传》,中华书局 1974 年标点本,第 3755 页。

永嘉场人均奉汤和为保护神。嘉靖七年（1528），巡按御史请于朝，遂建成汤和庙，俗称"城隍庙"。①

另一位是金乡卫②的镇城隍泰宇公。相关记载见于《金乡王氏宗谱》：

> 金乡王氏始祖泰宇公，原系浙江宁波鄞县白塔寺前人。后来平阳县金乡镇授指挥职，任都困，待人接物，指陈时事，皆有儒者风度。在他年过古稀时，其同僚为修城墙，欲下达急令，不计代价，在短时间内修复，以显政绩。泰宇公即审时度势，主张根据实际情况，勿妨民伤财，以人为本。他的主张正好深合上级的意图，并在实际上，减轻了老百姓的负担。
>
> 他的原配李氏及继室童氏皆为贤内助，其为人乐善好施，口碑极佳，受人称赞，不成为女人丈夫也。夫妇同心同德，自古至今，皆人生之大幸。
>
> 泰宇公殁，被封为镇城隍。③

泰宇公本是金乡卫的一个指挥官，为官在任期间，因为能够从本地百姓的实际利益出发，加之他的两个夫人乐善好施，所以泰宇公卒后，被封为当地的镇城隍。

上述在温州被供奉为城隍神的两个人，与温州之间关系的共同之处是，都曾在温州一带任官，而且有恩于温州。

通过上述分析可以看出，城隍神信仰不仅各地被供奉者不同，同一地方也会不同。因为对于不同地方的人们而言，曾经有恩泽于他们的人不同，或者认为有能力保护他们的人不同，所以各地被供奉为城隍神的人不同。对于同一个地方的人们而言，也会随着时间、形势、利益考量的变化，选

---

① 中共温州市委宣传部主编：《温州节日》，中国民族摄影艺术出版社 2011 年版，第 181 页。
② 金乡卫在今温州市苍南县，建于明洪武二十三年（1390），是浙南沿海的抗倭军事重镇。
③ 《金乡王氏宗谱》，1976 年铅印本。

择不同的人供奉为城隍神。这反映出城隍神信仰的典型特点，即其与地方社会的充分结合、因地制宜、因时制宜。说明城隍神虽然属于官方指定的政神体系，但更偏向于地方神色彩，具有民间信仰的地方性、变动性、功利性。不过，有一点可以肯定，就是被各地供奉为城隍神者，多是与各地关系紧密，且有恩于当地的本地神。

三 城隍神出巡仪式引发的"元帅案"：虔诚信众的自发组织

温州的城隍神信仰，得到虔诚供奉。迎神出巡，是诸多供奉仪式中，必不可少的部分。

张棡在《杜隐园观剧记》之"民国廿九年庚辰（1940）二月廿八日瑞城向例于今日赛会"条记载：

> 瑞城向例于今日赛会，大街各处张幕迎城隍神安方。凡城乡士女，均于神前装扮罪人，执香游行。而神前执事，则牛鬼蛇神，色色具备，亦一时之胜会也。自民国以来，党派兴，以破除迷信为卓见，以捣毁木偶为豪举，于是，迎神之事，被其禁止不行，已忽忽十余年矣。遂至街市冷落，佳节空过，增人感慨。惟五都、海安所一乡，向于本日演戏迎神，极其热闹，古所谓"礼失而求诸野"，不其然乎？①

瑞安城作为明清时期温州府所属县之一，直至民国还保留着迎城隍神安方的习俗。自民国被禁止后，地方士绅张棡的感触是"街市冷落，佳节空过"，说明这一信仰及其相关习俗在当地民众生活中的重要地位和影响。据张棡描述，迎神仪式中还会演戏酬神，非常热闹。

不仅瑞安，同样作为明清时期温州府属县之一的平阳，也有同样的传统。张奋指出：

> 在城隍爷出巡前的三天时间里，还要请戏班在城隍庙的戏台上

---

① 沈不沉编著：《温州戏曲史料汇编》下册，中国戏剧出版社2011年版，第424页。

唱戏娱神。①

各地为了作好每年的迎城隍神出巡安方活动，在当地会有一些专门的相关组织负责。本书即以"元帅案"为例，进行分析。

张奋在《平阳县钱仓城隍庙会》一文中，对"元帅案"的情况，做了详细介绍。先将其相关内容，引录于下：

> 1948年，由于当时社会经济萧条，需要很多资金投入的扮演元帅人选常常没有，而缺乏元帅这一城隍爷出巡的仪式中的重要环节，也是导致当时钱仓城隍庙会的城隍爷出巡的仪式常常不能每年按时举行的主要原因。为了能使扮演元帅的人选年年有着落，当时钱仓城里家境较好而又相互交情颇深的陈志元、陈延龄、刘维开等城隍爷的虔诚信徒自发组织了"元帅案"，相议轮流扮演以后出巡仪式中的头尊元帅。城隍庙"头家"也认同了这一团体，决定今后凡举办城隍爷出巡仪式，其中元帅都由"元帅案"中成员轮流扮演，而当时"元帅案"成员还集体在城隍爷神像前抽签确定轮流扮演顺序。这一相当于"盟兄弟"的民间团体成立后，"元帅案"成员的每户人家出资折合成50斤谷子入案（按：当时正值民国后期，金圆券贬值很快，故而以实物为据），共凑齐400斤谷子作为公用基金，然后放在"元帅案"成员中出租，所获利息拿来在每年清明那一晚上城隍爷出巡仪式结束后办一桌酒席祭请"元帅案"成员共同享用。……
>
> 在1950年后的每一个清明以及后来的清明前一日晚上，"元帅案"的八位成员都会聚在一起，挑着装有酒菜的担子，在城隍庙的元帅神像前祭请过后再重新挑回家中摆席享用。这种活动一直坚持了下来，即使"文化大革命"期间城隍庙被毁后也没有中止过。最初的一批成员中有过世的，就由其子替代，其子亡故，其孙替代。

---

① 张奋：《平阳县钱仓城隍庙会》，载徐宏图、康豹主编《平阳县、苍南县传统民俗文化研究》，民族出版社2005年版，第123页。

"元帅案"最后一批成员分别是：陈志元，子陈景利，孙陈云巧；刘维开，子刘思文；陈延龄；周长芳，子周志健；蔡知良，子蔡成勇；赵金锡，子赵万勇；杨步松，子杨乃钦；谢作霖，子谢尚治。另据陈延龄等人回忆，当时在他们成立"元帅案"并成功扮演元帅后，当地还有一批虔诚的信徒也准备筹备成立"六房案"，后来因为城隍爷出巡仪式的中止只好作罢。①

从张奋的记载中可以得知，原来钱仓城隍神出巡仪式中，元帅需要出重资聘请人扮演。后来资金缺乏，无钱聘人，但扮元帅是城隍神出巡仪式中非常重要的组成部分，所以导致每年的出巡仪式不能正常进行。最后解决问题的方式，是由虔诚信众自发成立了一个名为"元帅案"的组织，由该组织的成员轮流扮演出巡仪式中的头尊元帅。

这个名为"元帅案"的组织，具有如下特点。第一，由八名虔诚信众自发组成。第二，八名成员间，相互熟识、交情好、家境好。之所以要家境好，一方面是因为扮元帅需要花钱，这个钱应该是轮到八位成员中的谁扮演，就由谁自己解决，所以之前困扰的无钱聘人扮元帅的问题，才能够得到解决。另一方面是要自愿拿出一定数量的谷物，作为参加"元帅案"的"入案"费用。所以，没有一定的家底，是出不起这些费用，也做不成"元帅案"组织成员的。第三，八位成员的组成，十分固定，对外具有排他性。表现在：一方面，八家出资组成的公用资金，仅在组织内部出租收息，利息主要用来出巡活动结束后，八位成员的祭请酒食费用；另一方面，成员的延续更替，仅限于初创成员的子孙后代，这样做的目的，无外乎是要保持组织构成的稳定性、凝聚性。

这个出于自发自愿的组织，得到了整个城隍神出巡仪式组织者——"头家"的认可。想必这个"元帅案"组织在当时十分成功，所以其他城隍神信徒，也想效仿这八家的做法，成立类似的"六房案"。

通过上述分析可以看出，温州各地的城隍神信仰，不仅每年都会定期

---

① 载徐宏图、康豹主编《平阳县、苍南县传统民俗文化研究》，民族出版社 2005 年版，第 125—127 页。

举行迎神出巡、演戏等活动，而且扮元帅是整个出巡仪式中，非常重要的组成部分。为解决因经费不足，无钱聘人扮元帅的难题，产生了一个民间自发组织"元帅案"。进一步证明本书前面的论断，城隍神虽是政神，但更多地具有地方性、民间性。

第三节　迎神赛会的重要作用

明清时期的温州，迎神赛会在当时社会中扮演着非常重要的作用。具体从以下三方面进行分析。

一　为戏曲演出提供舞台，甚至生存凭借

明清时期的温州，很多戏曲演出与地方神信仰有关，是在迎神赛会的神庙戏台上演出，属于演神戏，这从温州至今保存有大量的神庙古戏台可以得到证明。关于此点，在后面会有专门章节进行研究。

不同历史时期，随着统治者利益考量的变化，对待戏曲的态度也在变化。有时对于戏曲，或者部分戏曲，会采取打压、禁止的政策。每当此时，很多地方戏曲都是打着"禳灾赛祷"的神戏旗帜，才得以生存下来。在《岐海琐谈》的"坊巷戏剧贻患"条，就有相关记载：

> 每岁元夕后，戏剧盛行，虽延过酷暑，弗为少辍。如府县有禁，则托为禳灾、赛祷，率众呈举，非迁就于丛祠，则移香火于戏所，即则瞒过矣。①

这则史料，一方面表明温州地方戏曲盛行的程度，从每岁元夕之后一直持续到夏天。另一方面表明只有托为"禳灾赛祷"的神戏，才能逃过地方官府的禁止。

徐兆格在《平阳怀溪乡垟溪宫"五显爷庙会"》一文中写道：

---

① （明）姜准撰，蔡克骄点校：《岐海琐谈》，上海社会科学院出版社2002年版，第124页。

第二章　明清时期温州地方神信仰与戏曲

>　　傀儡戏的生存亦同样离不开庙会祭祀活动，因为傀儡与其他剧种一样，经常要受到统治者的"榜禁"。此时，只有托为"禳灾赛祷"，才能躲过此灾。……正因为如此，所以傀儡戏又被称之为"神戏"，从而获得长年在庙台上演出的机会。……庙会活动不仅使傀儡戏免遭"榜禁"，还为傀儡戏的生存提供了演出场所和资金，这是傀儡戏获得生存和发展的最基本的保证。可见其兴衰存亡，均与当地的庙会活动休戚相关，一千多年来，始终以庙会为载体，彼此相依，共同发展。①

说明曾被官府禁止的平阳傀儡戏，也是因为庙会祭祀的需要，托为"禳灾赛祷"的神戏，才得以生存、发展。

二　推动亲友人际圈子的交流

迎神赛会，多与岁时年节等日常生活中的特殊日子有关。通过参加迎神赛会，人们可以同时完成拜神、贺节、走亲戚、看戏等活动，将自己日常生活中的信仰、人际交往、娱乐等诸多事谊综合在一起，所以格外受重视。

《东瓯逸事汇录》卷五"古迹上·忠靖王庙"条记载：

>　　今每年三月初，民间必请王出庙，巡行城内外以驱瘟疫。两庙之神轮出。出之日，通街大道多设布棚，张灯结彩，灯烛辉煌，男女杂遝，并有还乡来看，住宿亲友家者。……至归殿以后，各里纠分搭台演戏数本，名曰"平安戏"。靡费钱财，累百盈千，在所不惜。②

这里记载了每年三月忠靖王出巡赛神时，张灯结彩、演戏纵观的热闹场面。还有一些远道来看戏的人，住宿在亲友家。

张棡在日记中多次记载，自己家和其他人家因为迎神赛会而拜神、庆节、

---

①　载徐宏图、康豹主编《平阳县、苍南县传统民俗文化研究》，民族出版社2005年版，第178—182页。

②　陈瑞赞编注：《东瓯逸事汇录》，上海社会科学院出版社2006年版，第104页。

款待亲朋、一同看戏等情况。如《杜隐园观剧记》之"光绪二十八年壬寅（1902）正月初八日 太阴宫看戏"条记载：

> 是日本地迎神赛会，邑城内兄林小竹同郑挹珊、李阿文表侄来贺年。午饭后同小竹等三人去太阴宫看戏至申刻。①

《杜隐园观剧记》之"民国七年戊午（1918） 正月初八日 太阴宫看新同福"条记载：

> 是日为本地迎神赛会之期，各地亲戚俱来贺年……午宴后，各客均赴太阴宫看戏，班为新同福。②

《杜隐园观剧记》之"民国十九年庚午（1930） 正月初八日 不敢举行赛会"条记载：

> 本日为吾地向来赛会迎神演戏之期，各家均有客来贺新。近因时荒世乱，沿村并不敢举行赛会，于是吾地今年今日停止此举。③

《张棡日记》之"民国二十年（1931） 正月初八 赛会及诸戚来贺年"条记载：

> 本日为地主神赛会之期，合地无不颂神之有灵，久雨遇晴，人人欢喜，况会市演戏，各处客集乎。十句钟，鲍川戴婿夫妇同外孙女慧簪来贺年。十一句钟，叶婿夫妇来贺年，瑞城赵羽仪襟兄、林燠楠、李炯文、鼎文同来，而蔡宅传楹及叶亮初令郎亦来。均留之午宴。④

---

① 沈不沉编著：《温州戏曲史料汇编》下册，中国戏剧出版社2011年版，第346页。
② 同上书，第370页。
③ 同上书，第411页。
④ （清）张棡著，俞雄选编：《张棡日记》，上海社会科学院出版社2003年版，第459页。

从张棡日记的记载中可以看出，每逢迎神赛会，家家就会有亲朋至，大家一起过节、宴饮、看戏，是当时民众生活中的一大乐事。这种风俗，一直持续到民国。

在其他地方士绅的日记中，亦有相关记载。如《林骏日记》之"光绪三十年（1904）八月一日"条记载：

> 驾舟往丁田，巳刻，抵张震轩妹丈家。南河甥女来归宁。是日会市，亲戚均备土仪馈赠，家家邀留客饮，以多为荣，亦古人鸡黍之风也。各处妇女皆整衣衫，庙宇悬灯演剧，热闹胜于常时，田家赛社，其乐何殊。①

在林骏日记中，写到赛社会市时，不仅出嫁的女儿会回娘家，各方亲戚也会带着礼物前来，主人家则盛情款待，一派热闹、欢聚景象。又《林骏日记》之"光绪三十四年（1908）正月八日"条记载：

> 是日汀川会市，迎社神，仪仗鲜明，异常热闹，各家皆设筵会客，交相馈问，具有古风。②

三 促进地方经济发展

迎神赛会时，会出现会市，也就是与地方社会的经济产生关联，促进其发展。徐洪迪在《蒲州旧事》中写道：

> 俗话说："浙江庙台看温州，温州庙台看蒲州。"蒲州商业发达，人口往来频繁，各种集市随之出现，于是戏台也大量涌现。民间戏事常托言娱神祭祖，习惯把戏台盖在祠堂庙宇里。古蒲州的元宵节往往会有看社戏、挂珠簖、划大龙的活动。在那不过1公里左右的蒲州直街上，就有20多家渔行和12座庙宇挨挨挤挤地一字儿排开，

---

① 沈洪保整理：《林骏日记》下册，中华书局2018年版，第594页。
② 同上书，第746页。

这些寺庙里有 9 座盖着戏台。值得一提的是，这些庙宇除了娱神、演社戏之用，还是蒲州人外出售卖水产品时的落脚之处，为此，人们说"蒲州人不是住殿就是住寮"。①

蒲州作为一个缩影，很好地印证了温州地方社会戏曲演出的盛行，及其与经济发展之间的关系。一方面，以各种名目进行的戏曲演出，汇聚了大量人气，推动了商业的繁荣、发展。另一方面，蒲州商业的发达，带动了人群的流动，催生了各种集市，也促进了戏台的修建。在 1 千米长的街上竟然建有 9 座戏台，足以说明当时戏曲演出的盛行。所以说，地方神信仰与戏曲二者之间是互惠共生的关系。

---

① 中共温州市委宣传部等编著：《走读温州》，浙江摄影出版社 2013 年版，第 61 页。

第三章 明清时期温州宗族与戏曲

在本书第一章，分析明清时期温州戏曲盛行的原因时，提及宗族为敬祖进行的戏曲演出，是原因之一。关于温州宗族与戏曲，还有其他值得关注的内容。下面分三节，逐一进行分析。

第一节 宗族演戏的类型

明清时期，温州宗族进行的戏曲演出，主要包括庆寿演戏、祭祀演戏、圆谱演戏等类型。

一 庆寿戏：以梨园庆寿待亲友

关于明清时期温州地方宗族为家人、族人庆寿演戏，在地方文献中多有记载。

《黄体芳集》记载其在清同治二年癸亥（1863），为母庆寿演戏事。即：

> 冬，乞假归里省亲，为母吴太淑人举七十五岁诞寿，以梨园招待亲友，自题戏台楹联，传为美谈。①

黄体芳在母七十五岁寿诞之时演戏，一是为母庆贺寿辰，二是以戏文演出，款待来拜寿的亲友。

---

① （清）黄体芳撰，俞天舒编：《黄体芳集》，上海社会科学院出版社2004年版，第386页。

瑞安《鲍川戴氏西祠宗谱》中记载了孙诒让所写之《恭祝敕授登仕郎戴公光峰七旬荣庆序》：

> 公悬弧之辰适当元旦，抑有戏焉。①

张棡《杜隐园观剧记》之"光绪廿二年丙申（1896）十一月廿二日 驻春园观新福建班"条记载：

> 是日周宅寓公延陵吴太守之夫人高氏五旬寿期，因在驻春园内搭台演戏，班是"新福建"班。
> ……戏自巳时演起，至四更方歇。②

又，张棡《杜隐园观剧记》之"光绪三十四年戊申（1908）三月廿五日 观新益奇"条记载：

> 是日周宅请寿酒，下午尚有寿戏，班名新益奇，日间在茶场庙做，是夜即在宅内扮演。是晚吃闹夜酒，坐观寿戏数出。周维新、林蕴山点戏极多，约费赏钱数千文。③

张棡所记两条史料，都是周宅庆寿演戏，但不知是否为同一家。不过对于他们而言，庆寿都要演寿戏，则是相同的。而且演寿戏是一件很隆重的事情，可以分日场和夜场，不仅在家中演，还在庙里演，而且演戏数出，客人还可以点戏。

1918年3月21日的《瓯海公报》登载徐继骐为母庆寿演戏：

> 永嘉地方检察厅厅长徐继骐君昨日为其太夫人开七秩寿筵于府

---

① 郑笑笑、潘猛补主编：《浙南谱牒文献汇编》第1辑，香港出版社2003年版，第117—118页。
② 沈不沉编著：《温州戏曲史料汇编》下册，中国戏剧出版社2011年版，第335页。
③ 同上书，第354页。

学巷公馆,并招"琴娱社"演剧一天,来宾济济,以司法衙门之职员居多,而本埠各机关领袖亦多有前往贺寿云。①

在其他地方士绅的日记中,也多有关于看寿戏的记载。如《符璋日记》之"民国八年己未(1919)三月初八日"条记载:

是日道尹母寿,贺客如云,演剧称觞,极形热闹。②

张组成《浣垞观剧记》之"民国十八年(1929)四月初一日 上城看女子演剧"条记载:

下午上城看女子演剧,系项成赓祖母寿戏。③

《刘绍宽日记》之"民国十五年丙寅(1926)六月廿二日"条记载:

本街黄益亭年七十开贺,演剧。益亭少贫,以药业致少康,中年曾充库胥,盖有所入也。晚与宴,点戏一出。④

刘绍宽不仅参加了邻居黄益亭七十寿诞的宴请活动,还在庆寿方式之一的演戏过程中,点戏一出。

为家中、族中长者庆寿演戏,是中国传统宗族社会的共有现象。如日本学者田仲一成指出:

为宗族前辈庆祝生日的寿诞剧,到了明代中期以后,在宗族乡绅中间流行起来。……寿诞剧在明代已经变成祭祀戏剧的中心。⑤

---

① 转引自沈不沉编著《温州戏曲史料汇编》上册,中国戏剧出版社2011年版,第427页。
② 陈光熙点校:《符璋日记》,中华书局2018年版,第705页。
③ 沈不沉编著:《温州戏曲史料汇编》下册,中国戏剧出版社2011年版,第437页。
④ 方浦仁、陈盛奖整理:《刘绍宽日记》,中华书局2018年版,第822页。
⑤ [日]田仲一成:《中国戏剧史》,云贵彬、于允译,北京广播学院出版社2002年版,第209页。

徽州婺源也存在这样的情况：

> 康熙三十九年（1700）二月十六日婺源人詹以献八十岁，全宗族给他庆寿，在祠堂内摆酒席，演戏，族亲送礼，到三月十二日族亲演戏，请他观看，叫做"回戏"。①

二 祭祀戏：岁时伏腊致祭演戏

明清时期的温州宗族，会在岁时年节等祭祀的日子请戏班演戏。如永嘉县岩头镇渠口村光绪年间《重修渠川叶氏大宗祠碑记》记载：

> 族人致祭，岁时伏腊，团结一堂，演剧开场，以古为鉴。伸忠孝节义之心，怅触而油然而生。②

渠川叶氏通过祭祀演戏，不仅表达了对先人的怀念，也起到了以戏曲演出教化族人的作用。

张棡《杜隐园观剧记》之"民国十九年庚午（1930） 八月初三日 赴庙看《紫金鱼》"条记载：

> 本日大宗秋祭。三句钟赴庙看戏，正本演《紫金鱼》。③

张棡在日记中明确记载了是因为当日大宗秋祭演戏，所以下午赴庙看戏。

《温州古戏台》一书记载了永嘉县芙蓉村陈氏大宗祠祭祀演戏的情况：

> （宗祠）在古代为村内陈姓族人供奉神主、祖宗牌位和聚会议

---

① 《清史资料》第4辑，转引自冯尔康、常建华《清人社会生活》，沈阳出版社2001年版，第352页。
② 薛林平：《中国传统剧场建筑》，中国建筑工业出版社2009年版，第277页。
③ 沈不沉编著：《温州戏曲史料汇编》下册，中国戏剧出版社2011年版，第411页。

事的公共场所。每年农历二月初二起，村里举行祭祀活动，有做戏三天三夜、舞鱼灯等习俗。①

可见芙蓉陈氏每年都会定期举行祭祀演戏活动。

宗族祭祀演戏，不仅明清时期的温州存在，浙江其他地方及南邻的福建，都有这种情况。

浙江绍兴府萧山县二十四都下二图镇龙庄大义村的汪氏，在嘉庆七年重修的《大宗祠祭规》中，记录了大宗祠祭祀引入戏剧演出的原委，被称为《春秋演剧例》：

> 春秋祭毕，向无演剧之事。岁在（乾隆）壬寅，因祭费有余，不便分析，故于秋分祭毕，演剧二台以敬祖先。今遂为例。每年秋祭前，豫先雇定梨园一部，约上中班，以两本为率，共二本。贪贱定下班，罚戏。祭毕，先演秋分戏，晚补演春分戏，戏台搭在祠前河涯，不得搭入祠内道地亵祖犯罚。倘临期梨园不到，令罚若干，公同另议。②

萧山汪氏本没有宗族祭祀演戏之事，乾隆年间，一次秋祭费用有剩余，不好做其他分配，于是决定演戏敬祖。自此形成祭祀演戏的惯例，并对演戏时所定戏班的标准、演戏的本数、戏台的搭建地点等，做出了明确规定。如有违犯，还会被罚戏。

浙江余姚丰山毛氏同治《大宗祠规例》规定：

> 宗祠演戏侑神，以忠孝节义等剧为主。若佻达奸邪之类，非所以敦教化厚风俗也。当重戒之。
>
> 祠内演戏，中厅惟尊长远客男人可坐。若妇女只许在两侧屋观

---

① 崔卫胜主编：《温州古戏台》，浙江古籍出版社2013年版，第119页。
② 转引自［日］田仲一成《中国的宗族与戏剧》，钱杭、任余白译，上海古籍出版社1992年版，第331页。

看，违者议罚。①

余姚毛氏在祠规中对宗祠演戏，做出了很多详细规定。包括：第一，所演戏文，要以有利于族众教化的内容为主；第二，在宗祠看戏时的位置安排，凸出了对族中男性尊长和远客的优待，及对妇女的歧视。

陈支平在所著《近五百年来福建的家族社会与文化》一书中，分析了家族祭祀演戏的目的：

> 从家族的角度讲，在家族祭祀等庄严时刻来演戏，其目的是为了增添气势，铺张排场，从而维护家族的形象，并扩大家族的对外影响力。因此，福建的许多家族还把演戏作为祭祖活动的一项重要内容写进族规，劝诫后代子孙永远执行。②

通过本小节的分析，可以看出：无论出于敬祖、教化族众、宣扬族威等何种目的，宗族祭祀演戏，确实是在温州及其周边地域社会，广泛存在的一种现象。

三　圆谱戏：修谱族之大事，演剧以庆

对于生活在宗族社会背景下的各姓宗族而言，修谱是族之大事。每次新谱修成，都要演剧以庆。

张棡曾记载自己多次观看圆谱演戏的情况。如张棡《杜隐园观剧记》之"光绪二十四年戊戌（1898）二月二十日　看福建老荣升"条记载：

> 早晨命大姆划舟到岩下杜宅妹夫紫石处看戏，盖伊杜姓圆谱演戏，班是福建老荣升也。③

---

① 转引自［日］田仲一成《中国的宗族与戏剧》，钱杭、任余白译，上海古籍出版社1992年版，第334—335页。
② 陈支平：《近五百年来福建的家族社会与文化》，中国人民大学出版社2011年版，第163页。
③ 沈不沉编著：《温州戏曲史料汇编》下册，中国戏剧出版社2011年版，第339页。

《杜隐园观剧记》之"宣统元年己酉（1909） 七月廿七日 夏祠看竹马歌"条记载：

> 午刻，整衣到夏姓宗祠饮圆谱酒，酒毕，即在夏祠看戏，班系竹马歌。①

张组成也在日记中记载了看圆谱戏的经历。如《浣垞观剧记》之"民国廿三年 十一月初九日 后李完谱新润玉演剧"条记载：

> 下午在后李看剧，剧为完谱而演，班系新润玉。②

无论圆谱演戏还是其他原因演戏，各姓宗族演戏一般是在本族的祠堂中进行，所以很多祠堂中修建有戏台。如谢思泽撰《蓬溪诸祠堂记》记载：

> 其大宗初建年辰无考，约建于明之中叶。至乾隆四十年前后，祠将圮，玉忠公倡捐重修，亦于《玉忠公行略》中见之，余俱未有父老言及者。初，大厅圮而基存，故演戏与焰宵化灯必于此处，惟五月十三在关帝庙演戏。道光初年，众修大宗，建前进并建戏台，始在大宗演戏。③

《缪家桥缪氏重建祠堂记》记载：

> 二十九世裔孙讳启聪公……建宗祠平屋七间二进……乾隆二十六年落成……（子）继建宗祠两廊和戏台一座。④

---

① 沈不沉编著：《温州戏曲史料汇编》下册，中国戏剧出版社2011年版，第355页。
② 同上书，第438页。
③ 吴明哲编：《温州历代碑刻二集》上册，上海社会科学院出版社2006年版，第222—223页。
④ 缪维銮主编：《温州苍南缪氏通志》，国际炎黄文化出版社2008年版，第135页。

温州这些在祠堂中修建的古戏台，在过去，为各姓宗族提供了戏曲演出的场所。在今天仍有一定数量保存下来，成为宝贵的戏曲文物。对于这些精美的古戏台，在后面章节会单独论及、研究。

第二节　禁止族中子弟以演戏为业：有辱先祖，为世所讥

在明清时期温州宗族的族规祖训中，涉及戏曲最多的内容，是禁止族中子弟以演戏为业。至于其中的原因，主要是出于以下两方面考虑。第一，对内而言，认为从事这样的职业会有辱于先祖。如《苍南灵溪庄氏族规》之"谨职业以戒非法"条记载：

> 吾家承祖宗之余荫，族众人繁，士农工商，均当勤守职业，勉为清白裔，切不可妄作非为，干犯名义，以罗法网。如为优娼隶役，为江湖流郎，投行拜会，此皆败类之俦，辱先人之大者也。有一于此，谱内宜削其名，不准入族，以为不孝子孙戒。①

在苍南灵溪庄氏看来，本族是靠祖宗的荫庇，才能繁衍昌盛。如果族中子弟有以演戏为业者，就属于族之"败类"，是对先祖最大的不敬和羞辱。违反者会被削谱除名，不为本族所接纳。第二，对外来说，认为会为世家君子所讥讽。如道光二十四年《钱镇彭城刘氏宗谱》卷之一"家训·职业当慎"条规定：

> 古者四民，士为首，农次之，工商为末，其余杂流，世家所不为也。愿吾族有才者矢志青灯，有力者务耕南亩，或渔于水或樵于山，为圣世之民可也。甚勿习俳优为君子所讥，充隶卒受贵人之辱。②

---

① 钱克辉主编：《苍南谱序族规家训选编》，线装书局 2015 年版，第 383 页。
② 《钱镇彭城刘氏宗谱》，道光木活字本。

持有类似观点的宗族，在明清时期的温州，还有很多。如《矾山埔坪余氏家训十则》之"慎职业"条记载：

> 古者四民：士为首，农次之，工商为末，其余杂流，世家所不为也。愿族中子弟，秀者择诗书，朴者务耕凿，或居于肆或藏于市，圣人之氓，可也。勿习俳优者，为君子所讥；充隶卒，受贵人之辱。①

《矾山埔坪苏氏祖训十则》之"慎职业"条记载：

> 古者民分为四，士为首，农次之，工商为末，其余杂流，世家所不为也。所愿我族子弟，秀者择诗书，朴者务耕凿，或居于肆，或藏于市，为圣人之氓，情勿薄以自待，习俳优贻君子之讥，充隶卒受贵人之辱。②

《瓯海任桥龚氏条约计八则》之"慎职业"条记载：

> 古者四民，士为首，农次之，工商其末，其余杂流，世家所不为也。愿吾族有才者矢志青灯，食力者务耕南亩，或渔于水，或樵于山，为圣世之民可也。甚毋习俳优为君子所讥，充隶卒受贵人之辱。倘有甘自不肖，即行鸣鼓革逐，不至贻玷家门，则幸甚。③

《瓯海上坦张氏家训》之"职业当慎"条记载：

> 古者四民，士为首，农次之，工商其末；其余杂流，世家所不为矣。愿吾族有才者矢志青灯，有力者务耕南亩，或渔于水，或樵于山，为圣世之民可也。甚毋习俳优为君子所讥，充隶卒受贵人之辱。④

---

① 钱克辉主编：《苍南谱序族规家训选编》，线装书局2015年版，第318页。
② 同上书，第235页。
③ 陈光熙、林伟昭校编：《瓯海谱牒文献汇编》，上海印书馆2016年版，第24页。
④ 同上书，第375页。

在这些宗族看来，族中子弟选择读耕渔樵、士农工商为业，都是可以自食其力的正业，都属"圣世之民"，是族中能够接受和希望的职业，也是被当时社会认可的职业。如果"习俳优"，就属于"杂流"，是"世家所不为"的、被君子讥讽、鄙贱的职业，会给本族带来羞辱。所以，这些人也不会被宗族认可，不能入谱入祠。说明在当时的宗族社会，一个人被宗族接纳的最低标准，是不能给宗族带来有损声誉的影响。

一些宗族，在族规中虽未明确说出禁止族中子弟以演戏为职业的原因，却简单直接地做出了禁止以此为业者入谱入祠的规定。如《苍南蒲城王氏族规》规定：

子孙倘有降为奴隶、优伶、棍徒、流丐者，不准入谱。①

《苍南方氏族规》规定：

子孙倘有降为奴仆、衙役、优伶、轿卒、地棍、流丐者，不许入谱。②

《苍南谢氏宗规》规定：

迁徙异地，结交匪类，或为舆隶，或入梨园者，于祠前置牌永禁，不许入祠。③

《金乡三洋矾山朱氏族规》规定：

有废理灭伦，为寇盗、为僧尼、为娼优隶卒，冒犯八款者，谱削其名，永不许复入。④

---

① 载引自徐宏图、康豹主编《平阳县、苍南县传统民俗文化研究》，民族出版社2005年版，第531页。
② 钱克辉主编：《苍南谱序族规家训选编》，线装书局2015年版，第296页。
③ 同上书，第207页。
④ 同上书，第194页。

《龙港张家堡杨氏族规》规定：

> 子孙有盗伐坟木，盗卖祭产，并有娼优隶卒，渐入匪类者，谱削而不书，以重家法也。①

对于明清时期生活在温州地域社会的个人而言，不准入谱入祠，这是非常严厉的处罚。因为明清时期，是中国宗族社会发展史上的典型时期。当时温州宗族势力非常强大，任何个人都从属于大大小小的不同宗族。如果脱离本姓宗族，是难以在当时的社会立足和生存的。

为禁止族中子弟以演戏为业，除对以演戏为业者本人的处罚外，一些宗族的处罚更为严厉。如《陡门杨氏条规录》规定：

> 不得越四民之外，为僧道、胥吏、屠宰、赌博、优戏，以致破家荡产、招祸贻羞，违者革族，不首者，罪坐房长。②

杨氏宗族对于族中子弟以四民之外其他职业为业者，包括演戏，不仅本人革族除名，还会殃及房长，足见其处罚的决心和力度。

其实，不止温州，中国传统宗族社会对于族中子弟从事演戏等所谓贱业者，都严格禁止。如冯尔康、常建华在《清人社会生活》中指出：

> 族人的职业，关乎宗族的盛衰。祠堂严格要求族人有正当的职业，禁止从事被社会歧视的行当。……即在士农工商四类中谋生。……正业之外，宗祠对族人的谋生之道横加干涉，武进姚氏不许族人做僧道、胥隶、优戏、屠户。③

赵华富在《婺源县游山董氏宗族调查研究》一文中提及：

---

① 钱克辉主编：《苍南谱序族规家训选编》，线装书局2015年版，第118页。
② 同上书，第119—120页。
③ 冯尔康、常建华：《清人社会生活》，沈阳出版社2001年版，第109页。

董氏宗族族规规定，从事以下职业的支丁的神主不准进入祠堂：一、戏子；二、吹鼓手；三、理发匠；四、开饭馆者。董氏宗族认为，为子孙者应该荣宗耀祖，而这四种职业是下流工作，是给祖先脸上抹黑。①

纵观明清时期包括温州在内的各地宗族，之所以会禁止族中子弟以演戏等所谓贱业为业，无非是以当时社会的职业价值标准作为判断依据，认为从事这些职业会给本姓宗族带来羞辱，有损于宗族的社会声望和地位。而这些对处于宗族社会形态下的各姓宗族而言，是至关重要的。

第三节 族规祖训中的其他规定：禁止族中妇女外出观场等

明清时期，在温州各姓宗族的族规祖训中，关于戏曲，还有一些其他方面的规定，值得注意。

看戏作为明清时期民众日常生活中非常重要的娱乐方式，并不是所有人都可以享有这个机会。温州一些宗族明确规定，本族妇女不能外出看戏。如道光二十四年《钱镇彭城刘氏宗谱》卷之一"家训·闺门当肃"条记载：

内则云妇人无故不出闺门，在中馈而已。有三从之道，无专制之义，出闺门之言，私谒之事。其游春观场，皆近来陋举，最败风俗，尤当痛戒。②

钱镇刘氏认为，族中妇女"游春观场"，不符合传统妇德标准，是近来染上的陋习，败坏了风俗，要严厉禁止。

与钱镇刘氏持有相似观点的宗族，还有一些。如《瓯海任桥龚氏条约

---

① 朱万曙主编：《徽学》第 2 卷，安徽大学出版社 2002 年版，第 29 页。
② 《钱镇彭城刘氏宗谱》，道光木活字本。

计八则》之"肃闺门"条记载：

> 《内则》云："妇人无故不出闺门，在中馈而已。"有三从之德，无专制之义、出阃之言、私谒之事，其游春、观场、烧香，皆近来陋举，最败风俗，尤当痛戒。①

《瓯海上坦张氏家训》之"闺门当肃"条记载：

> 《内则》云：妇人无故不出闺门，在中馈而已，有三从之德，无专制之义。出阃之言，私谒之事，其游春观场，皆近来陋习，最败风俗，尤当痛戒。②

其实，不止温州，徽州歙县也存在类似情况。如《潭渡孝里黄氏家训》之"闺门当肃"条记载：

> 风化肇自闺门，各堂子姓当以四德三从之道训其妇，使之安详恭敬，俭约操持。……不得出村游戏，如观剧、玩灯、朝山、看花之类，倘不率教，罚及其夫。③

黄氏宗族不仅认为族中妇女外出看戏有伤风化，还会对违犯者的丈夫进行处罚。

关于禁止族中妇女外出看戏，冯尔康、常建华指出：

> 清人难得欣赏戏剧表演，农村偶有春祈秋赛及其他节日、庙会的演出，男子可以去看，妇女常常受到禁止，宜兴任氏并为此规定出惩治的办法。对娱乐活动如此干涉，可见祠堂对族人的生活管得

---

① 陈光熙、林伟昭校编：《瓯海谱牒文献汇编》，上海印书馆2016年版，第24页。
② 同上书，第375页。
③ 转引自赵华富《徽州宗族调查研究》，人民出版社2014年版，第409页。

太多太死。①

还有一些宗族，禁止彻夜演戏。如瓯海《东嘉林氏族谱》之"林氏族谱规"条记载：

> 不许夤夜搬做杂剧，亦不许男女同席饮宴。慎之慎之。②

也有一些宗族，禁止在祠堂演戏。如《苍南灵溪庄氏族规》之"珍祠墓以妥幽灵"条记载：

> 祠以藏魂，墓以藏骸。祖宗之有祠屋，如人之有居室，务宜打扫清净。几案排列整齐，切不可堆放别物，使人坐不容身。更不可唱曲演戏，及闲杂人等居停。……如此则幽灵妥，而祠可长保无虞。慎之，凛之。③

灵溪庄氏禁止在宗族祠堂演戏，主要是其认为祠堂是祖先灵魂的栖息地，需要安静、清幽，不宜打扰。

还有一些宗族，规定对祠堂的戏台进行保护。如《钱库项桥李家车村恪遵祖沿家风规条》记载：

> 祠内门扇板壁，以及戏台板料，不许小儿损坏，私取自用，众等知觉，罚钱五百文。④

明清时期，温州宗族的族规祖训中关于保护、爱惜祠堂的规定很多，但其中单独提及对戏台进行保护的，并不是很多。

总观本节内容不难发现，明清时期的温州，各姓宗族从自己的利益考

---

① 冯尔康、常建华：《清人社会生活》，沈阳出版社2001年版，第111页。
② 郑笑笑、潘猛补主编：《浙南谱牒文献汇编》第1辑，香港出版社2003年版，第75页。
③ 钱克辉主编：《苍南谱序族规家训选编》，线装书局2015年版，第382—383页。
④ 同上书，第62页。

量出发，关于戏曲做出了各种各样的规定。其中有些是主流性的，有些是个别宗族的个体行为。

　　本章从宗族演戏的类型、族规祖训中关于戏曲的各种规定等内容，对明清时期温州宗族与戏曲的一些问题，进行了分析。说明当时温州宗族与戏曲之间，确实有着密切的关系。一方面，宗族进行的戏曲演出，推动了温州戏曲的发展。另一方面，戏曲对宗族及其成员产生着各种影响。

第四章　明清时期温州地方士绅与戏曲
——以张棡为例

　　看戏作为明清时期温州民众日常生活中，非常重要的娱乐方式，选择一位当时的观众作为个案，分析看戏对其一生及生活产生的影响及反映出的诸多问题，不失为一个有趣又有价值的研究视角。本章即以地方士绅张棡为例，从其日记中试着探寻其中的答案。

　　张棡（1860—1942），字震轩，瑞安人，晚年自号杜隐主人。作为一名地方士绅，其终生以教书为业，曾先后担任瑞安中学堂、浙江省立第十中学（现温州中学前身）等学校教师40余年。

　　本章之所以选择张棡作为代表性个案研究的对象，是因为：第一，其作为一名地方士绅，本人及其生活方式等，在当时社会具有一定的代表性；第二，张棡酷爱看戏，可以说看戏伴随了他的一生；第三，其有写日记的习惯，把自己一生看戏的情况记录下来，留下了十分宝贵的原始文献资料；第四，张棡所写日记，与赵钧《过来语》、刘绍宽《厚庄日记》，并称温州近代三部日记巨著，具有重要的地方文献价值。在日记中，张棡以自己的视角用日记体的形式，将温州从清光绪十四年（1888）到民国三十一年（1942），共55年的历史，进行记录。日记内容涵盖了当时社会的方方面面，包括生产、生活、风俗、信仰、教育等，是研究温州近代历史的重要地方文献资料。

　　温州地方学者沈不沉，曾从张棡日记中辑录其看戏部分，并详加注释，整理为《杜隐园观剧记》，并将其堂侄张组成日记中的看戏资料整理为《浣垞观剧记》，妻舅林骏日记中的看戏资料整理为《颐宜茨室观剧记》，将三者附在一起，于《温州戏曲史料汇编》（下册）中出版。据沈不沉统计，《杜隐园观剧记》和《浣垞观剧记》共收录所观剧目306个，戏班名称61班，演出场所104处，演员106人，所以称其为晚清至民国的半部温州戏剧史，确实不为过，[①]充分说明了张棡日记的戏曲史料价值。

因为现在公开出版的《张棡日记》[②]是节录本，内容并不完整，所以本书以《张棡日记》《杜隐园观剧记》[③]为史料基础，进行相关研究，希望能够展现一个温州地方士绅一生与观看戏曲演出之间的故事，能够通过这个个案看到当时温州地方社会戏曲演出的相关内容。

在这里说明一下本部分选取史料的时间断限。因为全书是从戏曲学的角度探究明清时期的温州地域社会与文化，所以主体史料选取的截止时间是到清末。但张棡的生活年代是从1860到1942年，其日记是从1888到1942年，也就是说，张棡本人及其日记，都跨越了清朝民国。张棡和其日记是一个完整的整体，具有连续性，为了使张棡个案研究完整，所以本部分的史料选取下限会延至民国末年。

第一节　张棡温州看戏史料汇总：日记中 54 年间在温州的看戏记载

本节将张棡日记中关于其在温州看戏，需要研究的史料信息，逐一辑录，然后以列表的方式汇总。因为日记中有关看戏史料的记载时间是从1888到1941年，总体时间跨度长达54年，而且不同年份的看戏次数多少不一，为了便于比较，所以按年代顺序每年单独列表于下。

[①] 参见沈不沉《张棡日记：半部温州戏剧史》，《温州日报》2012年7月30日第11版。
[②] （清）张棡著，俞雄选编：《张棡日记》，上海社会科学院出版社2003年版。
[③] 沈不沉编著：《温州戏曲史料汇编》下册，中国戏剧出版社2011年版，第309—431页。

表 4—1　　　　　　　　张棡温州看戏史料汇总

1888 年

阴历月日	地点	场所	原因	交通工具	同行者	戏班	具体时间
正月初七	瑞安前林					老锦升	午后
正月初八	瑞安汀田					新品玉	午后
正月初十	瑞安莘塍	东堂殿		买舟	枫甥、小竹弟		晚,回约三更后
正月十一	瑞安大典下				小竹、子枫、宝瑛		午后
正月十二	瑞安塘下		肇平垟谢宅四舅父处,吃午饭后回家路上	乘舟			
正月十五	瑞安汀田	陶尖庙			酒席散后,王鲁芹相、管引和兄及李宅鞠舫、宝琳、钰琳表弟、小竹内兄数人	新聘玉	下午;晚上
正月十六	瑞安汀田	陶尖殿			钰琳、小竹		午后,看半本
九月初十	温州西门	三港殿			李玉林表弟及小竹	竹马歌	午后,至日暮返
十一月十六	瑞安汀田附近后里					竹马歌	午后

1889 年

阴历月日	地点	场所	原因	交通工具	同行者	戏班	具体时间
正月初七	瑞安前林						午后
正月初八					酒后,朱献甫、宇仁弟		白天
正月初九					酒后,子枫甥等		晚
二月初二	瑞安下林		谒墓返家路上	乘舟		新品玉	

续表

1891 年

阴历月日	地点	场所	原因	交通工具	同行者	戏班	具体时间
二月十二	瑞安塘下		肇平垟谢宅拜年返家路上				午后
二月二十	下午瑞安城当典坦	晚上瑞安城朝奉殿			小竹		下午；晚上，半本后即出
四月廿六	瑞安城南门	卫房宫			林艺香、巧郎		晚饭后
五月初三	瑞安丽岙帆游		去蟠凤苏宅省岳母路上	买舟			
九月十五	瑞安城小东门外校场				林子谦		晚

1895 年

阴历月日	地点	场所	原因	交通工具	同行者	戏班	具体时间
三月初七	瑞安	太阴宫				新品玉	
十一月十七	瑞安鲍田	真身寺前				新同福	

1896 年

阴历月日	地点	场所	原因	交通工具	同行者	戏班	具体时间
八月廿二	瑞安	承天宫				新福建	
十一月廿二	瑞安	驻春园	庆寿演戏			新福建	自巳时至四更

1897 年

阴历月日	地点	场所	原因	交通工具	同行者	戏班	具体时间
正月十一	先到瑞安大典下；后到瑞安后朱				小竹、云苓及次玉弟	新同福	晚，三更后

续表

1897年

阴历月日	地点	场所	原因	交通工具	同行者	戏班	具体时间
正月十二	瑞安塘下			乘舟			午后，酉刻
三月廿一	温州城	县城隍庙			仲明、诸汉卿、伯琳弟	新福建	午后，至晚
六月初一	温州城	周宅	生日官戏	买舟			
十月初一	瑞安	夏宅庙		椪舫			下午

1898年

阴历月日	地点	场所	原因	交通工具	同行者	戏班	具体时间
正月十一	瑞安后朱		去上郡拜年路上	命大姆同福锦兄买舟		新同福	晚，戏毕登舟而行
正月十六	瑞安鲍田	先大营盘庙；后还佛寮	去鲍田看灯路上	命大姆、福锦兄划船		大吉昌；竹马歌	午后
正月十七	瑞安仙岩	华光庙	仙岩谒墓	命大姆、福景划船		老锦云	半本
二月二十	瑞安岩下	杜宅妹夫紫石处	圆谱演戏	命大姆划舟		福建老荣升	早晨；晚上
三月廿三	瑞安汀田		太阴圣母寿诞				下午；晚上
闰三月十七	瑞安城	天妃宫		买舟	云苓	福建老荣升	午后，至晚始回
闰三月十八		午后瑞安城天妃宫；晚上瑞安汀田陶尖庙			云苓、小竹	福建班；竹马歌、新三星二班合演	午后，至晚始回二鼓后，四更后
闰三月廿九	瑞安城小沙巷		上城接女儿归省	命大姆舟	小竹	新同福	下午，看四出，携女儿登舟返里
七月三十	瑞安汀田	陈司徒庙				新品玉	午后

续表

1898 年

阴历月日	地点	场所	原因	交通工具	同行者	戏班	具体时间
八月初三							下午；晚上
八月初四	瑞安董田				玉君		晚，毕即归去

1899 年

阴历月日	地点	场所	原因	交通工具	同行者	戏班	具体时间
正月初九	先在瑞安前岸，后到瑞安太阴宫					新品玉	晚
正月十三	瑞安塘下		肇平垟拜年返回路上	命方姜划船		新品玉	下午
二月十八	瑞安董田					新寿喜	下午，看三出
三月初二	瑞安下林		渔潭谒坟返回路上		次玉、玉舟、阿同诸昆仲	瑞邑竹马歌	下午，至晚始回
六月初二	温州城道署		郡城周家为岳母寿期送礼			竹马歌	下午
七月三十	瑞安汀田	庙				新寿春	下午
八月初六	瑞安塘西			命阿生、大姆划船	李芸林及馆中诸徒	竹马歌	晚，至三更遇雨回
九月十一	瑞安城	卫房宫	上城到林小竹处	乘方良船		喜春花	下午，至晚始回

1900 年

阴历月日	地点	场所	原因	交通工具	同行者	戏班	具体时间
正月初六	瑞安肇平垟	二府庙	肇平垟拜年	乘大姆船		同咏霓	午饭后，看三出回
正月初七	瑞安前林				琅弟	新同福	下午，三出即回
正月十一	瑞安后朱		上郡贺年路上	乘田森船		新同福	晚饭后，毕即登舟上郡

续表

1900 年

阴历月日	地点	场所	原因	交通工具	同行者	戏班	具体时间
正月十五	瑞安长桥	龟山殿	长桥陈峦谒祖坟	命田森划船	钱阿浩		午饭后
三月廿八	瑞安仙岩	仙岩寺	仙岩谒祖墓	乘大姆船		大阳春	午饭后，看戏三出
八月初一	瑞安汀田	太阴宫			林小竹、李芸林、杜宝瑛诸客		下午；晚上
闰八月初一	瑞安汀田	地主庙	重庆演戏		下午同杜紫石诸位戚友；晚上同姜舜旋、耘林	新同福	下午；晚上
闰八月初二							午后；晚上
闰八月初五	瑞安董田	庙	自城乘舟归路上		李玉君表弟	新同福	晚饭后，三更后回
九月初六	瑞安小典下				乃志老司	大庆昌	晚，至三更始归

1901 年

阴历月日	地点	场所	原因	交通工具	同行者	戏班	具体时间
正月初四	瑞安后李					新寿喜	下午
正月廿四	瑞安城南城下				玉君、耘林	永邑新聚童子班	午饭后，到傍晚
三月初二	瑞安	下林宫	仙岩山谒祖墓返回路上	乘船	珏弟		午饭后，看戏两出，下雨归
四月十六	瑞安	显应庙				同咏霓	晚上，半本后回
九月初四	瑞安莘塍	聚星书院		乘正水舟	次玉弟、门人李安琪、赵宽、仲璜弟	新同福	下午，酉牌始回
九月十三	瑞安莘塍	乡学			赵宽、仲璜、次玉、安琪	新同福	下午，看毕回家已上灯后
十月十三	瑞安士庄村		到枫村收租，借寓上寮寺中	乘田森船	浚生、载用、朱藻培三		晚饭后，看完近三更

续表

1902年

阴历月日	地点	场所	原因	交通工具	同行者	戏班	具体时间
正月初五	瑞安后里				珏弟	竹马歌	下午
正月初八	瑞安汀田	太阴宫	迎神赛会，三人来贺年		林小竹、郑挹珊、李阿文		午饭后，至申刻
正月初十	瑞安	洪岩庙			玉君、蕴斋、阿文	新同福	看半本即出
正月十七	瑞安汀田	陶尖殿	晚至丽生表弟处吃新年酒		下午云苓；晚上丽生、云苓、小竹		下午；晚上
三月初七	瑞安汀田	庙				新同福	晚上

1906年

阴历月日	地点	场所	原因	交通工具	同行者	戏班	具体时间
正月初四	瑞安后李				寓儿	新同福	看三出回
闰四月二十	温州南湖	叶婿家					上午；下午，至圆台回
七月廿九	温州城	显佑庙					下午
八月初一		太阴宫			羽仪及寓儿、戚儿、薹儿	新同福	下午，看一出即回
八月初三		显应庙				老祥云	灯下，九点钟回
九月初六	温州城	县城隍庙				新聘玉	下午两点钟，至晚回

1907年

阴历月日	地点	场所	原因	交通工具	同行者	戏班	具体时间
正月初九	瑞安汀田	太阴宫			孜臣、旭东、寓、戚两儿		午后；晚上，三出后即回
七月廿一	温州城西门外	西宫			屏周	新同福	晚，十点半
七月三十	瑞安汀田				两女及三儿	竹马歌	晚

续表

1907 年

阴历月日	地点	场所	原因	交通工具	同行者	戏班	具体时间
八月初二	瑞安	显应庙			下午诸儿；灯下杜紫石及寓、戚、釜三儿		下午；晚上
十月十一	温州城府前街		上郡办事	乘船		竹马歌	晚，二出即回

1908 年

阴历月日	地点	场所	原因	交通工具	同行者	戏班	具体时间
正月十七	瑞安城	陶尖庙		乘钦良船	下午小帅诸儿；晚寓、戚、壹三儿	新同福	午饭后，至晚回；灯下，至十二点圆台
正月十八	瑞安城	陶尖庙			两儿		四点钟，片刻回
正月廿四	瑞安竹香					新锦福	圆台乃回
三月廿五		周宅	寿戏			新益奇	
四月十三	温州城	茶场庙			蟾妹		晚饭后，九点半始回
四月三十	温州城	府城隍庙	下午课后				下午，片刻回
五月十五	温州城	府城隍庙	十中与十师学生远足		王子祥、余小泉		
九月初六	温州城	县城隍庙			林尧民	福建班	下午二点钟，人多仅从远处略寓目

1909 年

阴历月日	地点	场所	原因	交通工具	同行者	戏班	具体时间
正月十五	瑞安长桥	龟山庙	西岙谒简斋公坟；重建落成开光	乘船		新同福	午饭后
七月廿七		夏姓宗祠	圆谱演戏			竹马歌	午饭后

续表

1909 年

阴历月日	地点	场所	原因	交通工具	同行者	戏班	具体时间
七月廿九	瑞安	地主庙			下午诸儿；晚上诸儿、素云、素锦二女	新同福	下午；晚上
八月初一					下午诸客；晚上女儿		午后；晚上
八月初二		庙			诸儿及紫石、潘星斋		下午
八月廿五	瑞安	地主庙	翠弟家为下垟倒笼事，被阖地公罚演戏			老祥云	下午；晚上
八月廿六							灯下

1910 年

阴历月日	地点	场所	原因	交通工具	同行者	戏班	具体时间
六月初七	瑞安城	卫房宫		买舟	李丽生	新洪福	下午；晚上

1913 年

阴历月日	地点	场所	原因	交通工具	同行者	戏班	具体时间
十月十五	瑞安汀田		疫平迎姜元帅安方		胡小塍	新同福	下午一点钟，半本遂回

1914 年

阴历月日	地点	场所	原因	交通工具	同行者	戏班	具体时间
正月初九	瑞安汀田	太阴宫	赛会迎神，演剧贺年		下午同各客；晚上同子枫、乔梓、毓隽及成、丰、釜诸儿、内子、巧女	竹马歌	下午；灯下，至子刻

续表

1914 年

阴历月日	地点	场所	原因	交通工具	同行者	戏班	具体时间
三月十六	温州城殿巷	新教育剧社戏院			宬儿		灯下,三更左右

1915 年

阴历月日	地点	场所	原因	交通工具	同行者	戏班	具体时间
正月十二	瑞安塘下	陈宅祠前		乘舟		品玉	至日暮回
正月十五	瑞安	龟山殿		乘舟	弟子侄辈	竹马歌	午饭后,杂出看毕,因太拥挤回
二月廿四	瑞安城小沙巷				丽生、蕴斋	新同福	至戏团圆始回
二月廿五	先到瑞安城小沙巷	后到瑞安南门天后宫			叔玉、羽仪、丽生	翔舞台	午后
三月初八	温州城	东瓯王庙	重修开光	乘舟	宬、丰、毓榛、夏培哥、载桃、乃醉等	新同福	太拥挤,且下雨,回
四月廿六	温州	叶祠			同诸友	新品玉	晚饭后
四月廿七					杨雨久		下午
四月廿八	瑞安前郑			乘船	墨山	新品玉	下午;灯下
六月初三	瑞安	塘西庙				新益奇	白天;晚上
七月初八		卫房宫			丽生	祝共和	白天;晚上
八月廿五	瑞安白象	三港庙		乘舟	叶粹斋		下午,至天暮方回
八月廿七	温州城	府城隍庙				竹马歌	
十二月十二	先到瑞安塘下;因人多转到瑞安塘西		迎神赛会	乘舟		塘下大吉庆;塘西翔舞台	午后

续表

1916 年

阴历月日	地点	场所	原因	交通工具	同行者	戏班	具体时间
四月初三	温州城	府城隍庙	下午休息不上课		洪棣园		下午
五月初五	瑞安莘塍	搭台于聚星学校前，正面临河		乘钦良船；在船上看戏	诸儿及巧女		午后一句钟
八月初二	瑞安汀田	太阴宫			二婿、诸儿女	老祥云	午后
八月二十		仓后庙			性础、小坪	新聚童子戏班	上午
九月初八	温州城	府城隍庙				大品福	二句钟，角色不好，看两出回校
九月初九	晚上温州城殿巷	下午温州城晏公庙				新同福；祝共和	下午，看半本，以天不早，遂回校；灯下
九月十七	温州城	七星殿银业公所			蔡谨初、郑超怀	大富贵	晚，无好角色，看点余钟即回校
九月二十	温州城	县城隍庙			洪棣园	新同福	三句钟；晚上
九月廿一	温州城	县城隍庙			洪东垣、马小坪	新同福	下午二句钟，惜所演者皆熟戏
十一月廿四	温州城	仓后庙			沈渭滨、阮商咸、项性秋	象山舞台	晚，看大半本已十点钟半，乃回校

1917 年

阴历月日	地点	场所	原因	交通工具	同行者	戏班	具体时间
正月初九	瑞安汀田	太阴宫			诸婿及则民侄、正宗外孙、釜儿、巧女等	尚舞台	午饭后；晚上
正月十五	瑞安场桥	龟山庙	赛会演戏			翔舞台	午饭后

续表

1917年

阴历月日	地点	场所	原因	交通工具	同行者	戏班	具体时间
正月廿一	温州南湖对岸某村				子	新同福	下午；晚上，戏完回寝已十一句钟
正月廿二	温州南湖	戏厂			婿、儿、外孙等		下午；晚上
二月十八		霞坊山下宫			叶婿等	新品玉	午后
三月初七	温州城鼓楼下				郑一山	琴娱社新班（童子班）	
三月廿一	温州城	仓后庙			沈渭滨	祝共和	至十点钟始回
四月十一	温州城仓后					新祥升	灯下，太拥挤，立看半出回
四月十二	温州城仓后						
四月十三	温州城	仓后庙			沈渭滨		晚
四月十六	温州城仓后	财神庙			沈渭滨	翔舞台	晚八句钟，以时近十一句半钟，乃同回校
四月廿三	温州城	仓后庙				锦春花	
四月廿九	温州城	县城隍庙			沈渭滨、阮商咸	锦春花	灯下
九月初七		项宅	吃人情酒			新品玉	午后

1918年

阴历月日	地点	场所	原因	交通工具	同行者	戏班	具体时间
正月初六	瑞安小典下		赛会迎神		醒同等	翔舞台	
正月初八	瑞安汀田	太阴宫	迎神赛会		各地来贺年的亲戚	新同福	午宴后

续表

1918 年

阴历月日	地点	场所	原因	交通工具	同行者	戏班	具体时间
正月十二	瑞安塘下	红殿		乘舟		尚武台	
四月初九	温州城仓后				沈渭溪	尚武台	晚，至十一点半钟回校
四月初十	温州城	七星庙				琴娱社（童子班）	
八月初五	瑞安汀田	地主庙				尚武台	
八月初六	瑞安汀田	地主庙				尚武台	下午
十一月十六		后李庙			王叔薇	老祥云	下午

1919 年

阴历月日	地点	场所	原因	交通工具	同行者	戏班	具体时间
正月初八	瑞安	太阴宫戏厂			子枫甥、叶婿	尚武台	午饭后，至晚回
正月十三	瑞安塘下			乘舟		老竹马歌	下午
三月初九	瑞安城小沙巷				李公谅婿		下午
三月廿六	温州城	墨池坊布业公所；镇署门首			季澜亲翁	文明舞台；新同福	灯下，因两处戏太熟，均未看即出
三月廿九	温州城	九圣庙			店友吴君	文明舞台	晚，至圆台归
四月十七	瑞安城	天妃宫			丽生弟；公谅婿	文明舞台及大连升的斗台戏	下午，至六点钟；晚
四月十八	瑞安城	望仙桥宫			公谅	新同福	午饭后，至圆台
四月廿九	温州南湖	叶氏宗祠			墨婿、宗孙、张剑秋、健夫	新同福	下午

续表

1919 年

阴历月日	地点	场所	原因	交通工具	同行者	戏班	具体时间
五月初一					墨婿、禹九		午后；晚上，至十一句钟始归
五月初二					禹九宗兄		下午；晚上，以不耐久坐，且天有微雨，先回
六月十六		太阴宫			王叔微、醒同、公衡、苏生、筠叟	老祥云	晚
九月廿二	瑞安城四柏巷	戏场		乘船	丽生亲翁、羽仪襟兄	群芳女班	下午；晚上
九月廿四	瑞安莘塍	河口宫			际法侄	新品玉	下午至圆台乃回，虽戏老到可玩
十一月十三	协衙内					春田新剧社	下午，戏毕日暮
十一月廿一	瑞安城	上午项宅；下午、晚上剧场		邦宁船	醒同、公衡等	春田新剧社	九句钟；下午；晚上，乘舟回家已十二点钟

1920 年

阴历月日	地点	场所	原因	交通工具	同行者	戏班	具体时间
正月初五	瑞安	后李庙				大高升	午后，至圆台始回
正月初九	瑞安	前林庙及后岸宫			诸婿	新连昌；胜阳春	下午，因二班皆中等，角色均非上乘，故观片刻，无甚兴味回
七月初五		地主庙			叶婿	同福	二点钟；晚
七月初六							下午；晚，戏完十一句钟

续表

1920 年

阴历月日	地点	场所	原因	交通工具	同行者	戏班	具体时间
九月初二	温州城斜桥头				叶木青、李翼伦		晚
九月初八	温州城	晏公庙			叶植园	新同福	看一出回
九月十一	温州城	银业公所			项通甫	新品玉	晚,看一出即出
九月十五	温州城	财神庙			李翼伦	新同福	晚,以人多地狭,看一出回
九月十六	温州城	银业公所				祝共和	晚
九月十九	温州城	城隍庙;仓桥左近马槽巷				文明舞台	下午、晚上分别去两处看戏
九月廿一	温州城	县城隍殿				新同福	下午
九月廿三	温州城	茶场庙				祝共和	晚,看两出即回

1921 年

阴历月日	地点	场所	原因	交通工具	同行者	戏班	具体时间
三月二十	温州城五马街打铁巷	戏园				坤班凤舞台	
九月十三	温州城	银业公所			陈宗易		下午,至晚始回
九月廿三	瑞安汀田	庙			崟儿	大高升	晚
九月廿四							下午;晚上,至十二点钟毕
九月三十	温州南塘		去南湖路上	乘船;临河演戏,停船观之			下午一点钟,看至圆台
十月十七	温州城	县城隍庙				大三庆	下午,一出即回

- 87 -

续表

1922 年

阴历月日	地点	场所	原因	交通工具	同行者	戏班	具体时间
正月初九		瑞安汀田宫中；瑞安前林庙			南湖叶氏来贺年的外孙诸客	新同福；大三庆	下午，因服色欠佳，转至前林，大三庆服色甚新，观者颇拥挤
正月十二	瑞安塘下		渔潭谒先祖墓归路上，塘下赛会	乘舟，在船上看戏		新品玉	下午
三月十五	温州城鼓楼下	茶摊上				大三庆	下午，至五句半钟乃回校
三月十六	温州城鼓楼下						四点钟
四月十七	温州城鼓楼下						下午，至圆台始回
四月廿二	温州城校旁	仓桥宫				庆丰年班	晚，三出后即回校
八月初八	温州城	府城隍庙				一品玉	下午
十一月三十	温州城海坛山	杨府庙			杨霁朝	一品玉	下午，看三出即下山回校

1923 年

阴历月日	地点	场所	原因	交通工具	同行者	戏班	具体时间
正月初九	瑞安	前林庙；太阴宫			内人、次媳、巧女及外孙女诸人	益品玉；大三庆	下午，至圆台回
正月十二	瑞安塘下		渔潭山谒先奉直墓回家路上	雇阿良船，泊舟看戏	大儿、四儿、宗孙		下午，看两出回里
正月十六	瑞安场桥龟山	梁储庙	场桥赛会		弟侄		下午，人极多，看片刻即回
八月初一	瑞安汀田	庙			诸儿、戴婿	新连昌	下午；晚上，十二点钟回

续表

1924 年

阴历月日	地点	场所	原因	交通工具	同行者	戏班	具体时间
八月初一		庙			两婿、诸儿	新润玉	下午

1926 年

阴历月日	地点	场所	原因	交通工具	同行者	戏班	具体时间
正月廿二	温州南湖	叶氏祠堂			诸亲朋	天声京班	
正月廿三	温州南湖	叶氏祠堂			叶婿	新同福	下午

1928 年

阴历月日	地点	场所	原因	交通工具	同行者	戏班	具体时间
闰二月十七	直落				犹子醒同	大三庆	下午，立看至圆台始回
十月初九	瑞安	夏姓庙			内子、长孙、长孙女、次孙女、次孙等	新聘福	午后
十月初十					内子、长孙等		午后；晚上

1929 年

阴历月日	地点	场所	原因	交通工具	同行者	戏班	具体时间
二月廿八	温州南湖	叶氏祠堂		乘阿良舟	叶婿、成儿		午饭后；晚上，约看至十二点钟回
二月廿九	温州南湖						午后；晚上
三月初一	温州城	城隍庙		乘舟	墨婿	游艺社	午饭后
三月初二	温州城	庙			季澜亲翁、婿	游艺社	午饭后
三月初三	温州城	庙			叶婿及女儿、外孙女等	游艺社	午前

续表

1929 年

阴历月日	地点	场所	原因	交通工具	同行者	戏班	具体时间
三月十六							午后
四月廿一	瑞安汀田	庙			内子、媳妇等	天声京班	午饭后

1930 年

阴历月日	地点	场所	原因	交通工具	同行者	戏班	具体时间
八月初三		庙	大宗秋祭				三句钟

1931 年

阴历月日	地点	场所	原因	交通工具	同行者	戏班	具体时间
正月初九	瑞安汀田	太阴宫				新品玉	下午
正月十二	瑞安塘下		迎神演戏	乘舟			
三月廿三	瑞安汀田	太阴宫	太阴圣母寿诞		内子、媳、女、诸孙等		午后
三月廿四	瑞安汀田	太阴宫			诸媳、孙儿		下午
十二月初六	瑞安前林				内子及诸媳等		下午

1932 年

阴历月日	地点	场所	原因	交通工具	同行者	戏班	具体时间
三月廿九	瑞安莘塍河口		送女儿回薛里路上	乘舟		新锦福	午后，至圆台回

1933 年

阴历月日	地点	场所	原因	交通工具	同行者	戏班	具体时间
正月初八	瑞安汀田	社庙	赛会迎神		长孙、两婿	新品福	下午

续表

1933 年

阴历月日	地点	场所	原因	交通工具	同行者	戏班	具体时间
正月初九					戴婿父子及梓孙		午后
八月初二		庙			丽生弟；醒同等		午后；晚上，至圆台，已十二点钟

1934 年

阴历月日	地点	场所	原因	交通工具	同行者	戏班	具体时间
正月廿二	温州南湖	叶祠			苏雨臣		午后；夜，约至一句钟回
十月二十	温州城	许云璋戏院			朋友		晚，十二点钟回

1935 年

阴历月日	地点	场所	原因	交通工具	同行者	戏班	具体时间
七月三十	瑞安汀田	庙			诸媳、诸孙	新同福	下午；晚上
八月初一	瑞安汀田	庙			蔡润斋、林平周		下午
八月初二	瑞安汀田	庙			内子、诸媳、诸孙		下午
八月初五	瑞安董田				犹子次石	金福连、新品玉斗台戏	下午

1936 年

阴历月日	地点	场所	原因	交通工具	同行者	戏班	具体时间
闰三月廿四	瑞安汀田	太阴宫	娘娘寿诞，重庆演戏		诸媳、内子母女、诸孙、诸外孙	金福连	下午
四月二十	温州城	福禄林戏院			正宗、林振冬、黄勉武	绍兴女子班	九句钟；晚，十二点半始回

续表

1936年

阴历月日	地点	场所	原因	交通工具	同行者	戏班	具体时间
四月廿三	温州城	中央大戏园					八句钟
九月十二	瑞安董田				诸孙	胜阳春	午后
九月廿一	瑞安	夏姓庙			长媳、诸孙等	瑞平竹马歌	午后
九月廿五	瑞安董田				诸孙	胜阳春	下午
十月十八	温州城	大戏园				绍兴班	午饭后
十月十九	温州城	大戏园					下午

1937年

阴历月日	地点	场所	原因	交通工具	同行者	戏班	具体时间
七月三十	瑞安汀田	地主庙			内子、长媳、诸孙		午后
十月初五	瑞安汀田	太阴宫			诸媳、诸孙	新同福	下午,因戏太熟,三出回

1938年

阴历月日	地点	场所	原因	交通工具	同行者	戏班	具体时间
四月十一	瑞安	宫			家人等		下午,因禁演未看完而回
九月初八		地主庙					下午

1940年

阴历月日	地点	场所	原因	交通工具	同行者	戏班	具体时间
三月廿三	瑞安汀田	太阴宫			长、次媳及诸孙		下午

续表

1940 年

阴历月日	地点	场所	原因	交通工具	同行者	戏班	具体时间
八月廿八		庙			诸孙及慧璜		午后
十月二十		尤祠			诸孙女		下午,至晚始回
十月廿一		尤祠			孙女等		下午
十月廿八	瑞安后里				次石	一品春	午后二点钟,至圆台始归

1941 年

阴历月日	地点	场所	原因	交通工具	同行者	戏班	具体时间
二月廿八	瑞安汀田邻村后李				次石、浩卿	金福连	午后
九月初三	瑞安	前林庙			犹子香浦		午后
九月十一		尤宅祠			浩卿弟、次石侄		午后
九月廿八	瑞安	夏庙			诸媳、孙儿女等		午后
九月三十	瑞安	夏祠			诸孙		下午
十一月十五	瑞安后里村				诸孙	品玉	下午二点钟;晚
十一月十六	瑞安后里				诸孙		午后

第二节　张棡温州看戏史料分析：一个地方士绅一生在温州的看戏生活

本节对张棡自 1888 至 1941 长达 54 年间在温州的看戏史料,按第一节辑录、列表的顺序和内容,逐项统计、分析如下。

一 年月：年均看戏 7 次，集中在节庆赛会等月份

在第一节辑录数据的基础上，先将张棡在温州每年阴历每月看戏的次数，按年代顺序依次统计到下表中，再进行分析。

表 4—2 张棡温州每年阴历每月看戏次数汇总

月份 年份	正月	二月	三月	四月	五月	六月	七月	八月	九月	十月	十一月	十二月	每年合计
1888	8								1		1		10
1889	3	1											4
1891			3		1	1			1				6
1895				1							1		2
1896								1			1		2
1897	2		1			1				1			5
1898	3	2	6				1	3					15
1899	2	1	1			1	1	1	1				8
1900	4		1					7	1				13
1901	2		1	1					2	1			7
1902	5		1										6
1906	1			2			1	2	1				7
1907	2						2	2		1			7
1908	4		1	2	1			1					9
1909	1						3	6					10
1910						2							2
1913											1		1
1914	2		1										3
1915	2	2	1	4		2	2	2			1		16
1916			1	1				2	7		1		12
1917	7	1	2	6				1					17
1918	3			2				2			1		8
1919	2		3	4	4	1			3		4		21
1920	2						4	9					15
1921			1					5	1				7
1922	2		2	2			1			1			8
1923	3						2						5
1924							1						1

续表

年份\月份	正月	二月	三月	四月	五月	六月	七月	八月	九月	十月	十一月	十二月	每年合计
1926	2												2
1928		1								3			4
1929		4	4	1									9
1930									1				1
1931	2		2									1	5
1932			1										1
1933	2							2					4
1934	2									1			3
1935							2	3					5
1936			1	3					3	2			9
1937							1			1			2
1938				1						1			2
1940			1						1	3			5
1941		1							4		3		8
整体每月合计	68	16	32	30	7	7	17	39	41	15	13	2	287

经对上表统计，在张棡自 1888 至 1941 年首尾长达 54 年在温州的看戏历程中，共记载了 42 年的看戏情况，其中有 12 年没有记载。

在有记载的 42 年中，共计看戏 287 次[①]，平均每年约 7 次。再将 42 年的看戏情况，按每年次数多少从低到高排列，依次为：5 次及以下 20 年，6-10 次 15 年，11-15 次 4 年，16-20 次 2 年，最多一年 21 次。可以看出，张棡 42 年的看戏记载中，有近一半是每年看戏 5 次及以下，有 15 年是 6-10 次，仅有 7 年是 10 次以上。说明当时每年看戏的主体频次，是每年 10 次及以下，这与年均看戏约 7 次的统计结果相一致。

缺少的 12 年，并未集中在某个时段，而是分散在 54 年的时间里。说明在张棡生活的时期，温州尽管经历了清朝民国的朝代易革，及新中国成立前的动荡岁月，但并没有影响到张棡日常的看戏生活。一方面说明张棡对于看戏的热爱；另一方面说明温州戏曲文化底蕴的深厚，及对戏曲演出

---

① 关于看戏次数的计算方法，是一天中的上午、下午、晚上分开计算。如果一天中上午、下午、晚上都去看戏，计作 3 次。

需求的强烈，即使在这样的岁月，依然有着丰富的戏曲演出活动。

从对张棡 42 年中，在温州阴历每月累计看戏次数的统计，发现看戏最多的是正月，有 68 次。然后是九月 41 次，八月 39 次，三月 32 次，四月 30 次。其他月份，明显减少。看戏时间之所以集中在阴历的正月、三月、四月和八月、九月，主要与这些时间内的节庆贺岁、迎神赛会、祭祖等演戏活动有关。这也与本书第一章，对明清时期温州戏曲盛行原因的分析相一致。

二 地点：集中在以家为中心的本地及周边乡里

关于第一节辑录的明确可知的看戏地点，可以分为几类，进行分析。

第一类，张棡家所在的瑞安汀田，共计看戏 36 次，且全部是到庙宇中看戏，说明汀田当时演戏的主要原因，和地方神信仰密切相关。共出现了 5 座庙宇的名字，其中出现次数较多的，分别是太阴宫 13 次，陶尖庙 4 次，地主庙 4 次，说明太阴信仰在当地的势力最强，影响最大。

第二类，瑞安所属的汀田周边的乡里，共计 88 次，共出现了 24 个地名。其中出现次数较多的，分别是塘下 11 次，前林 8 次，莘塍 6 次，董田 6 次。说明：第一，到汀田周边的乡里看戏，是张棡日常看戏生活中非常重要的一部分；第二，张棡在汀田周边乡里看戏的地点，呈现出小集中、大分散的特点，有 31 次集中在塘下、前林、莘塍、董田 4 地，其余的 57 次分散在另外 20 个地方。

第三类，在瑞安城内，共 26 次，共出现了 10 个地名。其中出现次数较多的，分别是小沙巷 4 次，天妃宫 3 次，卫房宫 3 次。说明张棡在瑞安城内的看戏地点，亦呈现出小集中、大分散的特点。也就是有 10 次集中在小沙巷、天妃宫、卫房宫三个地方，有 3 次仅提及是瑞安城，未说具体地点，剩余的 13 次分散在另外七个地方。

第四类，在温州，共计 73 次，共出现了 28 个地名。其中出现次数较多的，分别是南湖 10 次，县城隍庙 8 次，府城隍庙 6 次。说明张棡在温州的看戏地点，同样呈现出小集中、大分散的特点。即有 24 次集中在南湖、县城隍庙、府城隍庙 3 个地方，其余的 49 次分散在其他 25 个地方。南湖之所以次数多，是因为南湖叶氏是张棡的女婿家，其常到叶氏祠堂看戏。府、县城隍庙出现的次数多，说明温州城隍神信仰力量的强大，及其对温州戏曲演出产生的重要影响。这也是本书第二章第二节，对温州的城隍神信仰进行研究的原因所在。

通过上述对张㭎42年中共计223次看戏地点的分析，可以看出：张㭎看戏的地域范围，主要分布在以其家汀田为中心的本地及周边乡里，共计124次；然后是向南远至瑞安城，向北远至温州，共计99次。需要说明的是，张㭎之所以在温州看戏的次数多达73次，除南湖叶氏是姻亲外，还因为张㭎曾在温州任职。所以，可以推知，对于当时的人而言，如果没有像张㭎这样在郡城任职的机会，其看戏的地域空间范围主要是在以自己的家为中心的本地及周边乡里，是不会远到家乡所属的郡城的。

三 场所：主要到庙宇看戏

在第一节辑录的看戏场所数据中，确切可知的有169次。其中131次在庙宇中，18次在某姓祠堂或私人的住宅中，17次在戏院等商业性场所，3次在书院或学校。从统计可以看出：第一，庙宇是一般民众看戏最主要的选择，说明当时温州地方神信仰力量的强大及其对戏曲演出和民众看戏产生的影响；第二，张㭎之所以在某姓祠堂或私宅中看戏次数少，是因为祠堂、私宅演戏具有族内性、对内性等特点，可以去看戏的，基本是本姓宗族成员或者亲戚；第三，张㭎17次在商业性场所看戏的地点，都在温州，说明当时只有城内才有商业性的看戏场所。

四 原因：名目繁多，寻找一切机会演戏、看戏

第一节辑录的看戏原因，可以分为如下几类。第一类，看神戏，共计15次，原因包括庙宇重庆、开光、神诞、赛会迎神等。第二类，看祠堂戏，共计3次，包括圆谱演戏2次。第三类，看寿戏，共计3次，其中1次是庆寿官戏。第四类，工作之余，休闲娱乐看戏，共计3次，包括1次是下午课后，1次是任教的十中和十师的学生去远足，1次是下午休息学校不上课。第五类，多次陪同来汀田贺年的亲友看戏。第六类，罚戏，是因为瑞安汀田翠弟家为下垟倒笼事，被阖地公罚在地主庙演戏。[①] 第七类，收租不忘看戏。

---

① 参见沈不沉编著《温州戏曲史料汇编》下册，中国戏剧出版社2011年版，第355—356页。

1次去枫村收租，借住在当地寺庙中，晚上去看戏，而且看完近三更始回。第八类，也是数量较多的一类，顺路看戏，共计25次。包括在给亲戚拜年、谒坟、看灯、接女儿归省、上郡城办事等去或回来的路上，顺路去某处看戏。

通过上述对张棡看戏原因的统计发现，虽然每类的次数多少不一，但足以证明当时张棡看戏的原因，确实名目繁多。如此多种的原因，说明演戏、看戏在当时的地方社会和民众生活中所占地位之重，大家会借助各种名目、寻找一切机会演戏、看戏，说明温州地域戏曲文化的发达和民众对于看戏的热衷。如《杜隐园观剧记》之"光绪二十八年壬寅（1902）三月初七日 汀田看《花钟情》"条记载的：

> 周森来说：本日汀田有戏，系新同福班，请予即登舟回里，予遂束装而出。……乘舟回里，抵家小坐即至庙看戏。①

当时身在温州的张棡，听说自己乡里汀田有戏，即刻动身回家，足以说明其对看戏的热衷。

五 交通工具：舟行

在张棡记载自己去看戏的出行方式中，除步行前往外，选用的交通工具都是乘舟。其去汀田周围比较近的地方看戏，是乘舟。去瑞安城里、温州等比较远的地方办事、看戏等，也是乘舟。经对第一节辑录数据的统计，共44次。如《杜隐园观剧记》之"民国八年己未（1919）三月初四日 三港庙观灯"条的记载：

> 本晚为三港庙送灯之期，四句钟吃过小点，乃与犹子醒同、金君子彝同乘钦良船上城，于五点开船，七句钟抵城，天尚未暗也。舟遂直抵南城河下停泊。是船载妇女来此看灯者不下千余只。②

---

① 沈不沉编著：《温州戏曲史料汇编》下册，中国戏剧出版社2011年版，第347页。
② 同上书，第374页。

史料中不仅记载张棡同友此次是乘舟前往，而且对当时"船载""不下千余只"的场面描述，也证明舟行确实是当时非常普遍而又重要的出行方式。

此外，从上条史料中"五点开船，七句钟抵城"的描述，可以推算出从汀田张棡家到瑞安城的舟行时间是两个小时。又，《杜隐园观剧记》之"光绪三十四年戊申（1908）正月十七日 陶尖庙看《后和番》"条记载：

> 晨检点行装，同寯、宬、薑乘钦良船上城。十点钟开行，十二点钟到。①

这条记载也说明，从张棡家到瑞安城的舟行时间是两个小时。

张棡日记中还记载了其从家到南湖及温州的舟行时间，据《杜隐园观剧记》之"民国十八年己巳（1929）二月廿八日 看《桂花亭》、《紫金鱼》"条记载：

> 晨乘阿良舟赴南湖叶宅，于七点钟开行，十一点钟到埠，即进内晤婿女等。②

《杜隐园观剧记》之"光绪二十六年庚子（1900）正月十一日 看新同福班演《一捧雪》"条记载：

> 晚饭后乘田森船上郡贺年。便过后朱村，看新同福班演《一捧雪》传奇。毕，即登舟上郡。抵大南门，晨鸡未唱，坐候天明，始划舟进谢池巷周宅。③

从史料记载可以看出，张棡从家到南湖叶宅走了四个小时，从家到温州虽未明确记载是几个小时，但因为南湖叶宅在今天温州市瓯海区，比温

---

① 沈不沉编著：《温州戏曲史料汇编》下册，中国戏剧出版社2011年版，第353页。
② 同上书，第408页。
③ 同上书，第343页。

州古城所在的鹿城区偏南，离张㭎家更近一些，所以其当时到温州所用时间应该长于四个小时。

张㭎日记中关于舟行时间的记载，反映了温州、瑞安、汀田等地的客观地理位置、距离及当时的舟行速度等问题。

此外，关于辑录的张㭎乘舟出行，需要注意者，还有以下几点。第一，张㭎所乘之舟要花钱雇乘，所以日记中常记载为"买舟"。第二，所雇之舟的船夫或者说船主，相对比较固定，共出现了11个人名。其中出现频率最高的是大姆，共8次，然后是田森3次，其余9人各1至2次不等，说明当时温州存在着一定数量的以舟载客谋生的群体。第三，都是人力划船，说明还处于原始的依靠人力出行时代，没有采用机械化的近现代动力交通工具。第四，因为张㭎出行常选用乘舟，所以也就出现了在船上看戏的情况。日记中共记载了4次乘舟外出的路上，遇到演戏，于是临时泊舟看戏。一方面说明张㭎对于看戏的热爱，只要有机会就看。另一方面说明温州当时存在一定数量的位于水边的戏台。

通过上述对张㭎看戏出行交通工具的分析，说明当时温州地域范围内河网纵横，水路舟行是民众日常出行非常普遍而又重要的选择，对民众的日常生活有着重要影响。

六　同行者：主要是家人、亲戚、朋友

在张㭎有记载的42年看戏生涯中，有时是独自前往，有时是和他人一起。经对第一节辑录的张㭎这些看戏同行者数据的统计，可以分为几类，进行分析。第一类，家人，包括妻、儿、儿媳、女、孙子、孙女等。从1906年开始，在张㭎日记中，多次记载其和家人一起外出看戏，说明看戏是当时家庭式的重要集体娱乐方式。第二类，亲戚，包括女婿、外孙、外孙女、亲翁、侄子、表弟、襟兄、内兄、外甥等。和亲戚一起看戏分为两种情况：一种是亲戚来汀田张㭎家贺年，酒后一起在汀田当地看戏；一种是张㭎去亲戚家贺年、庆寿等，在亲戚方看戏，如其多次到南湖叶氏女婿家的祠堂去看戏。说明看戏是亲戚间相互款待的一种重要娱乐方式。第三类，朋友、同事，说明看戏同样是朋友、同事间一种重要的共同娱乐方式。第四类，馆徒、门人。张㭎分别在1899和1901年的日记中，记载了自己和馆徒、门人一

起去看戏的情况,说明师生间也可以一起去看戏。

通过上述分析,无论是张棡独自去看戏,还是同家人、亲戚、朋友、同事等一起去,都说明对于当时生活在温州地域社会的民众而言,看戏是一种非常日常、普遍,但又非常重要、喜爱的娱乐方式。

七 戏班:数量众多、剧种多样、以昆剧为主

张棡日记中还记载了一部分演出戏班的名称,经对第一节辑录数据的统计,共53个。说明当时温州戏班数量众多,从一个侧面反映出温州当时戏曲演出的盛行及戏曲文化的发达。其中出现频率最高的是新同福,共36次,然后是竹马歌16次,新品玉15次,老祥云、大三庆、翔舞台、祝共和、尚武台都是5次。可以看出戏班出现的次数多少不一,说明彼此的实力和受欢迎程度存在较大差异。

在统计的53个戏班中,不乏一些久唱不衰的名戏班。如新同福,第一次在日记中出现是1895年,最后一次是1937年,前后跨度达43年。又,新品玉,第一次出现是1888年,最后一次是1935年,前后跨度达48年。同样说明戏班之间的实力和受欢迎程度,存在较大差异。

在统计的53个戏班中,以出现频率最高的8个戏班所唱的剧种进行统计:新同福、新品玉、祝共和是昆剧班,共出现56次;竹马歌是乱弹班,出现16次;大三庆、翔舞台、尚武台是京剧班,共出现15次;老祥云是高腔班,出现5次。说明当时温州演唱剧种的多样,也说明演出最多的是昆剧。

此外,在辑录的当时戏班的数据中,需要注意者,还有以下几点。第一,有温州之外的异地戏班来温演戏。一个是与温州相邻的福建班,一个是绍兴班,但演出次数很少。说明当时会聘请外地戏班演戏,但比例不大,还是以本地戏班为主。第二,是女子戏班、坤班、童子戏班演戏,但次数很少,说明不是当时温州戏曲演出群体的主流。第三,是戏班演出的斗台戏。在日记中明确记载有2次观看斗台戏,说明温州戏曲文化的发达及民众对于演戏、看戏的热衷。

八 具体时间:以下午看戏为多

关于张棡看戏的具体时间,比如上午、下午、晚上,经对第一节辑录

数据的统计，42年的情况如下。第一，上午看戏次数最少，仅有8次。第二，下午次数最多，共计163次。这其中仅记载是下午，没有说具体情况者110次，看至圆台者31次，因各种原因未看完者22次。第三，晚上看戏共计90次。这其中仅记载是晚上，没有说具体情况者45次，看至圆台者27次，因各种原因未看完者18次。第四，在共计287次看戏的记载中，有26次未明确记载看戏的具体时间。

从统计数据可以看出以下几点。第一，当时演戏主要是在下午，然后是晚上，仅有少数情况在上午。第二，共有58次看至圆台。此外，张棡还有46次，是一天中下午、晚上连续去看戏，甚至有早上、下午、晚上连续去看者。说明张棡对看戏的热衷，及看戏在其日常生活中占有的重要地位。第三，有40次因各种原因未看完。这些原因包括以下五点。一是因戏文太熟，看至中途而出。说明张棡看戏之多，对很多戏文早已了然于胸。二是因看戏的人多、拥挤，其只能从远处略寓目。说明当时戏曲演出之盛及民众对看戏的热衷。三是因演出的戏班并非上乘之班，没有好的角色及服色欠佳等。一方面说明，对于张棡这样的地方士绅而言，其对看戏是有一定要求的；另一方面说明，戏班的质量、实力是决定其是否受欢迎的重要因素。四是因天下雨，无奈而回。说明当时看戏主要是在室外露天的空间。五是张棡在温州任教师期间，也有因时间不早，遂中途回校的情况。

关于辑录的张棡看戏的具体时间，还有一点需要注意，是其原来一直用几更、几鼓、几刻等古代的计时方式表示时间。但从1906年八月初三开始，日记记载是灯下去看戏，回家时已是九点钟，说明其已开始使用现代的计时方式。而且从这次日记开始，之后虽也有使用古代计时方式，但基本以现代计时方式为主了。张棡是一个家在乡下，但在瑞安和温州有任职的地方士绅，其在计时方式方面发生的变化，从一个侧面说明温州当时社会从古代向现代的转变。

本节通过对张棡在温州相关看戏信息的分析，从一定程度上看到了对于一个生活在清末民国的温州地方士绅而言，看戏对其一生及其生活产生的影响，也看到了其反映出的当时温州的戏曲、社会和文化等方面的一些问题。

第三节　张棡外地看戏史料汇总及分析：无论何时何地，看戏是其不变的娱乐选择

张棡作为一个十足的戏迷，一生不仅在温州看戏，还在温州之外的其他地方看戏，日记记载包括上海、杭州、南京三地。所以，本节对其在上、杭、南三地的看戏情况，列为一节，进行研究。关于三地看戏情况的研究，分别采取先将相关信息辑录、列表，再进行分析的方式。

一　上海

表 4—3　　　　　　　　　张棡上海看戏史料汇总

年份	阴历月日	具体时间	场所	同行者	戏价
1889	七月廿一	晨	留春园	许竹师、程莱仙、星卿及钱仲吹诸人	正桌每人二角
1897	七月十一		愚园		英洋三角三分
	七月十六	下午	愚园	湘蘅、仲明、赵朴斋	
	七月十六	晚上	丹桂茶园	赵朴斋	付洋四角五分，共三人
1902	七月廿一	下午	张园	香浦、友夔、祝三、屏周、叶裔卿等	各人付戏洋一元

张棡在上海五次看戏的时间，分别是 1889 年 1 次、1897 年 3 次、1902 年 1 次，前后跨度长达 14 年。说明在张棡有机会到上海的日子里，看戏是其和友人一直不变的娱乐选择。

张棡在上海看戏的场所都是花钱去商业性的戏院，所以一天中的上午、下午、晚上都可以，也说明戏院全天营业。看戏场所之一是丹桂茶园，说明上海存在名为茶园的商业性戏曲演出场所。有研究指出："丹桂茶园堪称（上海）广东路最出名的戏园。"[①]

张棡在上海看戏支付费用方面，几处戏院的收费标准不一。但正桌每人二角的记载，说明当时在上海看戏，座位已有等级的划分，而且按座位

---

① 惜珍：《俗称"五马路"的广东路》，《档案春秋》2019 年第 5 期。

等级收取金额不等的费用。

二 杭州（1934年）

表4—4　　　　　　　　张棡杭州看戏史料汇总

阴历月日	具体时间	场所	同行者	看戏时长
四月十二	晚	湖滨大舞台戏园	四儿夫妇、张棡夫妇	至圆台回
四月十五	下午六点钟	大世界	张棡夫妇、苏叔岳、四儿	
四月十八		湖滨大世界戏园	四儿夫妇、张棡夫妇	回舍已十二点钟
四月廿五	灯下	湖滨大世界戏园	四儿、张棡夫妇	
五月初六	晚	湖滨大世界戏园	四儿夫妇、张棡夫妇、杭孙女	十二点钟回

张棡夫妇之所以1934年有机会在杭州看戏，是因为其四儿张釜在杭州任职，张棡夫妇去杭州儿子处，所以有机会在杭州看戏。在其居杭的四、五月份，基本都是晚上与四儿夫妇一起去商业性戏院看戏，且大多看至圆台始回。

三 南京（1937年）

表4—5　　　　　　　　张棡南京看戏史料汇总

阴历月日	具体时间	场所	同行者	看戏时长
四月初二	晚	和记更新舞台	三儿媳、诸孙等	至十一点钟圆台
四月十七	晚	和记更新舞台	李甥、两孙、薛佐才	

张棡之所以1937年有机会在南京看戏，是因为三儿张丰任职于国民政府军事委员会政训厅，其去到三儿处，所以有机会在南京看戏。其主要是与三儿等家人晚上一起去南京的商业性戏院看戏，也是看至圆台始回。

张棡从1889到1937年长达49年的时间里，在温州之外的不同地方看戏，说明张棡对于看戏的热衷，看戏是其无论何时、身处何地都不变的娱乐选择。也说明在上海、杭州、南京三地，看戏是当时非常普遍、日常、重要的娱乐方式。所以，张棡有机会去上海，就去看戏。其三儿、四儿才会多次陪同从温远道而来的父母去看戏。在这三地，都是到商业性的戏院看戏，说明在当时中国的大城市，已经比较普遍地出现了商业性的戏曲演出场所。

看戏也是士绅间相互交际的重要方式，除上文分析的张㭎日记记载其多次在不同时间、不同地点和友人一起看戏外，在温州其他地方士绅的生活中，也存在这样的情况。如孙衣言在《赴皖日记》中写道：

> （同治元年八月）二十三日晴，建宁会馆演剧。陈子嵩来。午后与子嵩偕至馆观剧。晚在序翁处饮，偕子嵩、子筠及山右马慕尧，新春号夥也。①

可以看出，孙衣言赴皖期间，曾同友人一起看戏宴饮。

孙延钊编《瑞安五黄先生系年合谱》记载：

> 同治二年癸亥（1863）冬，漱兰先生（按：即黄体芳）乞假归省，尝以梨园觞客，自题《戏台》一联云："敢为科名荣梓里，聊凭弦管替莱衣。"②

黄体芳归省居温期间，也是以戏宴客的。

此外，演戏宴客也是官府官员间一种十分重要的交际方式。如符璋在日记中记载了自己在台州任职期间，曾多次参加此类演戏宴客的经历。如《符璋日记》之"光绪十九年癸巳年（1893）五月初二日"条记载：

> 是日，府署演戏宴诸女客。③

《符璋日记》之"光绪十九年癸巳年（1893）五月初四日"条记载：

---

① 孙延钊撰，徐和雍、周立人整理：《孙衣言孙诒让父子年谱》，上海社会科学院出版社 2003 年版，第 382 页。
② 孙延钊撰，周立人、徐和雍编：《孙延钊集》，上海社会科学院出版社 2006 年版，第 231—232 页。
③ 陈光熙点校：《符璋日记》，中华书局 2018 年版，第 25 页。

府幕陈厚卿在署演戏请客，闻为太守之公子饯行也，兼请女客。①

《符璋日记》之"光绪十九年癸巳年（1893）五月初七日"条记载：

是日协署演戏宴客。②

《符璋日记》之"光绪十九年癸巳年（1893）五月初九日"条记载：

萧明府在协署演剧宴客。③

从上引材料可以看出，演戏宴客是官员间往来交际的一种十分重要的方式，不仅官员间相互演戏宴客，涉及者还包括官员家属之女眷、子女等。

此外，符璋还在日记中记载了自己在其他城市看戏的经历。如《符璋日记》之"光绪三十一年乙巳年（1905）二月十五日"条记载：

夜至（沪）天仙观剧，三更回寓。④

《符璋日记》之"光绪三十一年乙巳年（1905）五月初十日"条记载：

（在汕头）夜统领招观剧，未赴。⑤

从上述分析可以看出，看戏是明清时期，全国各地，无论官民，十分普遍、日常、且重要的娱乐、交际方式。

---

① 陈光熙点校：《符璋日记》，中华书局2018年版，第25页。
② 同上。
③ 同上书，第26页。
④ 同上书，第190页。
⑤ 同上书，第206页。

第四节　张棡在沪与友听唱书访艳吃花酒：
　　　　地方士绅去到大城市的娱乐选择

在张棡有机会到上海的日子里，其娱乐活动，除了看戏，还有与朋友一起听唱书访艳吃花酒。

先将张棡日记中，关于其在上海听唱书访艳吃花酒的记载，引录于下。

《杜隐园观剧记》之"光绪十五年己丑（1889）七月廿二日　听诸校书①唱曲"条记载：

> 下午同延卿、竹缘坐东洋车至四马路芳凤馆，听诸校书唱曲。四马路中书寓约十余间，楼上均摆设椅桌，上面两桌围红毯者，系诸妓唱曲之位。各妓均手抱琵琶，三面环坐，下面诸桌则各位来听者，挨次坐下。余与诸君听数出即出，计付资五十二文。②

《杜隐园观剧记》之"光绪二十三年丁酉（1897）七月初十日　听女校书唱书"条记载：

> （由宁波）趁江天轮船抵申，遂与翁君石生、仲明等共寓三洋泾桥太安栈中。晚同仲明诸人到四马路"天乐窝"听女校书唱书，至三更后始回。③

《杜隐园观剧记》之"光绪二十三年丁酉（1897）七月十二日　小广寒听唱书"条记载：

> 下午三点钟，同仲明、湘蘅、徐君仲龙到四马路小广寒唱书馆听女校书唱书。时校书来唱者，均不甚出色，唯竺文仙女校书颇觉

---

① 沈不沉指出，校书指在上海茶园中卖唱的评弹艺人。参见沈不沉编著《温州戏曲史料汇编》下册，中国戏剧出版社 2011 年版，第 333 页。
② 沈不沉编著：《温州戏曲史料汇编》下册，中国戏剧出版社 2011 年版，第 333 页。
③ 同上书，第 336 页。

可意。堂倌屡催人点戏，三位友人又强余点，余难违其美意，因即点一出《秦琼卖马》，校书即拨弦开唱。又将伊所用水烟筒请余吃烟。唱毕，即送来红条子一纸，写明住处在久安里第三家。余即付点戏洋一元，四人遂下楼。

又转至天乐窝书馆听唱。此处校书出色者多，湘蘅属意郑月仙校书，即点《赏荷》一出，仲明属意贺爱蓉校书，即点戏一出，开唱毕，始下楼。

四人遂到各处访艳，先到百花里郑月仙家吃茶，听唱堂折，湘蘅付洋贰元；继至久安里竺文仙家吃茶，亦听唱堂折一出，余付洋一元；继至东合兴里贺爱蓉家吃茶堂折，仲明付洋贰元，郑年廿六，竺年十七，贺年十五，三人中惟贺最佳。约游玩至上灯后始回。①

《杜隐园观剧记》之"光绪二十三年丁酉（1897）七月十三日　再听唱书"条记载：

仲明在美仁里王巧宝家摆花酒，折简招予往。予因乘东洋车而去。巧宝明眸皓齿，宜笑宜颦，善曲折迎人意。时叶湘蘅、徐仲龙均先在。酒开筵，四人各写条子招所欢至，少顷，东合兴里贺爱蓉至，坐于仲明身后，抱琵琶唱一曲；继而，竺文仙自久安里来，坐余身畔，亦唱一曲；旋湘蘅之相好郑月仙自百花里来；仲龙之相好王秀林自东荟坊来，均不唱，坐片刻去。……三更后方回寓安寝。②

《杜隐园观剧记》之"光绪二十三年丁酉（1897）　七月十四日　书联赠巧宝"条记载：

早晨，徐君翰青同林君崇兰来访，翰青为仲龙胞兄，豪纵不羁，探花老手。余询以沪上访艳之事，君侃侃而谈，曲中情事。因劝余

---

① 沈不沉编著：《温州戏曲史料汇编》下册，中国戏剧出版社2011年版，第337页。
② 同上。

等此处务须挥金如土，方可称心。如果不破悭囊，与其贻笑于青楼，孰若保躬如白璧。余为首肯者再。

晚又雨，翰青在美仁里张新宝家摆花酒，折简来招。时仲明、湘蘅均已出外，余遂独坐东洋车去。至则仲明、湘蘅已先在，尚有永邑林君崇兰，及太仓州黄君建侯，盐大使翁君杨桥，暨翰青共七人。翰青嘱余书伊所握槟榔扇，遂开筵畅饮，各折简招所欢至。少顷，余之相好竺文仙先到，次则仲明之王巧宝、湘蘅之郑月仙、翁君之郑芝香、黄君之二宝、林君之小桂芳、徐君之秦翠娥均来。名花满座，丝管齐鸣。诚一时之乐事也。酒散后，徐君翰青又怂恿仲明到王巧宝家定情，请其今宵再开一席，沪俗谓之"翻台"。仲明首肯，遂先至巧宝家，余与诸人坐片刻同去。至则筵席已开，余因书一联赠巧宝，兼志明是日在巧宝家之事。①

为便于分析，将上引张棡几次在沪与友一起听唱书访艳吃花酒的情况，按要分析的信息点，辑录、汇总于下表。

表4—6　　　　　　　张棡在沪与友听唱书访艳吃花酒史料汇总

次数	时间	地点	同行者	活动	戏价
第一次	光绪十五年（1889）七月廿二	四马路芳凤馆	延卿、竹缘	听诸女校书唱曲	听数出即出，计付钱五十二文
第二次	光绪二十三年（1897）七月初十	四马路天乐窝	仲明诸人	听诸女校书唱书	
第三次	光绪二十三年（1897）七月十二下午	四马路小广寒唱书馆；天乐窝书馆	仲明、湘蘅、徐仲龙	听诸女校书唱书	点戏洋一元
	同上	各属意女校书家（湘蘅属意郑月仙家百花里；张棡属意竺文仙家久安里；仲明属意贺爱蓉家东合兴里）	仲明、湘蘅、徐仲龙	访艳（吃茶，听唱堂折）	湘蘅付洋贰元；张棡付洋一元；仲明付洋贰元

---

① 沈不沉编著：《温州戏曲史料汇编》下册，中国戏剧出版社2011年版，第337—338页。

续表

次数	时间	地点	同行者	活动	戏价
第四次	光绪廿三年（1897）七月十三	美仁里王巧宝家	张棡（所欢竺文仙）、仲明（所欢王巧宝、贺爱蓉）、湘蘅（所欢郑月仙）、仲龙（所欢王秀林）	吃花酒	
第五次	光绪廿三年（1897）七月十四	美仁里张新宝家	张棡（所欢竺文仙）、徐翰青（所欢张新宝、秦翠娥）、仲明（所欢王巧宝）、湘蘅（所欢郑月仙）、林崇兰（所欢小桂芳）、黄建侯（所欢二宝）、翁杨桥（所欢郑芝香）	吃花酒	

根据上文引录的资料和辑录的表格，对张棡在沪与友一起听唱书访艳吃花酒的情况，分析如下。

第一，张棡日记所载听唱书访艳吃花酒之事，都发生在清末的上海，时间跨度从1889到1897年。说明当时的上海，在较长时间内存在着女校书唱书行业。四马路即是一个女性唱书集中的地方，有多家唱书馆，说明是一个规模不小的群体。薛林平研究指出：

> 就位置分布而言，上海清代晚期戏园主要分布在老城厢内，其中，以宝善街（今广东路附近）、四马路（今福州路附近）等分布最为集中。[①]

> 上海清代晚期也有不少书场，和戏园的形式类似，惟规模较小。如上海清代晚期的品玉楼书场，演员在台上表演，观众亦围桌而座。[②]

听唱书访艳吃花酒成为张棡等外地来沪者的重要娱乐方式之一，所以张棡等1897年七月份在沪期间，会连续多次前往。

第二，张棡每次访艳吃花酒都是和友人一起，呼朋引伴前往，而且相

---

① 薛林平：《上海清代晚期戏园研究》，《华中建筑》2009年第1期。
② 同上。

互间会交流相关经验，每人还会招自己属意者过来陪伴，说明这在当时的士绅间，是很正常的一种娱乐、交际活动。张㭾将在沪访艳吃花酒之事写到日记中，也说明这在当时是正常的事情，不需要避讳，也不怕公之于众，留之后世。

当张㭾主动向探花老手徐翰青咨询沪上访艳之事时，所谓的探花老手则"侃侃而谈"，深谙其中的门道，并提出要想玩得尽兴称心，就要不惜钱财。张㭾则频频点头，认可徐氏的观点，即访艳如果没有资本，或者吝啬，不仅玩得不开心，还会"贻笑于青楼"。对此，张㭾1897年七月份在沪访艳时曾亲有体会，即《杜隐园观剧记》之"光绪二十三年丁酉（1897）七月十五日 撰律诗二首赠徐翰青"条的记载：

> 徐君翰青为吾乡名进士班侯先生哲嗣，风雅多情，固今之不羁士也。近与余同客申江，花底寻娇，歌楼访艳，各有所眷。而余则客囊羞涩，未畅所怀；君乃一箭双雕，左宝右翠。①

张㭾对访艳时，自己因"客囊羞涩"而"未畅所怀"的无奈，徐翰青因家底丰厚而"一箭双雕"的艳羡，充分证明访艳确实需要充足经济实力的支持。

第三，如果只是听唱书，在书馆即可。如果要访艳吃花酒，一般是到属意的女校书家。各位女校书都有属于自己的居所，说明当时的上海，女校书在居所接待访艳者是一种日常性的行为。这和幺书仪描写的徽班进京后，北京的打茶围比较相似，即：

> "打茶围"的地点在伶人的"下处"，一般比较有点名声和身份的伶人，都有自己的住处，门口灯笼上写着自家的"堂名"，为的是方便前来"打茶围"的顾客。"打茶围"的内容可丰可俭，摆酒听歌可，饮茶闲聊亦可，区别是收费不同。业者的服务内容一般有：侑酒、唱曲、闲话，顾客可以挑选歌郎和点歌，享受陪酒和陪聊，

---

① 沈不沉编著：《温州戏曲史料汇编》下册，中国戏剧出版社2011年版，第338页。

加膝、拥抱之类都不算过分。①

第四，张㭎等在沪听唱书访艳吃花酒都支付了一定费用，说明属于商业性的娱乐消费行为。而且消费的内容不同，所要支付的费用也不一样。如果只是在书馆听唱书，付钱就少。如果点戏，或到属意的女校书家，付钱就要多一些。

通过上述分析说明，上海作为中国开埠较早的大城市，商业性的听唱书访艳吃花酒的条件和氛围，清末时已经比较成熟，成为张㭎等外地来沪士绅的重要娱乐方式之一。李长莉在《清末民初城市的"公共休闲"与"公共时间"》一文中指出：

> 上海是商贸发展最快最盛的通商城市，也是休闲娱乐行业最早兴盛起来的城市。自1843年开口通商后，上海因处于交通要道的地利之便，商贸快速发展，很快成为全国第一大通商大埠。随着商贸的繁盛发展、人口的激增，对休闲娱乐的需求也随之大增。商家们从中看到商机，在洋行商号林立、商贾往来不息的商业繁华街区，竞相开设茶馆、餐馆、酒楼、妓馆、烟馆、戏园等休闲娱乐商业，特别是在官方不能控制、商业相对自由发展并迅速繁盛起来的租界地区，在鳞次栉比的各种洋行、商号之间，穿插着各种休闲娱乐商家，并随着人口的增多、需求的扩大而数量大增，开埠二三十年，便形成了休闲娱乐行业兴旺的局面。②

第五节 温州其他地方士绅与戏曲：一定程度反映温州地方士绅的看戏生活

明清时期，温州地方士绅在日记中记载自己看戏情况的，除张㭎外，还有一些，如张组成和林骏。

---

① 幺书仪：《徽班给北京带来了什么》，载朱万曙、卞利主编《戏曲·民俗·徽文化论集》，安徽大学出版社2004年版，第64—65页。
② 常建华主编：《中国日常生活史读本》，北京大学出版社2017年版，第528页。

张组成，字醒同，号浣坨，是张棡的侄子。曾任小学教师、乡长多年。林骏，字宝熙，又名小竹，瑞安县人，是张棡的内兄。长期在瑞安一带，开馆授徒。两人和张棡一样，爱看戏，也有写日记的习惯，会将自己看戏的情况写在日记中。张棡和张组成叔侄，在各自的日记中，均提及与对方一起看戏。张棡在日记中，也多次提到与林小竹一起看戏。沈不沉将两人日记中在温州的看戏内容，分别整理为《浣坨观剧记》[①]和《颇宜茨室观剧记》[②]。本书即以沈不沉整理的史料为基础，将辑录的二人看戏情况以列表的方式分别汇总，再进行分析。为了便于分析，和对张棡在温州看戏史料的列表方式相同，按年代顺序，每年单独列表。

一　张组成温州看戏史料汇总及分析

（一）张组成温州看戏史料汇总表

表 4—7　　　　　　　　张组成温州看戏史料汇总

1909 年

阴历月日	地点	场所	原因	同行者	戏班	具体时间
正月初四	后李			宗族妹云孙君	新锦福	下午
正月十五	长桥	龟山殿				
四月初九					小同福	下午

1912 年

阴历月日	地点	场所	原因	同行者	戏班	具体时间
正月初五	后里			子彝丈	新同福	
正月初六	小典下				新锦福	下午
正月初七	寨下			云林等	新正福	下午
正月初八					新益奇、新连昌斗台	下午
三月初九			禁赌演剧	云孙、翔仲、香浦等	大顺昌	白天、灯下
三月初十				翔仲、香浦、星庚等；宗侠叔		下午、灯右

---

① 载沈不沉编著《温州戏曲史料汇编》下册，中国戏剧出版社 2011 年版，第 432—439 页。
② 同上书，第 440—443 页。

续表

1913 年

阴历月日	地点	场所	原因	同行者	戏班	具体时间
正月十七	大典下			云孙、香浦		下午
三月十八	本地		年额演戏	筠仙叔、云孙、香浦、次石等	大顺昌	下午
三月二十						晚
三月廿一				云孙、香浦		下午

1918 年

阴历月日	地点	场所	原因	同行者	戏班	具体时间
八月初二						下午
八月初三						下午
八月初五				震叔、宗侠及诸朋、从戚等；慈亲、荆人、女妹等	翔舞台	下午
八月初六						下午

1928 年

阴历月日	地点	场所	原因	同行者	戏班	具体时间
十月初九		夏宅庙	开光演剧		新聘福	

1929 年

阴历月日	地点	场所	原因	同行者	戏班	具体时间
四月初一	城		寿戏		女子剧班	下午

1930 年

阴历月日	地点	场所	原因	同行者	戏班	具体时间
七月十二	后李				新品玉	
八月初一						下午
八月初五	董田				新品玉与大高升斗台	

1934 年

阴历月日	地点	场所	原因	同行者	戏班	具体时间
八月初二	董田			肩儿亦与诸少年去	胜阳春、大三星	下午

续表

1934年

阴历月日	地点	场所	原因	同行者	戏班	具体时间
十一月初九	后李		完谱		新润玉	下午

1935年

阴历月日	地点	场所	原因	同行者	戏班	具体时间
正月初四	后李				大高升	下午
正月十一	大典下				新品玉	
正月廿九	莘塍			叶子威		
二月初三	养底阮				新品玉	
三月廿八	塘下				金福连	下午

（二）张组成温州看戏史料分析

1. 年月：集中在节庆赛会等月份

在上面辑录、列表的基础上，将张组成在温州每年阴历每月的看戏次数，汇总到下表，然后进行分析。

表4—8　　张组成温州每年阴历每月看戏次数汇总

月份 年份	正月	二月	三月	四月	五月	六月	七月	八月	九月	十月	十一月	十二月	每年合计
1909	2			1									3
1912	4		2										6
1913	1		3										4
1918								4					4
1928										1			1
1929				1									1
1930							1	2					3
1934								1			1		2
1935	3	1	1										5
整体每月合计	10	1	6	2	0	0	1	7	0	1	1	0	29

因为张组成日记保存下来的数量有限，所以汇总的上表中，仅可见其

从 1909 至 1935 年，共计 27 年间 9 年的看戏资料。这 9 年中，张组成共看戏 29 次。月份以正月、三月、八月最为集中，说明当时演戏的主要原因与节庆、酬神赛会等活动有关。

2. 地点：集中在以家为中心的本地及周边乡里

辑录、列表的张组成看戏地点，共出现了 12 个地名。在其 29 次的看戏经历中，提及看戏地点的有 17 次。这 12 个地名与 17 次的关系是：在后李看戏 4 次，大典下 2 次，董田 2 次，其他 9 个地名都是 1 次。而且这 12 个地名中，只有 1 次是上城，也就是到瑞安城里看戏，其余都是在汀田本地及其周边。说明张组成主要是在以家为中心的本地及周边乡里看戏。

3. 场所及原因：到庙宇中看戏，演戏名目多样

在上面辑录、列表的看戏场所中，只记载了两次到庙宇中看戏。至于演戏的原因，看禁赌戏、年额①戏、开光戏、寿戏、完谱戏，各一次。不难看出，张组成可知的看戏次数虽然少，但却涵盖了当时祠庙演戏原因中的五种类型，从一个侧面说明了当时温州戏曲演出的盛行，会以各种名目演戏。

4. 同行者：主要是家人、亲戚、朋友

关于张组成看戏的同伴，辑录、列表的信息中显示：首先，最多的，是和友人一起，而且还有一些固定的朋友，大家多次一起去看戏。其次，是和家人，如父母、妻、儿、女，及其亲戚，包括叔父张橱。再次，其子肩儿亦与诸少年去。说明看戏是当时包括少年儿童在内的所有人生活中，非常日常、普遍、重要的娱乐方式。

5. 戏班：数量较多、剧种多样、以昆剧为主

在上面辑录、列表的关于戏班的信息中，共出现了 16 个戏班的名称。其中新品玉出现 4 次，新锦福 2 次，大顺昌 2 次，大高升 2 次，其余 12 个戏班各 1 次。关于演唱的剧种，其中可知者：新品玉、新同福、新锦福、小同福、新正福、新聘福属于昆剧班，新益奇、大高升、新润玉属于乱弹班，大顺昌、新连昌、胜阳春属于和调班，翔舞台、金福连属于京剧班。说明当时温州戏班数量较多，上演的剧种比较多样，但最多的还是昆剧。此外，

---

① 沈不沉指出，"农村神庙中的神诞都有一定的日期，戏班按照神诞日期，在一定范围内形成一条巡回演出的路线，此日必在此处演出，称为'额子戏'"。沈不沉编著：《温州戏曲史料汇编》下册，中国戏剧出版社 2011 年版，第 435 页。

张组成也有观看女子戏班演戏及观看斗台戏的情况。

6. 具体时间：以下午看戏为多

关于张组成去看戏的具体时间，上面辑录、列表的信息显示：次数最多的是下午，共 19 次。然后是晚上，共 3 次。说明当时演戏的主要时间是在下午，然后是晚上。

二 林骏温州看戏史料汇总及分析

（一）林骏温州看戏史料汇总表

表 4—9　　　　　　　　林骏温州看戏史料汇总

1897 年					
阴历月日	地点	场所	同行者	戏班	具体时间
正月十二				三升班	晚
十月十四		陈府庙	云苓表弟	旧三连福班	
十月十五		陈府庙		旧三连福班	宵初
十月十六	南关	陈府庙	庆蒸内弟		

1900 年					
阴历月日	地点	场所	同行者	戏班	具体时间
六月初一		庄济庙		老荣升	
六月初二		天后宫	云林表弟	老荣升	

1902 年					
阴历月日	地点	场所	同行者	戏班	具体时间
六月初九		忠义庙		喜春花	

1903 年					
阴历月日	地点	场所	同行者	戏班	具体时间
八月初八		宫			漏四下
八月十四		卫房宫		集锦班	宵，至钟九二下归

1907 年					
阴历月日	地点	场所	同行者	戏班	具体时间
四月十八				品玉	

续表

1908年					
阴历月日	地点	场所	同行者	戏班	具体时间
四月十六		陶尖庙	家慈		晚
四月十七		陶尖庙			夜半
四月十八		陶尖庙			宵
四月二十					晚

（二）林骏温州看戏史料分析

1. 年月

在上面辑录、列表的看戏信息基础上，按每年阴历每月的顺序，将看戏次数汇总到下表。

表4—10　　　　林骏温州每年阴历每月看戏次数汇总

年份＼月份	正月	二月	三月	四月	五月	六月	七月	八月	九月	十月	十一月	十二月	每年合计
1897	1									3			4
1900						2							2
1902						1							1
1903								2					2
1907				1									1
1908				4									4
整体每月合计	1			5		3		2		3			14

林骏日记中可用的看戏史料很少，仅知其从1897至1908年，共计12年间6年的看戏情况。这6年中，林骏看戏14次。其中四月份相对次数较多，与当时的迎神赛会活动有关。

2. 地点和场所

上面辑录、列表的看戏地点，都在瑞安城及其周边。林骏是瑞安县人，住在城里，所以其看戏的地点是集中在以家为中心的本地及周边。场所全是到庙宇中看戏，共出现了6座庙宇的名字。说明迎神赛会，是当时戏曲演出非常重要的一种原因。

3. 同行者

上面辑录、列表的信息显示，林骏看戏的同行者都是其家人和亲戚，包括父母、表弟、内弟。

4. 戏班

上面辑录、列表的关于戏班的信息中，共有6个戏班的名字。其中可知者喜春花、品玉是昆剧班，老荣升是乱弹班。

5. 具体时间

上面辑录、列表的信息显示，林骏有记载的具体看戏时间，8次都是在晚上。

因为林骏日记中，可用的看戏资料很少，而且特别简单，所以只能做上述简略的分析，不好做进一步定性结论。

本章第一、第二、第五节分别对清末民国时期温州地方士绅张棡及其侄子、内弟日记中在温州的看戏史料，进行了分析。虽然3人日记中记载的相关看戏史料，多少、详略不一，但反映出当时温州地方士绅在看戏方面的一些共性问题，包括：第一，时间：集中在节庆贺岁、迎神赛会等月份；第二，地点：集中在以家为中心的本地及周边乡里；第三，场所：主要是到庙宇看戏；第四，原因：演戏的名目繁多，寻找一切机会演戏、看戏；第五，同行者：主要是家人、亲戚、朋友；第六，戏班：数量众多，演出剧种比较多样，但最多的是昆剧；第七，具体时间：当时演戏主要是在下午，然后是晚上。

这些共性问题中，看戏的时间、场所、原因，说明温州当时戏曲演出的盛行，会以各种名目演戏，但最多的是因为地方神信仰。看戏地点，说明当时民众的娱乐活动地域范围比较有限，不会扩展到离家比较远的地方。同行者，说明对于当时包括士绅在内的温州地域所有民众而言，看戏是一种家人、亲戚、朋友间共同娱乐、交际的非常日常、普遍而又重要的方式。戏班，则说明温州作为南戏故里，戏曲文化底蕴的深厚和实力的强大。

以张棡等为代表的地方士绅，虽然不能涵盖当时温州社会整体的看戏情况，但至少是一个窗口和视角，可以通过其来探究、展示清末民国时期，看戏对温州民众的生活产生的影响及反映出的温州地方社会戏曲演出的问题等。

第五章　明清时期温州地方官府禁止演戏的原因

明清时期的温州，虽然戏曲文化发达，演出活动盛行，但也曾遭到官府的禁止。至于官府禁止演戏的原因，主要出于以下几个方面。

第一节　淫戏有伤风化，引人向恶

关于禁演淫戏，在温州地方文献中时有记载。如清朝时，郭钟岳任永嘉司马时所编《借铎》之"禁止花鼓淫词"条：

耳所听易为坏者，莫如淫词；目所见易为习坏者，莫如淫戏。乡间，戏不多得，而花鼓淫词则兼耳目濡染矣。每见楠溪、西溪无知妇人，携带幼女、腰鼓、小锣卖唱……查律载妇女、女戏、游唱者，地方官宜行驱逐，窝留之人，照窝留娼妓治罪。如乡间唤唱花鼓淫词，比照"扮做杂剧"律条内拟办。

律例：

乐人扮做杂剧，违不许装扮之令者，杖一百；容令妆扮者，与同罪。容留秧歌妇女、女戏、游唱之人，照窝娼律治罪。①

当时官府之所以禁止演唱淫戏，主要是因为淫戏会使社会风气变坏。

---

① 转引自沈不沉编著《温州戏曲史料汇编》上册，中国戏剧出版社2011年版，第458—459页。

为了达到更好地禁止目的，官府在律例中不仅明确了对违反者进行处罚的方式，而且处罚治罪的对象，包括了演唱者、窝留者及召集演出者。说明当时演唱淫戏风气的盛行及官府处罚的决心和力度。

温州今天能够见到的，比较集中的官府禁演淫戏令文，多颁布于民国初年。如民国七年（1918）五月二十四日《布告禁演酬神淫戏文》的记载：

照得本邑城厢内外各庙宇，时有雇班演戏以为酬神之举。前因访闻各处演戏，往往不顾禁令，点唱淫秽之剧，迭经本道尹出示禁止，在案现访，闻不肖之徒藐视前令，仍敢点演淫剧，诱引轻年子弟，伤风败俗，殊属不法已极。须知戏剧为社会教育之一种，劝人为善者固在此，引人为恶者亦在此，关系人心，实非浅鲜。况因酬神而演戏，更应诚敬在心，岂容稍涉秽亵，致犯不恭，如演唱淫戏，不独不足以酬神，且反足以渎神，恐亦非尔等演戏之本意。本道尹为正风俗人心起见，不吝三令五申。除令永嘉警察局派警随时查究外，为此再行布告，仰阖邑商民人等及各该戏班一体知悉，嗣后一概不准再有私演淫戏情事，倘再故违，定提该戏班及雇班人一并严办不贷。其各凛遵，切切，特此布告。①

本告文禁演淫戏的原因有二：第一，酬神演戏，要怀诚敬之心，演唱淫戏是渎神行为；第二，点演淫戏，诱人学坏，败坏社会风俗。告文认为戏剧作为进行社会教育的一种方式，应该劝人向善。为了"正风俗人心"，所以禁演淫戏。

民国七年（1918）二月二十三日《训令永嘉警察局查拿私演淫戏文》记载：

照得本邑城厢内外各庙宇，时有商民雇班演戏，名为酬神。本道尹因系积年习惯，故未禁止。乃访闻近来各戏班竟敢不顾禁令，私演淫戏，实属大伤风化，除布告外，合亟令仰该局长密派干警，

---

① 黄庆澜：《瓯海观政录》，（台湾）文海出版社1976年版，第164—165页。

随时稽察。如遇有私演淫戏情事，即行拿办，以维风化。①

本告文也是因为演淫戏有伤社会风化，所以禁演。

民国七年（1918）八月九日《训令永嘉警察局查禁淫戏文》记载：

> 案据永嘉民人胡纲等，为删改淫剧，劝惩世俗，请重申禁令，并令戏业经理转知各掌班，修正戏目，实行删改，以敦风化等情前来。据此，除批查演唱淫剧有伤风化，迭经本公署令饬查禁在案。来单所开各剧，既均系淫剧，何能准其演唱？仰候抄单令发警察局从严查禁可也。②

本训令是针对所演戏目内容，令其删改淫秽部分，方可准演。

民国八年（1919）一月七日《通令永嘉警察局为严禁赌博及私演淫戏文》记载：

> 照得瓯属各县，每于阴历年底年初，赌博及演戏等事，随在皆是，最足贻害地方。前经本公署迭令所属，遇有聚众赌博及私演淫戏等事，随时查拿究办在案。现在已届阴历年终，苟非重申禁令，深恐此风复盛。为此，除分令外合行令仰该知事局长即便出示严禁，如果再有赌博及私演淫戏情事，立即拿案从重罚办，毋稍姑息一面，再行布告周知，切切此令。③

本通令针对每年阴历的年底年初，因为聚众赌博和私演淫戏而贻害地方社会的行为，严令禁止。

《瓯海潮》第十一期"省饬查禁淫剧"条记载：

> 唱演淫剧，有伤风化，前经邑人胡纲呈奉道尹饬仿县示禁在案。

---

① 黄庆澜：《瓯海观政录》，（台湾）文海出版社1976年版，第143页。
② 同上书，第148页。
③ 同上书，第150页。

胡君以永邑如是，难保他邑也莫不如是，上书省长，业经省长批准，通令浙省七十余县，一体从严查禁。①

从浙省政府的角度看，演唱淫戏、有伤风化之事在全省各县普遍存在，要一概禁止。

通过上述分析可以看出，官府禁演淫戏，主要是从败坏社会风气，有伤风化，引人向恶的角度出发。

第二节　男女纵观，淫浪生事

基于封建社会的伦理道德，在明清时期的看戏观念中，看戏时男女要分开，不能混杂一处。如果男女混杂，易于生事。当时的温州，情况如何呢？

《东瓯逸事汇录》卷二"风土·演戏"条记载：

> 所可恨者，其俗最好演戏，或于街市，或于寺庙庵观。妇女如云，搭台纵观，终日不倦；甚至有佻达之子，以看戏为名，窥瞷谑浪，靡所不至；以至调情启淫，触怒涉讼；皆屡屡见之。此风俗之最恶者，亟宜禁之。②

又，《东瓯逸事汇录》卷二"风土·唱大词"条记载：

> 唱大词者，讲十四娘娘之事迹也。岁九月，于广应宫内搭一台，二瞽者对坐，旁置一鼓，击之而唱，其语多俚俗。有三昼夜者，有七昼夜者。妇女丛听，或笑或叹，游人杂遝，殊不雅观。③

从这两条史料的记载中可知，温州当时演戏期间，所可恨之事包括：第一，妇女痴迷于看戏，终日不倦，谈笑其间；第二，浮浪之徒借看戏之名，

---

① 转引自沈不沉编著《温州戏曲史料汇编》上册，中国戏剧出版社2011年版，第460页。
② 陈瑞赞编注：《东瓯逸事汇录》，上海社会科学院出版社2006年版，第42页。
③ 同上。

调情惹事；第三，男女混杂，有伤雅观。

张棡在日记中也多次写到，看戏时男女混杂，彻夜观戏，妇女不知自重，浮浪之徒趁机生事，有伤风化等情形。如《张棡日记》之"光绪十四年戊子（1888） 正月十六日 瑞安陶尖庙看戏之弊俗"条记载：

> 同钰琳、小竹至陶尖庙看戏半本后，即同程彝卿窗友访竹友夫子，不遇，即过胡榕村馆，闲谈半日而返。是庙看戏男女之人较别处尤多，大家闺秀，小家碧玉，扶童挈伴，以至游观者常至夹道而立，拥挤不堪。昔人谓东瓯看戏，佻闼之子每至因戏诲淫起衅酿讼，此风最为浇薄。今瑞城虽不至此，然以较余处乡村僻壤之纯朴，已大不同。谚云：礼失而求诸野，不其然欤？①

张棡《杜隐园观剧记》之"光绪十七年辛卯（1891） 六月廿九日 听鼓词《陈十四收妖》"条记载：

> 晚，便过第二巷，是处搭戏台一座，悬灯结彩，雇一盲人唱《陈十四收妖》故事。台下男女环坐，听者不下千余人。然游蜂浪蝶，大半为窥少年妇女而来。而少年妇女浓妆艳服，轻摇团扇，露坐至五更始返，亦可谓愚而不知礼教者矣！②

《杜隐园观剧记》之"民国十一年壬戌（1922） 三月十五日 赴鼓楼下观大三庆班"条记载：

> 下午雨，赴鼓楼下茶摊上坐观大三庆班演剧，是日人极拥挤，摊人男女杂坐无立足地，而少年妇人后至者，竟插身强挤以入，不顾羞耻，真风俗之最坏者矣。③

---

① （清）张棡著，俞雄选编：《张棡日记》，上海社会科学院出版社2003年版，第1—2页。
② 沈不沉编著：《温州戏曲史料汇编》下册，中国戏剧出版社2011年版，第334页。
③ 同上书，第392页。

又，张棡《温州风俗记》之"光绪廿三年（1897）五月廿二日"条描写的戏场风俗：

> 优孟衣冠，梨园丝竹。易感人以哀乐，遂诒媚夫幽冥。祀不分阴阳，曲不区邪正。偶逢神诞，竞演新声。毡铺戏马之台，彩结飞虹之栋。游闲公子，来听散雪之歌；窈窕佳人，坐结团云之队。……戏场虽可陶情也，而冶容诲淫，三不归寝以为俗。①

不仅温州，徽州也存在类似情况。傅岩《歙纪》记载：

> 迎神赛会，搬演夜戏，男女混杂，赌盗奸斗，多由此起。②

通过上述对温州明清时期看戏情况的分析，发现确实存在男女纵观、淫浪生事的问题，这必然会遭到官府的禁止。为了避免这种情况的发生，首先，看戏时男女要分开。其次，妇女要自重自爱，包括看戏时的衣着、妆容、言行要得体，时间要有限制，要在妇女特定的空间内看戏等。这样就不会给淫浪之徒以惹是生非的机会，也就减少了不良事情发生的概率，从而有利于地方社会的风化和治理。

第三节　借演戏之机，聚众赌博

因为一些戏曲在演出时会聚众赌博，所以被称为赌戏。据清代温州地方戏曲学者洪炳文③研究：

> 赌戏之俗，由来已久。例由庄家延请戏班演出，招来赌客，或

---

① 张钧孙、张铁孙、戴若兰合编：《杜隐园诗文辑存》，香港出版社2005年版，第375—376页。
② 转引自朱万曙《明清两代徽州的演剧活动及其与区域文化的互动关系》，载朱万曙、卞利主编《戏曲·民俗·徽文化论集》，安徽大学出版社2004年版，第117页。
③ （清）洪炳文（1848—1918），字博卿，号棣园，浙江瑞安人。毕生主要从事戏曲改良和剧本创作。

借迎神赛会之际在戏台下各处摆设赌摊。①

从洪氏的研究中可以看出：第一，赌戏之俗，历史久远；第二，有些赌戏是庄家为设赌局而请戏班来演，演戏是为了吸引赌客，更是为赌博做掩护，组织赌博才是他们的真正目的；第三，有些是借迎神赛会演戏的机会，组织赌博。

演赌戏时的真实情况是什么样的呢？洪炳文在《演赌戏》一诗中进行了形象、生动的描述：

> 戏上台，赌客来，大赌特赌发财。人人都说戏班好，麻雀牌九并拿宝。刀牌香烟高粱烧，青年子弟互招邀，一入其中魂为消。生旦丑净末，东南西北中。一掷百金尽，再掷千金空。好赌思作富家翁，请君观此无裤公。②

洪氏此诗诙谐生动，不仅将演戏与赌博之间的关系，概括得淋漓尽致，更将赌客们输尽千金、倾家荡产的悲惨结局，形象地刻画出来。

关于演戏聚赌，在温州的地方文献中多有记载。如张组成《浣垞观剧记》之"民国十九年（1930）七月廿九日 接新同福戏班来地演剧"条记载：

> 昨派工至永嘉接新同福戏班来地演剧，予亦四份首事之一，故有此举。夜戏已开演，忽报县公安局周巡官率巡逻队数十人持枪至地，过余家，云"奉票禁戏"，并拿获现行赌犯张乃姆、蔡根寿等，观者如堵。余语巡官：以演戏事，各村已有先例，且官厅无布告事先周知，势难遂禁。唯赌博事，例应处罚。③

---

① （清）洪炳文：《东瓯采风小乐府》，转引自沈不沉编著《温州戏曲史料汇编》上册，中国戏剧出版社2011年版，第432页的注释③。

② （清）洪炳文撰，沈不沉编：《洪炳文集》，上海社会科学院出版社2004年版，第503—504页。

③ 沈不沉编著：《温州戏曲史料汇编》下册，中国戏剧出版社2011年版，第438页。

此次在演戏过程中，官府当场抓获赌犯数人。张组成作为此次演戏的组织者之一，对那些赌博者"例应处罚"的一个"例"字，说明张组成对于演戏赌博及处罚情况的熟悉，也说明演戏赌博，习已有之。

张棡《杜隐园观剧记》之"民国十二年癸亥（1923） 正月十六日 赴龟山梁储庙看戏"条记载：

> 下午又赴龟山梁储庙看戏。盖是日为场桥赛会之期，庙中赌摊林立，游人极多，看片刻即偕弟侄下船返鲍田。①

这次是借赛会演戏之机，在庙中设摊赌博。庙宇本是供奉神灵的清净、肃穆之所，演戏本是酬神的虔诚之举。现在竟在赛会演戏酬神的时间里，在庙宇里聚众赌博，早已丧失了迎神赛会演戏的初衷。

借演戏之机进行赌博，不仅温州如此，毗邻的福建也存在这种情况。《民国武平县志》记载：

> 举邑建醮费无算。日夜嬉游，有杂演傀儡者，有借醮聚赌者。当道加以厉禁，不能止。②

其实，明清时期不仅温州、福建有演赌戏的情况，据冯尔康、常建华研究：

> 清人嗜赌……赌博遍及社会各阶层，分布在全国各地，贯穿于有清一代。③

关于赌博的危害，《清世宗实录》卷八十二"雍正七年六月丁丑条"指出：

---

① 沈不沉编著：《温州戏曲史料汇编》下册，中国戏剧出版社2011年版，第395页。
② 转引自刘大可《闽台地域人群与民间信仰研究》，海风出版社2008年版，第287页。
③ 冯尔康、常建华：《清人社会生活》，沈阳出版社2001年版，第284页。

荒弃本业，荡费家资，品行日即于卑污，心术日趋于贪诈，父习之则无以训子，主习之则无以制其奴，斗殴由此而生，争论由此而起，盗贼由此而多，匪类由此而聚，其人心风俗之害，诚不可以悉数。①

正是鉴于赌博的如此危害，所以官府才要禁止。温州地方文献中即有关于地方官府禁演赌戏的记载，如清同治六年（1867）十二月刻，佚名撰《奉宪谕禁勒碑》记载：

特授温州府永嘉县正堂加三级纪录五次郭为示禁勒石，赌博花会除害久远事：
……立此石碑为记。开例禁条示后：
……禁本地戏市、梨园、桩众、小大花会等项不许开庄放赌。……
雅寮地方众等同立。
同治六年十二月　日给。②

又，光绪二十六年（1900）查荫元撰《奉宪谕禁》记载：

钦加同知衔赏戴花翎温州府永嘉县正堂加三级纪录二次查为出示严禁事：
据十七都叶会地方生员张麒书同投贡生张麟书，耆民张绍源……，地保陈德魁等呈称：近有无赖棍徒，在地开场聚赌以及花会，设灯卖烟，诱人猜压，大为民害。又有猜马战，打九和，每逢神寿演戏，中十、十二各旋状元，拔签、掷骰等名目，无不与赌相似。若不禁止，诚恐相率效尤，金乞示禁等情到县，据此，除批示外，合行出示严禁。……
光绪贰拾陆年三月　日给。③

---

① 转引自冯尔康、常建华《清人社会生活》，沈阳出版社2001年版，第307页。
② 吴明哲编：《温州历代碑刻二集》上册，上海社会科学院出版社2006年版，第197页。
③ 同上书，第227—228页。

赌博和演戏之间的关系十分微妙,除上述借演戏之机,聚众赌博外,为了使禁赌之事广为民知,也会借助演戏进行公布。如张组成《浣垞观剧记》之"民国元年(1912) 三月初九日 大顺昌演《承乐亭》"条记载:

> 本地禁赌演剧。①

又,林承放撰《瑞安场桥乡布告牌》记载:

> 瑞安场桥乡长林为布告事:
> 案据上灶住民吴焕幹……等呈称,地小人稀,赌风最盛,有伤风化。曾经地人公议演剧禁止,惟恐地人明知故犯,垦祈出示严禁等情。据此,查赌博确系伤风败俗,破家荡产,应予严禁。仰该地人等幸毋自误,至干法纪,特此布告。乡长林承放。
> 中华民国二十二年月 日给。②

无论借演戏之机聚众赌博还是以演戏的形式将禁赌之事广而告之,都从一个侧面说明了演戏在当时的温州地方社会,是一件非常重要、有号召力、影响力的事情。

第四节 演戏导致靡财废产

明温州人姜准撰写的《岐海琐谈》卷七"坊巷戏剧贻患"条记载:

> 每岁元夕后,观剧盛行,虽延过酷暑,弗为少辍。如府县有禁,则托为禳灾、赛祷,率众呈举,非迁就于丛祠,则移香火于戏所,即为瞒过矣。醵金之始,延门比屋。先投饼饵为囮,箕敛之际,无计赢诎,取罄锱铢。除所费之外,非饱其欲,未为遽止,虽典质应

---

① 沈不沉编著:《温州戏曲史料汇编》下册,中国戏剧出版社2011年版,第434页。
② 吴明哲编:《温州历代碑刻二集》下册,上海社会科学院出版社2006年版,第826页。

命有弗恤矣。且戏剧之举，续必再三。附近之区，罢市废业。其延款姻戚至家看阅，动经旬日，支费不訾，又不待言矣。民间弊害无逾于斯，厉禁严惩，端与长民者颙抑！①

在史料中，姜准指出以下几点弊端。第一，演戏活动持续时间长，从过年持续到夏天。如此长时间的演戏，定要花费大量钱财，所以就会挨家挨户的凑集资金。加之征敛者的妄加索取，致使被敛者典质尤不能应命。第二，每户会延请亲戚来看戏，而且是"动经旬日"住在自己家里，期间的款待费用也是一笔不小的支出。第三，演戏期间，"罢市废业"，民众只顾娱乐看戏，无心从事生产经营。所以，姜准认为由演戏导致的靡财废产是民间最大的弊害。

张棡在《杜隐园观剧记》之"民国十六年丁卯（1927）正月初八日 因年荒遭乱迎神演戏一概停止"条指出：

> 本日自地因年荒遭乱，旧例迎神演戏一概停止。各家虽有至戚贺年，然较之上年则省费省力多矣。②

张棡亲身经历了演戏时和不演戏时亲戚来家贺年费用支出的差别，说明演戏时款待亲戚在家数日看戏，确实花费不小。

又，张棡《杜隐园观剧记》之"民国三十年辛巳（1941）八月初一日 是日向例演剧，各乡皆暂停"条记载：

> 是日本地向例演剧会客，各家均送节礼，刻因物价飞涨，生计艰难，故族中人早日会议，此节诸事暂停，以便乡民维持生活，亦公益应有之理。闻董田、海安、场桥各乡俱一律无戏停会。经此一停，河乡一带约省数十万金。③

---

① （明）姜准撰，蔡克骄点校：《岐海琐谈》，上海社会科学院出版社2002年版，第124页。
② 沈不沉编著：《温州戏曲史料汇编》下册，中国戏剧出版社2011年版，第406页。
③ 同上书，第429页。

第五章 明清时期温州地方官府禁止演戏的原因

张棡《杜隐园观剧记》之"民国三十一年壬午（1942）正月初八日本地迎神打消"条记载：

> 本地迎神原是盛典，然百货飞涨，家家困顿，安敢作此浪费。①

这两条史料描写的虽是民国后期的事情，但也说明因为演戏需要支出的各种费用，确实惊人，所以，在民不聊生的特殊时期，只能停止原有的迎神演戏俗例。

通过上述分析可以看出，一方面，演戏时费用的过度支出，不仅导致对社会财富的浪费，也成为民众的沉重经济负担；另一方面，民众因为终日里痴迷于看戏，无心工作，"罢市废业"，荒废了自己的生产。所以，由演戏导致的靡财废产成为官府禁止演戏的原因之一。

本章上述四节内容，从四个方面分析了当时温州地方官府禁止演戏的原因。其实演戏导致的这些弊端，及由此引起的官府禁演，在浙江全省同样存在。如清《浙江巡抚赵士麟禁演戏示》记载：

> 照得浙省灾荒之后，民困未苏，凡一切无益之费，概宜节省。岂知习俗相沿，奢华竞尚。民家宴会。辄用戏剧。徒知酣歌恒舞，足供一夕之欢，不惜剪烛倾樽，已费中人之产。更有无籍游民，不事生产，每于城市乡村，科敛民财，恣搬傀儡，以致环堵聚观，男女混杂，奸盗邪淫，从兹而起。甚者占头射利，遂开赌博之场。角口争强，因构官司之衅。种种祸胎，殊堪发指，合亟严行禁饬，为此云云。所属士民，不得仍蹈前辙，媚客费财，侮神事生。如有不遵，辄犯严禁者，两邻保甲，指名呈禀。乃搭台演戏者，该地方官不时察拿究治，毋视具文。倘经访闻，并处不贷。文到取具遵依报查。毋违。②

---

① 沈不沉编著：《温州戏曲史料汇编》下册，中国戏剧出版社2011年版，第431页。
② 同上书，第458页。

官府虽然会因为上述原因禁止演戏,但并不说明其对于戏曲演出一味采取盲目禁止的态度,而是要看戏曲演出活动是否符合当时统治者的政治倾向和利益需求。如雍正六年(1728)皇帝上谕指出的:

> 盖州县村堡之间,借演戏为名,招呼匪类,开设赌场,男女混杂,斗殴生事,种种不法,扰害乡愚,此则地方有司所当禁止。至于有力之家,祀神酬愿,欢庆之会,歌咏太平,在民间有必不容己之情,再国法无一概禁止之理。①

对此,车文明指出:

> 所谓官府毁淫祠、禁迎神赛社,并不是禁止民间建庙祀神,只是对其进行规范而已。②

所以说,无论在温州还是在全国,官府对于戏曲演出进行禁止的真正目的,是将之规范得符合统治者的政治倾向和利益需求。

---

① 《清世宗实录》卷67,转引自薛林平《中国传统剧场建筑》,中国建筑工业出版社2009年版,第40—41页。
② 车文明:《20世纪戏曲文物的发现与曲学研究》,文化艺术出版社2001年版,第100页。

第六章　温州明清古戏台[①]研究

各地留存至今，美轮美奂的古戏台，作为戏曲文物，不仅是地方传统建筑文化的代表，也是地方戏曲文化、宗族文化、信仰文化等诸多文化的传承载体和呈现舞台。古戏台具有丰富的社会属性，就像一个场，将社会的方方面面凝聚在一起，蕴含着丰富的地方社会与文化信息。高琦华指出：

> 从建筑历史来看，任何一种建筑格式，包括风格、形制、规制等的形成都不是单纯的工程技术、手段等方面的原因，而是有着一定的社会、人文因素在内，与当时人们的生活愿望、宗教、文化活动紧密相关。[②]

罗哲文进一步指出：

> 古戏台乃是我国历史建筑遗产的一个重要的组成部分，一种浓缩了中国社会发展、风尚习俗的很有民族特色的建筑遗存，应该认真地研究，很好地保护和合理开发利用。[③]

王季卿亦指出：

[①] 本书的古戏台是指建于民国元年（1912）之前的戏台。
[②] 高琦华：《中国戏台》，浙江人民出版社1996年版，第121页。
[③] 吴开英等：《中国古戏台研究与保护》，中国戏剧出版社2009年版，罗哲文所作序第2页。

> 传统戏场在建筑艺术上各具特色，美轮美奂，反映出不同地域、时代、用料、构筑、艺术风格等的变化，并且与它所承载的历史文化内涵有关。①

2007 年，温州市政府根据国务院和浙江省政府第三次全国文物普查工作的统一部署，花费了大量的时间和精力，对全市 11 个县、市、区的 5898 个行政村、社区②，进行了全面、深入的文物普查、登记。其中古戏台的普查成果，最后形成《温州古戏台》一书并公开出版。据《温州古戏台》一书统计：

> 温州第三次全国文物普查登录的古建筑中建有戏台的不可移动文物有 561 处，现存 541 处，数量庞大，弥足珍贵，以永嘉一县为最，其余各县（市）区均有大量分布。③

不难看出，温州确实留存有数量巨大的古戏台，有进行相关研究的文物基础。

《温州古戏台》一书以图文并茂的形式对第三次普查成果中的 133 座古戏台，详细介绍了普查的数据资料。本章即以《温州古戏台》一书记录的古戏台普查数据资料为主，以其中符合本书研究条件的 125 座明清古戏台④为基础，同时以《温州古戏台戏曲彩绘图集》⑤《中国古戏台研究与保护》⑥等相关资料为辅，及结合本人的实地调研，在对 125 座明清古戏台进行具体分析、研究的基础上，总结、发现温州明清古戏台的总体文化特征，及其中体现出的地域文化特性和原因。

---

① 王季卿：《中国传统戏场建筑考略之二——戏场特点》，《同济大学学报》2002 年第 2 期。
② 参见崔卫胜主编《温州古戏台》，浙江古籍出版社 2013 年版，总序第 1 页。
③ 同上书，第 3 页。
④ 因为《温州古戏台》一书记录的 133 座古戏台中，有 8 座不是建于明清时期，所以本书不包含在内。
⑤ 因为该书汇聚了温州 25 处古戏台的近 450 幅彩绘图案。参见谢子静《温州古戏台戏曲彩绘图集》，四川美术出版社 2017 年版，前言第 4 页。
⑥ 吴开英等：《中国古戏台研究与保护》，中国戏剧出版社 2009 年版。

第一节　各县市区每座古戏台数据列表：125座古戏台的各项数据信息

因为每座古戏台要列表的数据较多，为了便于版面排列，将所列表内容分为三个表格。表一，主要包括古戏台的名称、修建时间、所处地点、与所属建筑的关系等信息。表二，主要包括戏台外顶、内顶、彩绘、雕刻等信息。表三，主要包括戏台的形制、朝向等信息。下面根据各县市区留存古戏台的数量，按由多至少的顺序，分别列表于下。

一　每座古戏台数据列表（一）

表6—1　　　　　温州每座古戏台数据列表（一）

（一）永嘉县古戏台（37座）

名称	修建时间	所处地点	与所属建筑、正厅关系	所属建筑院落结构	所属建筑院落规模（平方米）[①]	两侧厢廊[②]情况
芙蓉陈氏大宗祠戏台	清	岩头镇	门厅内，面对正厅	门厅、两厢廊、正厅	1984.30	一层厢廊
廊二孝思祠戏台	明孝宗弘治元年（1488）	花坦乡	门厅内，面对正厅	山门、门厅、两厢廊、正厅	1160	一层厢廊
上村永嘉郡祠戏台	明中期	碧莲镇	门厅内，面对正厅	门台、门厅、两厢廊、正厅	2000	二层厢廊
方岙殿戏台	清	岩头镇	门厅内，面对正厅	门厅、两厢廊、正厅	759.30	一层厢廊
邵园邵氏宗庙戏台	明	碧莲镇	门厅内，面对正厅	门厅、两厢廊、正厅	1032.92	一层厢廊

---

① 本书对于院落规模相关数据的统计，仅统计《温州古戏台》一书中有记载者。

② 本书的厢廊是指在古戏台所属建筑的院落中，一般在古戏台左右两侧建有的一层或两层的看戏空间。这个看戏空间，有的完全敞开，有的部分封闭。因为本书主要统计在戏台两侧是否建有这样的看戏空间，其他因素并不是重点，所以统一称之为厢廊。

续表

名称	修建时间	所处地点	与所属建筑、正厅关系	所属建筑院落结构	所属建筑院落规模（平方米）	两侧厢廊情况
九房陈氏大宗祠戏台（现为路亭）	清	大若岩镇				
下方叶氏大宗祠戏台	清康熙年间	渠口乡	中厅明间后檐，面对正厅	前厅、中厅、两厢廊、正厅	1298	一层厢廊
水碓湾孝佑宫戏台	清	上塘镇	门厅内，面对正厅	门厅、两厢廊、正厅	349.90	一层厢廊
六岙福星宗祠戏台	清晚期	桥下镇	门厅内，面对正厅	门厅、两厢廊、正厅	652.50	一层厢廊
北溪杨氏宗祠戏台	清道光年间	大岙乡	门厅内，面对正厅	门厅、两厢廊、正厅	478.80	一层厢廊
茶二赵氏大宗祠戏台	清	西溪乡	门厅内，面对正厅	门厅、两厢廊、正厅	690.06	二层厢廊
槎川郑氏宗祠戏台	清	山坑乡	门厅内，面对正厅	门厅、两厢廊、正厅	415.70	二层厢廊
陈坪陈氏祠堂戏台	清	鲤溪乡	后厅明间后檐，面对正厅	正厅、两厢廊、后厅	342.35	
澄田陈氏宗祠戏台	清	碧莲镇	门厅内，面对正厅	门厅、两厢廊、正厅	476	二层厢廊
福佑鲍公宗祠戏台	清	鲤溪乡	门厅内，面对正厅	门厅、两厢廊、正厅	592.90	一层厢廊
港头娘娘宫戏台	清	岩头镇	门厅内，面对正厅	门厅、两厢廊、正厅	541.50	一层厢廊
鹤泉吴氏宗祠戏台	清	鹤盛乡	门厅内，面对正厅	门厅、两厢廊、正厅	562.77	一层厢廊
苍坡李氏大宗祠戏台	明	岩头镇	门厅内，面对正厅	门厅、两厢廊、正厅	591.40	一层厢廊
山里宅章氏宗祠戏台	清	巽宅镇	门厅内，面对正厅	门厅、两厢廊、正厅	522	一层厢廊
上董太阴宫戏台	清乾隆四十三年（1778）	界坑乡	门厅内，面对正厅	门厅、两厢廊、中厅、后厅	426.63	一层厢廊
石垟郑氏宗祠戏台	清	巽宅镇	门厅内，面对正厅	门厅、两厢廊、正厅	585.30	一层厢廊
塘上徐氏大宗祠戏台	清光绪三十四年（1908）	徐岙乡	门厅内，面对正厅	门厅、两厢廊、正厅	381.40	二层厢廊

续表

名称	修建时间	所处地点	与所属建筑、正厅关系	所属建筑院落结构	所属建筑院落规模（平方米）	两侧厢廊情况
岩头塔湖庙戏台	清	岩头镇	门厅外，面对正厅	门厅、两厢廊、正厅	651.24	
水头垟张氏大宗祠戏台	清	巽宅镇	门厅内，面对正厅	门厅、两厢廊、正厅	360.60	
桐州陈氏宗祠戏台	清早期	大若岩镇	门厅内，面对正厅	门厅、两厢廊、正厅	851.40	二层厢廊
六龙李氏大宗祠戏台	清末	西溪乡	门厅内，面对正厅	门厅、两厢廊、正厅	871.70	二层厢廊
包岙陈氏大宗祠戏台	清	枫林镇	门厅内，面对正厅	门厅、两厢廊、正厅	599.13	一层厢廊
岭根路上郑氏宗祠戏台	明	五尺乡	门厅内，面对正厅	门厅、两厢廊、正厅	1001.64	一层厢廊
东山下杨氏宗祠戏台	清	上塘镇	门厅内，面对正厅	门厅、两厢廊、正厅	567.10	一层厢廊
岩龙季氏大宗祠戏台	清	潘坑乡	门厅内，面对正厅	山门、门台、门厅、两厢廊、正厅	650	一层厢廊
下一村陈氏大宗祠戏台	清	巽宅镇	门厅内，面对正厅	门厅、两厢廊、正厅	846.40	一层厢廊
下庄李氏宗祠戏台	清	西溪乡	门厅内，面对正厅	门厅、两厢廊、正厅	370.62	二层厢廊
小茅垟周氏宗祠戏台	清	五尺乡	门厅内，面对正厅	门台、门厅、正厅	422.50	
岩山钱氏宗祠戏台	清	茗岙乡	门厅内，面对正厅	门厅、两厢廊、正厅	465.76	二层厢廊
岩上谢氏宗祠戏台	清晚期	鹤盛乡	门厅内，面对正厅	门厅、两厢廊、正厅	446.52	一层厢廊
银泉陈氏宗祠戏台	清	大若岩镇	门厅内，面对正厅	门厅、两厢廊、正厅	764.70	一层厢廊
张大屋老宗祠戏台	清	岩头镇	门厅内，面对正厅	门厅、两厢廊、正厅	690.20	

续表

（二）瑞安市古戏台（17座）

名称	修建时间	所处地点	与所属建筑、正厅关系	所属建筑院落结构	所属建筑院落规模（平方米）	两侧厢廊情况
六科卢氏宗祠戏台	清乾隆八年（1743）	永安乡	门厅内，面对正厅	门厅、两厢廊、正厅	370	一层厢廊
高旺宫戏台	清中期	飞云镇	门厅内，面对正厅	门厅、两厢廊、正厅	576	一层厢廊
大梅光明院戏台	清宣统二年（1910）	宁益乡	门厅内，面对正厅	前厅、门厅、两厢廊、正厅	352	一层厢廊
东安硐桥广济庙戏台	晚清	玉海街道，建于东安硐桥上	门厅内，面对正厅	门厅、两厢廊、正厅	230.50	一层厢廊
安阳隆山宫戏台	晚清	安阳镇	门厅内，面对正厅	台门、门厅、两厢廊、正厅	514	一层厢廊
三圣门月井殿戏台	清光绪年间	安阳街道	门厅内，面对正厅	门厅、两厢廊、正厅	438.20	
下泽殿戏台	清同治四年（1865）	高楼乡	门厅内，面对正厅	门厅、两厢廊、正厅	770	二层厢廊
罗溪太阴宫戏台	清晚期	高楼乡	门厅内，面对正厅	门厅、两厢廊、正厅		一层厢廊
马车湾宫戏台	清同治十一年（1872）	湖岭镇	门厅内，面对正厅	门厅、两厢廊、正厅	258.20	一层厢廊
南岙太阴宫戏台	清	永安乡	门厅内，面对正厅	门厅、两厢廊、正厅	277.50	一层厢廊
南翔宫戏台	清宣统三年（1911）	平阳坑镇	门厅内，面对正厅	门厅、两厢廊、正厅	593	一层厢廊
水坑宫戏台	清晚期	马屿镇	门厅内，面对正厅	门厅、两厢廊、正厅	509	一层厢廊
下店太阴宫戏台	清晚期	潮基乡	门厅内，面对正厅	门厅、两厢廊、正厅	397	
潘山宫戏台	清晚期	马屿镇	门厅内，面对正厅	门厅、两厢廊、正厅	462	
吴堡宫戏台	清同治十二年（1873）	马屿镇	门厅内，面对正厅	门厅、两厢廊、正厅	427	一层厢廊

续表

名称	修建时间	所处地点	与所属建筑、正厅关系	所属建筑院落结构	所属建筑院落规模（平方米）	两侧厢廊情况
上灶夏圣庙戏台	清晚期	塘下镇	门厅内，面对正厅	门厅、两厢廊、正厅	642	一层厢廊
山皇娘娘宫戏台	清中期	仙降镇	门厅内，面对正厅	门厅、两厢廊、正厅	380	一层厢廊

（三）苍南县古戏台（14座）

名称	修建时间	所处地点	与所属建筑、正厅关系	所属建筑院落结构	所属建筑院落规模（平方米）	两侧厢廊情况
富山杨府宫戏台	清咸丰二年（1852）	藻溪镇	门厅内，面对正厅	门厅、两厢廊、正厅	481	二层厢廊
碗窑三官庙戏台	清乾隆年间	桥墩镇	庙前，面对正厅			
鲸头杨府殿戏台	清	云岩乡	原在杨府殿内，因殿重建，被搬迁至西侧，面对正厅			
金乡城隍庙戏台	清	金乡镇	门厅内，面对正厅			
关帝庙戏台	清	桥墩镇	门厅内，面对正厅	门厅、两厢廊、正厅	346	二层厢廊
黎垟马仙宫戏台	清	五凤乡	门厅内，面对正厅	门厅、两厢廊、正厅	240	
新凤上春宫戏台	清咸丰五年（1855）	五凤乡	门厅内，面对正厅			一层厢廊
小姑真武庙戏台	清	马站镇	前厅内			二层厢廊
南岙宫戏台	清乾隆十三年（1748）	赤溪镇	门厅内，面对正厅	门厅、两厢廊、正厅		一层厢廊
过溪打铁宫戏台	清	赤溪镇	门厅内，面对正厅	门厅、两厢廊、正厅		一层厢廊
九堡瑞灵宫戏台	清	藻溪镇	门厅内，面对正厅	门厅、两厢廊、正厅	884	
上村兴林宫戏台	清	莒溪镇	门厅内，面对正厅	门厅、两厢廊、正厅	700	

续表

名称	修建时间	所处地点	与所属建筑、正厅关系	所属建筑院落结构	所属建筑院落规模（平方米）	两侧厢廊情况
新岙娘娘宫戏台	清	括山乡	门厅内，面对正厅	门厅、正厅	175	
银湖雁腾宫戏台	清	藻溪镇	门厅内，面对正厅	门厅、两厢廊、正厅	370	一层厢廊

（四）平阳县古戏台（13座）

名称	修建时间	所处地点	与所属建筑、正厅关系	所属建筑院落结构	所属建筑院落规模（平方米）	两侧厢廊情况
带溪忠训庙戏台	清康熙二十六年（1687）	腾蛟镇	门厅内，面对正厅	门厅、两厢廊、正厅	800	一层厢廊
横平安顺宫戏台	清乾隆年间	龙尾乡	门厅内，面对正厅	门厅、两厢廊、正厅	401.73	一层厢廊
龙湖通福殿戏台	清乾隆年间	南湖乡	门厅内，面对正厅	门厅、两厢廊、正厅	530	一层厢廊
塘北上源殿戏台	清	鳌江镇	门厅内，面对正厅	门厅、两厢廊、正厅	435	一层厢廊
南网宫戏台	清	青街乡	门厅内，面对正厅	门厅、两厢廊、正厅	406	一层厢廊
雷渎宫戏台	清	麻布镇	门厅内，面对正厅	门厅、两厢廊、正厅	564.97	一层厢廊
碇步头宫戏台	清	山门镇	门厅内，面对正厅	门厅、两厢廊、正厅	582	一层厢廊
法洪宫戏台	清	晓坑乡	门厅内，面对正厅	门厅、两厢廊、正厅	612.62	一层厢廊
联源林氏宗祠戏台	清	腾蛟镇	门厅内，面对正厅	门台、门厅、两厢廊、正厅	1096	一层厢廊
平棋龙岩山殿戏台	清光绪十一年（1885）	腾蛟镇	门厅内，面对正厅	门厅、两厢廊、正厅		一层厢廊
增光井洪家洞宫戏台	清	南湖乡	门厅内，面对正厅	门厅、两厢廊、正厅	558	一层厢廊
中心余潘宫戏台	清咸丰五年（1855）	晓坑乡	门厅内，面对正厅	门厅、两厢廊、正厅	445	一层厢廊

续表

名称	修建时间	所处地点	与所属建筑、正厅关系	所属建筑院落结构	所属建筑院落规模（平方米）	两侧厢廊情况
青湾太平殿戏台	清	腾蛟镇	门厅内，面对正厅	门厅、两厢廊、正厅	430	

（五）乐清市古戏台（12座）

名称	修建时间	所处地点	与所属建筑、正厅关系	所属建筑院落结构	所属建筑院落规模（平方米）	两侧厢廊情况
大乌石雷公殿戏台	清乾隆五十四年（1789）	虹桥镇	门厅内，面对正厅	门厅、两厢廊、正厅	567	一层厢廊
大周山余章宗祠戏台	清光绪二十九年（1903）	雁湖乡	门厅内，面对正厅	门厅、两厢廊、正厅	350	二层厢廊
田岙李氏宗祠戏台	清	大荆镇	门厅内，面对正厅	台门、门厅、两厢廊、正厅	998	二层厢廊
后垟二十九房林氏宗祠戏台	清乾隆三十三年（1768）	芙蓉镇	门厅内，面对正厅	门厅、两厢廊、正厅	600	一层厢廊
樟下施氏宗祠戏台	清	雁荡镇	门厅内，面对正厅	台门、门厅、两厢廊、正厅	634.40	一层厢廊
黄檀硐卢氏宗祠戏台	清咸丰年间		门厅内，面对正厅	门厅、两厢廊、正厅	325	二层厢廊
西林林氏大宗祠戏台	清	淡溪镇	门厅内，面对正厅	门厅、两厢廊、正厅	530	一层厢廊
上岙邵氏宗祠戏台	清咸丰五年（1855）	岭底乡	门厅内，面对正厅	门厅、两厢廊、正厅	310	一层厢廊
黄塘周氏大宗祠戏台	清咸丰十年（1860）	淡溪镇	门厅内，面对正厅	门厅、两厢廊、正厅	810	一层厢廊
北吕岙吕氏宗祠戏台	清	镇安乡	门厅内，面对正厅	门厅、两厢廊、正厅	489.20	一层厢廊
陈坦张氏大宗祠戏台	清咸丰年间	四都乡	门厅内，面对正厅	门厅、两厢廊、正厅	523	一层厢廊
长徽黄氏大宗祠戏台	清	雁湖乡	门厅内，面对正厅	门厅、两厢廊、正厅	650	

续表

（六）文成县古戏台（10座）

名称	修建时间	所处地点	与所属建筑、正厅关系	所属建筑院落结构	所属建筑院落规模（平方米）	两侧厢廊情况
方坑太阴宫戏台	清咸丰六年（1856）	平和乡	门厅内，面对正厅	门厅、两厢廊、正厅	1180	一层厢廊
岩头光陆氏宗祠戏台	清道光五年（1825）	黄坦镇	门厅内，面对正厅	门厅、两厢廊、正厅	405	一层厢廊
依仁石拱桥马氏天仙宫戏台	清嘉庆十六年（1811）	黄坦镇	门厅内，面对正厅	门厅、两厢廊、正厅	560	一层厢廊
黄凤垟王氏宗祠戏台	明建文三年（1401）	龙川乡	门厅内，面对正厅	门厅、两厢廊、正厅	803	一层厢廊
济下娘娘宫戏台	清道光十八年（1838）	黄坦镇	门厅内，面对正厅	门厅、两厢廊、正厅	405	二层厢廊
塘底垟文昌阁戏台	清光绪丁亥年（1887）	黄坦镇	门厅内，面对正厅	门厅、正厅	393	
稽垟朱祠戏台	明末	黄坦镇	门厅内	头门、门厅、两厢廊、正厅		一层厢廊
樟岭陈氏宗祠戏台	清乾隆丁亥年（1767）	樟台乡	门厅内，面对正厅	门厅、两厢廊、正厅	940	
周岙蒋氏宗祠戏台	清光绪十九年（1893）	黄坦镇	门厅内，面对正厅	门厅、两厢廊、正厅	417	一层厢廊
依仁叶氏宗祠戏台	清	黄坦镇	门厅内，面对正厅	门厅、两厢廊、正厅	431	

（七）泰顺县古戏台（9座）

名称	修建时间	所处地点	与所属建筑、正厅关系	所属建筑院落结构	所属建筑院落规模（平方米）	两侧厢廊情况
北坑大翁宫戏台	清	筱村镇	门厅内，面对正厅	门楼、门厅、两厢廊、正厅	1201	一层厢廊
枫林吴氏大宗祠戏台	清	筱村镇	门厅内，面对正厅	门厅、两厢廊、正厅	600	一层厢廊
库村吴氏宗祠戏台	清	新浦乡	门厅内，面对正厅	门厅、两厢廊、正厅	450	

续表

名称	修建时间	所处地点	与所属建筑、正厅关系	所属建筑院落结构	所属建筑院落规模（平方米）	两侧厢廊情况
贝谷徐氏宗祠戏台	清乾隆辛亥年（1791）	下洪乡	门厅内，面对正厅	山门、门厅、两厢廊、正厅	828	一层厢廊
东垟水尾宫戏台	清	筱村镇	门厅内，面对正厅	门厅、两厢廊、正厅	380	一层厢廊
横岗众厅戏台	清同治年间	罗阳镇	门厅内，面对正厅	门厅、两厢廊、正厅	580	一层厢廊
南峤包氏宗祠戏台	清光绪年间	新浦乡	门厅内，面对正厅	门楼、前厅、两厢廊、正厅	610	一层厢廊
徐岙底吴氏宗祠戏台	清	筱村镇	祠内，门厅外，面对正厅	门楼、门厅、两厢廊、正厅	1247	
垟边苏氏宗祠戏台	清咸丰八年（1858）	垟溪乡	门厅内，面对正厅	门厅、两厢廊、正厅	747	一层厢廊

（八）瓯海区古戏台（7座）

名称	修建时间	所处地点	与所属建筑、正厅关系	所属建筑院落结构	所属建筑院落规模（平方米）	两侧厢廊情况
黄山宫戏台	清光绪十六年（1890）	泽雅镇	门厅内，面对正厅	门厅、两厢廊、正厅	400	
水碓坑十二宫戏台	清	泽雅镇	门厅内，面对正厅	门厅、两厢廊、正厅	356	
屿山庙戏台	清同治八年（1869）	泽雅镇	门厅内，面对正厅	门厅、两厢廊、正厅	277.20	
上蔡陈府庙戏台（路亭）	清	南白象街道	原位于陈府庙前，现位于新建陈府庙西侧，面对正厅			
焦下太阴宫戏台	清光绪年间	潘桥镇	门厅内，面对正厅	门厅、两厢廊、正厅	400	
穗丰刘基庙戏台	晚清	仙岩镇	门厅内，面对正厅	前厅、门厅、两厢廊、正厅	1257	一层厢廊

续表

名称	修建时间	所处地点	与所属建筑、正厅关系	所属建筑院落结构	所属建筑院落规模（平方米）	两侧厢廊情况
南村三港庙戏台	清乾隆五十一年（1786）	梧田街道	门厅内，面对正厅	门厅、两厢廊、正厅	381	

（九）鹿城区古戏台（3座）

名称	修建时间	所处地点	与所属建筑、正厅关系	所属建筑院落结构	所属建筑院落规模（平方米）	两侧厢廊情况
蒲州玄坛庙戏台	清早期	黎明街道	与门厅隔街相对，面对正厅	门厅、两厢廊、正厅	480	
蒲州西寮宫戏台	清嘉庆年间	黎明街道	门厅内，面对正厅	门台、门厅、两厢廊、正厅	570	一层厢廊
石垟林氏宗祠戏台	清同治己巳（1869）	藤桥镇	门厅内，面对正厅	门厅、两厢廊、正厅	354	

（十）洞头县古戏台（3座）

名称	修建时间	所处地点	与所属建筑、正厅关系	所属建筑院落结构	所属建筑院落规模（平方米）	两侧厢廊情况
东沙妈祖宫戏台	清乾隆年间	北岙镇	门厅内，面对正厅	门厅、两厢廊、正厅	433	二层厢廊
沙角天后宫戏台	清	元觉乡	门厅内，面对正厅	山门、门厅、两厢廊、正厅	366	二层厢廊
东岙陈府庙戏台	清同治二年（1863）	东屏镇	门厅内，面对正厅	门厅、两厢廊、正厅		二层厢廊

二　每座古戏台数据列表（二）

表6—2　　　　　温州每座古戏台数据列表（二）

（一）永嘉县古戏台（37座）

名称	外顶有无灰塑①	内顶样式②	彩绘、雕刻	建筑材料
芙蓉陈氏大宗祠戏台	无	平棋天花	无彩绘，有雕刻	通体木结构③
廊二孝思祠戏台	无	平棋天花	有彩绘、雕刻	通体木结构
上村永嘉郡祠戏台	无	平棋天花	油漆覆盖不可知有无彩绘，有雕刻，雕刻图案中嵌蓝色琉璃	通体木结构
方岙殿戏台	无	平棋天花	有彩绘、雕刻	通体木结构
邵园邵氏宗庙戏台	无	藻井	有彩绘、雕刻，雕刻图案中嵌蓝色琉璃	通体木结构
九房陈氏大宗祠戏台	无	藻井	多彩绘，有雕刻	通体木结构
下方叶氏大宗祠戏台	无	藻井	多彩绘，有雕刻	通体木结构
水碓湾孝佑宫戏台		平棋天花	多彩绘，有雕刻	通体木结构
六岙福星宗祠戏台	无	藻井	有彩绘、雕刻	通体木结构
北溪杨氏宗祠戏台	无	藻井	多彩绘，有雕刻	通体木结构
茶二赵氏大宗祠戏台		藻井	有彩绘、雕刻	通体木结构
槎川郑氏宗祠戏台	无	藻井	有彩绘、雕刻	通体木结构
陈坪陈氏祠堂戏台		平棋天花	无彩绘，有雕刻	通体木结构
澄田陈氏祠戏台	无	藻井	有彩绘、雕刻	通体木结构
福佑鲍公宗祠戏台	无	平棋天花	无彩绘，有雕刻	通体木结构
港头娘娘宫戏台	有	藻井	有彩绘、雕刻，雕刻图案中嵌蓝色琉璃	通体木结构

---

①　灰塑主要指用石灰为材料，在神庙、祠堂等建筑屋顶的屋脊、檐角部分塑造出色彩鲜艳、造型生动、种类丰富的人物、花鸟、瑞兽等，具有很强的装饰和寓意作用。

②　在我国古代建筑中，为遮蔽内顶的梁架等构件，使屋顶变得美观，一般会进行装饰，有的修成穹窿式的藻井，有的修成棋盘状的平棋天花，有的完全不进行任何装饰，直接将梁架等暴露在外面，即彻上明造。梁思成解释三者："藻井当栋中，交木如井，画以藻文，饰以莲华，缀其根于井中，其华下垂，故云倒也。" "今宫殿中，其上悉用草架梁栿承屋盖之重……于明栿背上……以平版贴华，谓之平棋。" "屋内不用平棋（天花板），梁架斗栱结构全部显露可见者谓之彻上明造。"梁思成：《营造法式注释》上册，中国建筑工业出版社1983年版，第35、35、109页。

③　本书所谓古戏台的通体木结构，是指除屋顶的外部覆瓦及底部的石质柱础外，其他部分都是木结构。

续表

名称	外顶有无灰塑	内顶样式	彩绘、雕刻	建筑材料
鹤泉吴氏宗祠戏台	无	平棋天花	无彩绘，有雕刻	通体木结构
苍坡李氏大宗祠戏台	无	平棋天花	无彩绘，有雕刻	通体木结构
山里宅章氏宗祠戏台	无	藻井	无彩绘，有雕刻，雕刻图案中嵌蓝色琉璃	通体木结构
上董太阴宫戏台	有	平棋天花	有彩绘、雕刻	通体木结构
石垟郑氏宗祠戏台	无	平棋天花	有彩绘、雕刻	通体木结构
塘上徐氏大宗祠戏台	无	藻井	多彩绘，有雕刻	通体木结构
岩头塔湖庙戏台	有	平棋天花	无彩绘，有雕刻	通体木结构
水头垟张氏大宗祠戏台	无	平棋天花	有彩绘、雕刻	通体木结构
桐州陈氏宗祠戏台	无	藻井	有彩绘、雕刻，雕刻图案中嵌蓝色琉璃	通体木结构
六龙李氏大宗祠戏台	有	藻井	通体彩绘，有雕刻	通体木结构
包岙陈氏大宗祠戏台	有	平棋天花	有彩绘、雕刻	通体木结构
岭根路上郑氏宗祠戏台	有	平棋天花	有彩绘、雕刻	通体木结构
东山下杨氏宗祠戏台	有	平棋天花	多彩绘，有雕刻	通体木结构
岩龙季氏大宗祠戏台	无	藻井	无彩绘，有雕刻	通体木结构
下一村陈氏大宗祠戏台	无	藻井	无彩绘，有雕刻	通体木结构
下庄李氏宗祠戏台	无	藻井	多彩绘，有雕刻	通体木结构
小茅垟周氏宗祠戏台	无	平棋天花	无彩绘，有雕刻	通体木结构
岩山钱氏宗祠戏台	无	藻井	有彩绘、雕刻	通体木结构
岩上谢氏宗祠戏台	无	平棋天花	无彩绘，有雕刻	通体木结构
银泉陈氏宗祠戏台	有	平棋天花	多彩绘，有雕刻	通体木结构
张大屋老宗祠戏台	无	藻井	多彩绘，有雕刻	通体木结构

（二）瑞安市古戏台（17座）

名称	外顶有无灰塑	内顶样式	彩绘、雕刻	建筑材料
六科卢氏宗祠戏台	有	藻井	有彩绘、雕刻	通体木结构
高旺宫戏台	无	平棋天花	有彩绘、雕刻	通体木结构
大梅光明院戏台	有	藻井	有彩绘、雕刻，雕刻图案中嵌蓝色琉璃	通体木结构
东安硐桥广济庙戏台		藻井	有彩绘、雕刻	通体木结构
安阳隆山宫戏台	无	藻井	有彩绘、雕刻	通体木结构
三圣门月井殿戏台	有	藻井	有彩绘、雕刻	通体木结构

续表

名称	外顶有无灰塑	内顶样式	彩绘、雕刻	建筑材料
下泽殿戏台	无	藻井	无彩绘，有雕刻	通体木结构
罗溪太阴宫戏台	无	藻井	有彩绘、雕刻，雕刻图案中嵌蓝色琉璃	通体木结构
马车湾宫戏台	有	平棋天花	有彩绘，无雕刻	通体木结构
南岙太阴宫戏台	无	平棋天花	多彩绘，无雕刻	通体木结构
南翔宫戏台	有	藻井	无彩绘，有雕刻，雕刻图案中嵌蓝色琉璃	通体木结构
水坑宫戏台	有	平棋天花	有彩绘、雕刻	通体木结构
下店太阴宫戏台	有	平棋天花	有彩绘、雕刻	通体木结构
潘山宫戏台	有	平棋天花	无彩绘，有雕刻，雕刻图案中嵌蓝色琉璃	通体木结构
吴堡宫戏台	无	藻井	无彩绘，有雕刻，雕刻图案中嵌蓝色琉璃	通体木结构
上灶夏圣庙戏台		藻井	有彩绘、雕刻	通体木结构
山皇娘娘宫戏台	无	平棋天花	无彩绘，有雕刻	通体木结构

（三）苍南县古戏台（14座）

名称	外顶有无灰塑	内顶样式	彩绘、雕刻	建筑材料
富山杨府宫戏台	有	藻井	有彩绘、雕刻，雕刻图案中嵌蓝色琉璃	通体木结构
碗窑三官庙戏台	有	藻井	有彩绘、雕刻，雕刻图案中嵌蓝色琉璃	通体木结构
鲸头杨府殿戏台	有	藻井	有彩绘、雕刻	通体木结构
金乡城隍庙戏台	有	平棋天花	有彩绘、雕刻	通体木结构
关帝庙戏台		藻井	无彩绘，有雕刻，雕刻图案中嵌蓝色琉璃	通体木结构
黎垟马仙宫戏台	无	藻井	无彩绘，有雕刻，雕刻图案中嵌蓝色琉璃	通体木结构
新凤上春宫戏台		藻井	有彩绘、雕刻，雕刻图案中嵌蓝色琉璃	通体木结构
小姑真武庙戏台	无	藻井	有彩绘、雕刻	通体木结构
南岙宫戏台	无	藻井	多彩绘，有雕刻	通体木结构
过溪打铁宫戏台		藻井	无彩绘，有雕刻，雕刻图案中嵌蓝色琉璃	通体木结构

续表

名称	外顶有无灰塑	内顶样式	彩绘、雕刻	建筑材料
九堡瑞灵宫戏台	无	藻井	无彩绘，有雕刻	通体木结构
上村兴林宫戏台	无	平棋天花	有彩绘、雕刻，雕刻图案中嵌蓝色琉璃	通体木结构
新岙娘娘宫戏台		藻井	有彩绘、雕刻	通体木结构
银湖雁腾宫戏台	无	藻井	无彩绘，有雕刻，雕刻图案中嵌蓝色琉璃	通体木结构

（四）平阳县古戏台（13座）

名称	外顶有无灰塑	内顶样式	彩绘、雕刻	建筑材料
带溪忠训庙戏台	有	藻井	有彩绘、雕刻	通体木结构
横平安顺宫戏台	有	平棋天花	有彩绘、雕刻	通体木结构
龙湖通福殿戏台	无	藻井	有彩绘、雕刻	通体木结构
塘北上源殿戏台	有	藻井	有彩绘、雕刻，雕刻图案中嵌蓝色琉璃	通体木结构
南网宫戏台	无	平棋天花	有彩绘、雕刻，雕刻图案中嵌蓝色琉璃	通体木结构
雷渎宫戏台	无	藻井	无彩绘，有雕刻，雕刻图案中嵌蓝色琉璃	通体木结构
碇步头宫戏台	有	藻井	无彩绘，有雕刻，雕刻图案中嵌蓝色琉璃	通体木结构
法洪宫戏台	无	藻井	无彩绘，有雕刻，雕刻图案中嵌蓝色琉璃	通体木结构
联源林氏宗祠戏台	有	平棋天花	无彩绘，有雕刻，雕刻图案中嵌蓝色琉璃	通体木结构
平棋龙岩山殿戏台	无	藻井	无彩绘，有雕刻	通体木结构
增光井洪家洞宫戏台	有	藻井	无彩绘，有雕刻，雕刻图案中嵌蓝色琉璃	通体木结构
中心余潘宫戏台	无	藻井	无彩绘，有雕刻，雕刻图案中嵌蓝色琉璃	通体木结构
青湾太平殿戏台	无	藻井	无彩绘，有雕刻	通体木结构

（五）乐清市古戏台（12座）

名称	外顶有无灰塑	内顶样式	彩绘、雕刻	建筑材料
大乌石雷公殿戏台	有	藻井	无彩绘，有雕刻	通体木结构

续表

名称	外顶有无灰塑	内顶样式	彩绘、雕刻	建筑材料
大周山余章宗祠戏台	无	戏台与正厅连接成两连贯屋顶,其中戏台顶为藻井,另一个顶为平棋天花	多彩绘,有雕刻,雕刻图案中嵌蓝色琉璃	通体木结构
田岙李氏宗祠戏台		戏台与正厅连接成两连贯屋顶,其中戏台顶为藻井,另一个顶为平棋天花	有彩绘,无雕刻	通体木结构
后垟二十九房林氏宗祠戏台	有	平棋天花	有彩绘、雕刻	通体木结构
樟下施氏宗祠戏台	无	戏台与正厅连接为三连贯屋顶,三个都为平棋天花	有彩绘、雕刻	通体木结构
黄檀硐卢氏宗祠戏台	无	藻井	有彩绘、雕刻	通体木结构
西林林氏大宗祠戏台	有	平棋天花	无彩绘、雕刻	通体木结构
上岙邵氏宗祠戏台		藻井	无彩绘,有雕刻,雕刻图案中嵌蓝色琉璃	通体木结构
黄塘周氏大宗祠戏台	有	平棋天花	无彩绘、雕刻	通体木结构
北吕岙吕氏宗祠戏台	无	戏台与正厅连接成三连贯屋顶,三个顶都为彻上明造	无彩绘、雕刻	通体木结构
陈坦张氏大宗祠戏台	有	平棋天花	有彩绘,多雕刻	通体木结构
长徽黄氏大宗祠戏台	无	平棋天花	有彩绘,无雕刻	通体木结构

(六)文成县古戏台(10座)

名称	外顶有无灰塑	内顶样式	彩绘、雕刻	建筑材料
方坑太阴宫戏台	有	藻井	有彩绘、雕刻,雕刻图案中嵌蓝色琉璃	通体木结构
岩头光陆氏宗祠戏台	无	藻井	无彩绘,有雕刻	通体木结构
依仁石拱桥马氏天仙宫戏台	有	平棋天花	多彩绘,有雕刻	通体木结构
黄凤垟王氏宗祠戏台	无	平棋天花	有彩绘、雕刻,雕刻图案中嵌蓝色琉璃	通体木结构
济下娘娘宫戏台	无	彻上明造	无彩绘,有雕刻,雕刻图案中嵌蓝色琉璃	通体木结构
塘底垟文昌阁戏台	有		无彩绘,多雕刻	通体木结构

续表

名称	外顶有无灰塑	内顶样式	彩绘、雕刻	建筑材料
稽垟朱祠戏台	有	平棋天花	有彩绘、雕刻	通体木结构
樟岭陈氏宗祠戏台	无	平棋天花	有彩绘、雕刻，雕刻图案中嵌蓝色琉璃	通体木结构
周岙蒋氏宗祠戏台	无	彻上明造	无彩绘，有雕刻	通体木结构
依仁叶氏宗祠戏台		平棋天花	有彩绘、雕刻，台版栏杆为西洋瓶式	通体木结构

（七）泰顺县古戏台（9座）

名称	外顶有无灰塑	内顶样式	彩绘、雕刻	建筑材料
北坑大翁宫戏台	有	藻井	多彩绘，有雕刻	通体木结构
枫林吴氏大宗祠戏台	有	藻井	无彩绘，有雕刻	通体木结构
库村吴氏宗祠戏台		藻井	无彩绘，有雕刻	通体木结构
贝谷徐氏宗祠戏台	无	彻上明造	无彩绘，有雕刻	通体木结构
东垟水尾宫戏台	无	藻井	有彩绘、雕刻	通体木结构
横岗众厅戏台	无		无彩绘，有雕刻	通体木结构
南峤包氏宗祠戏台	有	彻上明造	无彩绘，有雕刻	通体木结构
徐岙底吴氏宗祠戏台	有	彻上明造	无彩绘，有雕刻	通体木结构
垟边苏氏宗祠戏台	有		有雕刻	通体木结构

（八）瓯海区古戏台（7座）

名称	外顶有无灰塑	内顶样式	彩绘、雕刻	建筑材料
黄山宫戏台	有	藻井	多彩绘，有雕刻	通体木结构
水碓坑十二宫戏台	无	藻井	多彩绘，有雕刻	通体木结构
屿山庙戏台	有	藻井	有彩绘、雕刻	通体木结构
上蔡陈府庙戏台		平棋天花	多彩绘，有雕刻	通体木结构
焦下太阴宫戏台		平棋天花	多彩绘，无雕刻	通体木结构
穗丰刘基庙戏台	有	平棋天花	有彩绘，无雕刻	通体木结构
南村三港庙戏台		平棋天花	有彩绘，无雕刻	通体木结构

（九）鹿城区古戏台（3座）

名称	外顶有无灰塑	内顶样式	彩绘、雕刻	建筑材料
蒲州玄坛庙戏台	有	藻井	有彩绘、雕刻	通体木结构

续表

名称	外顶有无灰塑	内顶样式	彩绘、雕刻	建筑材料
蒲州西寮宫戏台	无	平棋天花	有彩绘、雕刻	通体木结构
石垟林氏宗祠戏台	无	藻井	无彩绘、雕刻	通体木结构

（十）洞头县古戏台（3座）

名称	外顶有无灰塑	内顶样式	彩绘、雕刻	建筑材料
东沙妈祖宫戏台	有	藻井	有彩绘、雕刻，雕刻图案中嵌蓝色琉璃	通体木结构
沙角天后宫戏台	有	平棋天花	通体彩绘，有雕刻	通体木结构
东岙陈府庙戏台	无	藻井	有彩绘、雕刻	通体木结构

三　每座古戏台数据列表（三）

表6—3　　温州每座古戏台数据列表（三）

（一）永嘉县古戏台（37座）

名称	几开间	形状	是否前凸	几面观	两侧有无副台[①]	朝向	是否分前后台	后台与门厅关系
芙蓉陈氏大宗祠戏台	1	方形平面	是	3	一侧有	坐东朝西	分	用木质踏步和门厅连接
廊二孝思祠戏台	1	方形平面	是	3	一侧有	坐东朝西	分	用木质踏步和门厅连接
上村永嘉郡祠戏台	1	方形平面	是	3	一侧有	坐南朝北	分	
方岙殿戏台	1	方形平面	是	3	无	坐南朝北	分	
邵园邵氏宗庙戏台	1	方形平面	是	3	一侧有	坐南朝北	分	用木质踏步和门厅连接
九房陈氏大宗祠戏台		方形平面						
下方叶氏大宗祠戏台	1	方形平面	是	3	无	坐西南朝东北	分	
水碓湾孝佑宫戏台	1	方形平面	是	3	无	坐西朝东		

---

① 副台是指设置在戏台左、右两侧，用于安置戏曲伴奏乐队文武场的空间。

续表

名称	几开间	形状	是否前凸	几面观	两侧有无副台	朝向	是否分前后台	后台与门厅关系
六岙福星宗祠戏台	1	方形平面	是	3	无	坐西北朝东南	分	用木质踏步和门厅连接
北溪杨氏宗祠戏台	1	方形平面	是	3	无	坐北朝南		
茶二赵氏大宗祠戏台	1	方形平面	是	3	无	坐南朝北	分	用木质踏步和门厅连接
槎川郑氏宗祠戏台	1	方形平面	是	3	无	坐南朝北	分	
陈坪陈氏祠堂戏台		方形平面				坐西南朝东北	分	
澄田陈氏宗祠戏台	1	方形平面	是	3	无	坐西南朝东北	分	
福佑鲍公宗祠戏台	1	方形平面	是	3	无	坐南朝北	分	用木质踏步和门厅连接
港头娘娘宫戏台	1	方形平面	是	3	无	坐东南朝西北	分	用木质踏步和门厅连接
鹤泉吴氏宗祠戏台	1	方形平面	是	3	无	坐东南朝西北	分	用木质踏步和门厅连接
苍坡李氏大宗祠戏台	1	方形平面	是	3	无	坐西朝东	分	用木质踏步和门厅连接
山里宅章氏宗祠戏台	1	方形平面	是	3	无	坐北朝南	分	
上董太阴宫戏台	1	方形平面	否	3	两侧有	坐西南朝东北	分	
石垟郑氏宗祠戏台	1	方形平面	是	3	无	坐南朝北	分	
塘上徐氏大宗祠戏台	1	方形平面	是	3	无	坐西朝东	分	用木质踏步和门厅连接
岩头塔湖庙戏台	1	方形平面	是	3	无	坐北朝南		
水头垟张氏大宗祠戏台		方形平面				坐西北朝东南	分	用木质踏步和门厅连接
桐州陈氏宗祠戏台	1	方形平面	是	3	无	坐南朝北	分	用木制踏步和门厅连接
六龙李氏大宗祠戏台	1	方形平面	是	3	两侧有	坐东北朝西南		
包岙陈氏大宗祠戏台	1	方形平面	是	3	两侧有	坐西朝东	分	

续表

名称	几开间	形状	是否前凸	几面观	两侧有无副台	朝向	是否分前后台	后台与门厅关系
岭根路上郑氏宗祠戏台	1	方形平面	是	3	无	坐东南朝西北	分	用木质踏步和门厅连接
东山下杨氏宗祠戏台	1	方形平面	是	3	无	坐西北朝东南		
岩龙季氏大宗祠戏台	1	方形平面	是	3	无	坐南朝北	分	用木质踏步和门厅连接
下一村陈氏大宗祠戏台	1	方形平面	是	3	两侧有	坐南朝北	分	用木质踏步和门厅连接
下庄李氏宗祠戏台	1	方形平面	否	3	无	坐西朝东	分	用木质踏步和门厅连接
小茅垟周氏宗祠戏台	1	方形平面	是	3	无	坐南朝北	分	
岩山钱氏宗祠戏台	1	方形平面	是	3	无	坐西南朝东北	分	用木质踏步和门厅连接
岩上谢氏宗祠戏台	1	方形平面	是	3	无	坐北朝南偏西	分	用木质踏步和门厅连接
银泉陈氏宗祠戏台	1	方形平面	是	3	两侧有	坐东南朝西北	分	用木质踏步和门厅连接
张大屋老宗祠戏台	1	方形平面				坐东朝西	分	用木质踏步和门厅连接

（二）瑞安市古戏台（17座）

名称	几开间	形状	是否前凸	几面观	两侧有无副台	朝向	是否分前后台	后台与门厅的关系
六科卢氏宗祠戏台	1	方形平面	是	3	无	坐西朝东	分	
高旺宫戏台	1	方形平面	是	3	无	坐西南朝东北	分	用木质踏步和门厅连接
大梅光明院戏台	1	方形平面	是	3	无	坐东朝西偏南	分	
东安硐桥广济庙戏台	1	方形平面	是	3	无	坐东朝西		
安阳隆山宫戏台	1	方形平面	是	3	一侧有	坐西朝东偏南		
三圣门月井殿戏台	1	方形平面	否	3	一侧有	坐西南朝东北		
下泽殿戏台	1	方形平面	否	3	无	坐东朝西	分	用木质踏步和门厅连接

续表

名称	几开间	形状	是否前凸	几面观	两侧有无副台	朝向	是否分前后台	后台与门厅的关系
罗溪太阴宫戏台	1	方形平面	是	3	无	坐西朝东	分	
马车湾宫戏台	1	方形平面	否	3	无	坐西北朝东南	分	
南岙太阴宫戏台	1	方形平面	否	3	无	坐南朝北	分	
南翔宫戏台	1	方形平面	是	3	无	坐东北朝西南	分	用木质踏步和门厅连接
水坑宫戏台	1	方形平面	否	3	无	坐南朝北	分	
下店太阴宫戏台	1	方形平面	否	3	无	坐南朝北偏西	分	
潘山宫戏台	1	方形平面	是	3		坐西朝东	分	用木质踏步和门厅连接
吴堡宫戏台	1	方形平面	否	3	一侧有	坐西南朝东北	分	用木质踏步和门厅连接
上灶夏圣庙戏台	1	方形平面	否	3	两侧有	坐南朝北偏东	分	
山皇娘娘宫戏台	1	方形平面	否	3	无	坐西朝东偏南	分	用木质踏步和门厅连接

（三）苍南县古戏台（14座）

名称	几开间	形状	是否前凸	几面观	两侧有无副台	朝向	是否分前后台	后台与门厅的关系
富山杨府宫戏台	1	方形平面	是	3	无	坐东朝西	分	用木质踏步和门厅连接
碗窑三官庙戏台	1	方形平面	是	3	无	坐西南朝东北		
鲸头杨府殿戏台	1	方形平面	是	3	无	坐南朝北	分	用木质踏步和门厅连接
金乡城隍庙戏台	1	方形平面	是	3	无	坐南朝北		
关帝庙戏台	1	方形平面	否	3	无	坐西北朝东南		
黎垟马仙宫戏台	1	方形平面	是	3	无	坐东南面西北	分	
新凤上春宫戏台	1	方形平面	是	3	两侧有	坐西朝东		

续表

名称	几开间	形状	是否前凸	几面观	两侧有无副台	朝向	是否分前后台	后台与门厅的关系
小姑真武庙戏台	1		否	3	无	坐西北面东南		
南岙宫戏台	1	方形平面	否	3	无	坐南面北	分	
过溪打铁宫戏台	1	方形平面	是	3	无	坐东南面西北		
九堡瑞灵宫戏台	1	方形平面	是	3	无	坐东朝西	分	用木质踏步和门厅连接
上村兴林宫戏台	1	方形平面	是	3	无	坐北面南	分	用木质踏步和门厅连接
新岙娘娘宫戏台	1	方形平面	否	3	无	坐北面南	分	用木质踏步和门厅连接
银湖雁腾宫戏台	1	方形平面	否	3	无	坐西南面东北		

（四）平阳县古戏台（13座）

名称	几开间	形状	是否前凸	几面观	两侧有无副台	朝向	是否分前后台	后台与门厅的关系
带溪忠训庙戏台	1	方形平面	是	3	无	坐西北朝东南	分	
横平安顺宫戏台	1	方形平面	是	3	无	坐西南面东北	分	用木质踏步和门厅连接
龙湖通福殿戏台	1	方形平面	是	3	无	坐北朝南	分	
塘北上源殿戏台	1	方形平面	是	3	无	坐东北朝西南		
南网宫戏台	1	方形平面	是	3	无	坐北朝南		
雷渎宫戏台	1	方形平面	是	3	无	坐南朝北	分	用木质踏步和门厅连接
碇步头宫戏台	1	方形平面	是	3	一侧有	坐西北朝东南		用木质踏步和门厅连接
法洪宫戏台	1	方形平面	是	3	无	坐西南朝东北	分	用木质踏步和门厅连接
联源林氏宗祠戏台	1	方形平面	是	3	一侧有	坐西南朝东北	分	
平棋龙岩山殿戏台	1	方形平面	是	3	无	坐南朝北	分	

续表

名称	几开间	形状	是否前凸	几面观	两侧有无副台	朝向	是否分前后台	后台与门厅的关系
增光井洪家洞宫戏台	1	方形平面	是	3	无	坐南朝北	分	
中心余潘宫戏台	1	方形平面	是	3	无	坐东北朝西南	分	
青湾太平殿戏台	1	方形平面	是	3	一侧有	坐西朝东	分	用木质踏步和门厅连接

（五）乐清市古戏台（12座）

名称	几开间	形状	是否前凸	几面观	两侧有无副台	朝向	是否分前后台	后台与门厅的关系
大乌石雷公殿戏台	1	方形平面	是	3	无	坐西南朝东北		
大周山余章宗祠戏台	1	方形平面	是	3	无	坐南朝北		
田岙李氏宗祠戏台	1	方形平面	是	3	两侧有	坐南朝北		
后垟二十九房林氏宗祠戏台	1	方形平面	是	3	无	坐东朝西	分	用木质踏步和门厅连接
樟下施氏宗祠戏台	1	方形平面	是	3	两侧有	坐南朝北	分	用木质踏步和门厅连接
黄檀硐卢氏宗祠戏台	1	方形平面	否	3	无	坐北朝南	分	
西林林氏大宗祠戏台	1	方形平面	是	3	无	坐南朝北	分	用木质踏步和门厅连接
上岙邵氏宗祠戏台	1	方形平面	是	3	无	坐南朝北	分	
黄塘周氏大宗祠戏台	1	方形平面	是	3	无	坐南朝北	分	
北吕岙吕氏宗祠戏台	1	方形平面	是	3	无	坐东朝西	分	用木质踏步和门厅连接
陈坦张氏大宗祠戏台	1	方形平面	是	3	无	坐东朝西	分	用木质踏步和门厅连接
长徼黄氏大宗祠戏台	1	方形平面	否	3	无	坐西北朝东南		

续表

（六）文成县古戏台（10座）

名称	几开间	形状	是否前凸	几面观	两侧有无副台	朝向	是否分前后台	后台与门厅的关系
方坑太阴宫戏台	1	方形平面	否	3	无	坐南朝北	分	用木质踏步和门厅连接
岩头光陆氏宗祠戏台	1	方形平面	是	3	一侧有	坐东北朝西南	分	用木质踏步和门厅连接
依仁石拱桥马氏天仙宫戏台	1	方形平面	否	3	无		分	用木质踏步和门厅连接
黄凤垟王氏宗祠戏台	1	方形平面	是	3	无	坐南朝北	分	用木质踏步和门厅连接
济下娘娘宫戏台	1	方形平面	是	3	无	坐东南面西北	分	用木质踏步和门厅连接
塘底垟文昌阁戏台	1	方形平面	否	3	无	坐东北朝西南		
稽垟朱祠戏台	1	方形平面	是	3	一侧有	坐东朝西		
樟岭陈氏宗祠戏台	1	方形平面	是	3	无	坐东朝西		
周岙蒋氏宗祠戏台	1	方形平面	是	3	两侧有	坐北朝南		
依仁叶氏宗祠戏台	1	方形平面	是	3		坐东北朝西南	分	

（七）泰顺县古戏台（9座）

名称	几开间	形状	是否前凸	几面观	两侧有无副台	朝向	是否分前后台	后台与门厅的关系
北坑大翁宫戏台	1	方形平面	是	3	两侧有	坐西南朝东北		
枫林吴氏大宗祠戏台	1	方形平面	是	3	无	坐西南朝东北	分	
库村吴氏宗祠戏台	1	方形平面	是	3	一侧有	坐东北朝西南	分	
贝谷徐氏宗祠戏台	1	方形平面	否	1		坐东朝西	分	用木质踏步和门厅连接
东垟水尾宫戏台	1	方形平面	是	3	无	坐南朝北	分	

续表

名称	几开间	形状	是否前凸	几面观	两侧有无副台	朝向	是否分前后台	后台与门厅的关系
横岗众厅戏台	1	方形平面	是	3	无	坐西北朝东南	分	用木质踏步和门厅连接
南峤包氏宗祠戏台	1	方形平面	是	3	无	坐南朝北	分	用木质踏步和门厅连接
徐岙底吴氏宗祠戏台	1	方形平面	是	3	无	坐东南朝西北	分	用木质踏步和门厅连接
垟边苏氏宗祠戏台	1	方形平面	是	3	无	坐南面北偏东	分	用木质踏步和门厅连接

（八）瓯海区古戏台（7座）

名称	几开间	形状	是否前凸	几面观	两侧有无副台	朝向	是否分前后台	后台与门厅的关系
黄山宫戏台	1	方形平面	是	3	无	坐南朝北	分	
水碓坑十二宫戏台	1	方形平面	否	3	一侧有	坐东朝西	分	
屿山庙戏台	1	方形平面	是	3	两侧有	坐南朝北	分	
上蔡陈府庙戏台	1	方形平面				坐西朝东		
焦下太阴宫戏台	1	方形平面	是	3	一侧有	坐东朝西	分	
穗丰刘基庙戏台	1	方形平面	否	3	无	坐东朝西	不分	
南村三港庙戏台	1	方形平面			两侧有	坐东朝西	分	用木质踏步与门厅相接

（九）鹿城区古戏台（3座）

名称	几开间	形状	是否前凸	几面观	两侧有无副台	朝向	是否分前后台	后台与门厅的关系
蒲州玄坛庙戏台	1	方形平面	是	3	无	坐北朝南		
蒲州西寮宫戏台	1	方形平面	是	3	无	坐南朝北		
石垟林氏宗祠戏台	1	方形平面	否	3	两侧有	坐南朝北	分	

续表

(十)洞头县古戏台（3座）

名称	几开间	形状	是否前凸	几面观	两侧有无副台	朝向	是否分前后台	后台与门厅的关系
东沙妈祖宫戏台	1	方形平面	否	3		坐南朝北		
沙角天后宫戏台	1	方形平面	是	3	两侧有	坐西南朝东北		
东岙陈府庙戏台	1	方形平面	否	3	无		分	用木质踏步和门厅连接

第二节 各县市区古戏台列表数据的分别统计

在第一节中，为了便于排版，各县市区每座古戏台数据列表时，分为三个表格。现在做数据统计时，每座古戏台的所有数据信息合在一起进行。

一 永嘉县共37座古戏台，各项数据统计如下

1. 所属建筑性质：5座位于神庙，32座位于祠堂。

2. 修建时间：明至清末，其中5座修建于明，32座修建于清。

3. 与所属建筑、正厅关系：35座位于整栋建筑内，1座在整栋建筑外，1座拆建为路亭。位于整栋建筑内的35座具体位置为：33座紧邻门厅，在门厅明间后檐；1座紧邻中厅，在中厅明间后檐；1座紧邻后厅，在后厅明间后檐。拆为路亭的1座，已不可知在原建筑内的具体位置。除拆为路亭的1座外，其余36座都面对正厅。

4. 所属建筑院落结构：29座属于由门厅、两厢廊、正厅组成的两进合院式结构，1座属于由正厅、两厢廊、后厅组成的两进合院式结构，2座属于由山门（门台）、门厅、两厢廊、正厅组成的三进合院式结构，1座属于由前厅、中厅、两厢廊、正厅组成的三进合院式结构，1座属于由门厅、两厢廊、中厅、后厅组成的三进合院式结构，1座属于由门台、门厅、正厅组成的三进式结构，1座属于由山门、门台、门厅、两厢廊、正厅组成的四进合院式结构。

5. 所属建筑院落规模：可知的36座院落的平均面积是705.65平方米。其中30座两进式院落面积在342.35平方米至1984.30平方米之间，平均

648.20 平方米；5 座三进式院落面积在 422.50 平方米至 2000 平方米之间，平均 1061.43 平方米；1 座四进式院落的面积为 650 平方米。

6. 两侧厢廊情况：其中 22 座院落两边有一层厢廊，9 座院落两边有二层厢廊。

7. 外顶有无灰塑：8 座有，26 座没有。

8. 内顶样式：18 座为藻井，19 座为平棋天花。

9. 彩绘、雕刻：1 座通体彩绘、有雕刻，9 座多彩绘、有雕刻，15 座有彩绘、雕刻，11 座无彩绘、有雕刻，1 座表面被现代油漆覆盖，看不出原来有无彩绘，但有雕刻。其中 5 座的雕刻图案中嵌有蓝色琉璃。

10. 建筑材料：37 座都为通体木结构。

11. 几开间、形状：34 座为 1 开间，37 座都为方形平面。

12. 是否前凸、几面观：31 座前凸，2 座没有前凸；33 座 3 面观。

13. 两侧有无副台：5 座两侧有副台，4 座一侧有副台，24 座没有副台。

14. 朝向：3 座坐北朝南，1 座坐北朝南偏西，1 座坐东北朝西南，3 座坐东朝西，4 座坐东南朝西北，11 座坐南朝北，5 座坐西南朝东北，5 座坐西朝东，3 座坐西北朝东南。

15. 是否分前后台、后台与门厅的关系：31 座分前后台，20 座用木质踏步和门厅连接。

二　瑞安市共 17 座古戏台，各项数据统计如下

1. 所属建筑性质：16 座位于神庙，1 座位于祠堂。

2. 修建时间：17 座全部建于清。

3. 与所属建筑、正厅关系：17 座全部在整栋建筑内，紧邻门厅，在门厅明间后檐；17 座戏台都面对正厅。

4. 所属建筑院落结构：15 座是由门厅、两厢廊、正厅组成的两进合院式结构，1 座是由前厅、门厅、两厢廊、正厅组成的三进合院式结构，1 座是由台门、门厅、两厢廊、正厅组成的三进合院式结构。

5. 所属建筑院落规模：可知的 16 座院落的平均面积是 449.78 平方米。其中 14 座两进式院落的面积在 230.50 平方米至 770 平方米之间，平均 452.17 平方米；2 座三进式院落的面积在 352 平方米至 514 平方米之间，平

均 433 平方米。

6. 两侧厢廊情况：其中 13 座院落两边为一层厢廊，1 座院落两边为二层厢廊。

7. 外顶有无灰塑：8 座有，7 座没有。

8. 内顶样式：10 座为藻井，7 座为平棋天花。

9. 彩绘、雕刻：10 座有彩绘、雕刻，5 座无彩绘、有雕刻，1 座多彩绘、无雕刻，1 座有彩绘、无雕刻。其中 5 座的雕刻图案中嵌有蓝色琉璃。

10. 建筑材料：17 座都为通体木结构。

11. 几开间、形状：17 座全为 1 开间，17 座都为方形平面。

12. 是否前凸、几面观：8 座前凸，9 座没有前凸；17 座全为 3 面观。

13. 两侧有无副台：1 座两侧有副台，3 座一侧有副台，12 座没有副台。

14. 朝向：1 座坐东北朝西南，1 座坐东朝西偏南，2 座坐东朝西，1 座坐南朝北偏东，2 座坐南朝北，1 座坐南朝北偏西，3 座坐西南朝东北，2 座坐西朝东偏南，3 座坐西朝东，1 座坐西北朝东南。

15. 是否分前后台、后台与门厅的关系：14 座分前后台，6 座用木质踏步和门厅连接。

三 苍南县共 14 座古戏台，各项数据统计如下

1. 所属建筑性质：14 座全部位于神庙。

2. 修建时间：14 座全部修建于清。

3. 与所属建筑、正厅关系：12 座在整栋建筑内，其中 11 座紧邻门厅，在门厅明间后檐，1 座在前厅内；1 座在庙前；1 座原在杨府殿内，因殿重建，被搬迁至西侧；13 座戏台面对正厅。

4. 所属建筑院落结构：8 座是由门厅、两厢廊、正厅组成的两进合院式结构；1 座是由门厅、正厅组成两进式结构。

5. 所属建筑院落规模：可知的 7 座两进式院落的面积在 175 平方米至 884 平方米之间，平均 456.57 平方米。

6. 两侧厢廊情况：其中 4 座院落两边为一层厢廊，3 座两边为二层厢廊。

7. 外顶有无灰塑：4 座有，6 座没有。

8. 内顶样式：12 座为藻井，2 座为平棋天花。

9. 彩绘、雕刻：1 座多彩绘、有雕刻，8 座有彩绘、雕刻，5 座无彩绘、有雕刻。8 座雕刻图案中嵌有蓝色琉璃。

10. 建筑材料：14 座都为通体木结构。

11. 几开间、形状：14 座全为 1 开间，13 座为方形平面。

12. 是否前凸、几面观：9 座前凸，5 座没有前凸；14 座全为 3 面观。

13. 两侧有无副台：1 座两侧有副台，13 座没有副台。

14. 朝向：2 座坐北朝南，2 座坐东朝西，2 座坐东南朝西北，3 座坐南朝北，2 座坐西南朝东北，1 座坐西朝东，2 座坐西北朝东南。

15. 是否分前后台、后台与门厅的关系：7 座分前后台，5 座用木质踏步和门厅连接。

四　平阳县共 13 座古戏台，各项数据统计如下

1. 所属建筑性质：12 座位于神庙，1 座位于祠堂。

2. 修建时间：13 座全部修建于清。

3. 与所属建筑、正厅关系：13 座全部在整栋建筑内，紧邻门厅，在门厅明间后檐；13 座戏台都面对正厅。

4. 所属建筑院落结构：12 座是由门厅、两厢廊、正厅组成的两进合院式结构；1 座是由门台、门厅、两厢廊、正厅组成的三进合院式结构。

5. 所属建筑院落规模：可知的 12 座院落的平均面积是 571.78 平方米。其中 11 座两进式院落面积在 401.73 平方米至 800 平方米之间，平均 524.12 平方米；1 座三进式院落面积为 1096 平方米。

6. 两侧厢廊情况：12 座院落两边为一层厢廊。

7. 外顶有无灰塑：6 座有，7 座没有。

8. 内顶样式：10 座为藻井，3 座为平棋天花。

9. 彩绘、雕刻：5 座有彩绘、雕刻，8 座无彩绘、有雕刻。其中 8 座雕刻图案中嵌有蓝色琉璃。

10. 建筑材料：13 座都为通体木结构。

11. 几开间、形状：13 座全为 1 开间，13 座都为方形平面。

12. 是否前凸、几面观：13 座全部前凸，13 座全为 3 面观。

13. 两侧有无副台：3 座一侧有副台，10 座没有副台。

14. 朝向：2座坐北朝南，2座坐东北朝西南，3座坐南朝北，3座坐西南朝东北，1座坐西朝东，2座坐西北朝东南。

15. 是否分前后台、后台与门厅的关系：11座分前后台，5座用木质踏步和门厅连接。

五　乐清市共12座古戏台，各项数据统计如下

1. 所属建筑性质：1座位于神庙，11座位于祠堂。

2. 修建时间：12座都修建于清。

3. 与所属建筑、正厅关系：12座全部位于整栋建筑内，紧邻门厅，在门厅明间后檐；12座戏台都面对正厅。

4. 所属建筑院落结构：10座是由门厅、两厢廊、正厅组成的两进合院式结构，2座是由台门、门厅、两厢廊、正厅组成的三进合院式结构。

5. 所属建筑院落规模：12座院落的平均面积是565.55平方米。其中10座两进式院落面积在310—810平方米之间，平均515.42平方米；2座三进式院落面积在634.4—998平方米之间，平均816.2平方米。

6. 两侧厢廊情况：8座两边为一层厢廊，3座为二层厢廊。

7. 外顶有无灰塑：5座有，5座没有。

8. 内顶样式：5座为藻井，6座为平棋天花，1座为彻上明造。其中2座的屋顶向正厅方向各延伸一间，与正厅屋顶连接，形成一个两连贯屋顶的连接性勾连廊；2座的屋顶向正厅方向各延伸两间，与正厅屋顶连接，形成一个三连贯屋顶的连接性勾连廊。

9. 彩绘、雕刻：1座多彩绘、有雕刻，1座有彩绘、多雕刻，3座有彩绘、雕刻，2座有彩绘、无雕刻，2座无彩绘、有雕刻，3座无彩绘、雕刻。其中2座雕刻图案中嵌有蓝色琉璃。

10. 建筑材料：12座都为通体木结构。

11. 几开间、形状：12座全为1开间，12座都为方形平面。

12. 是否前凸、几面观：10座前凸，2座没有前凸；12座都为3面观。

13. 两侧有无副台：2座两侧有副台，10座没有副台。

14. 朝向：1座坐北朝南，3座坐东朝西，6座坐南朝北，1座坐西南朝东北，1座坐西北朝东南。

15. 是否分前后台、后台与门厅的关系：8座分前后台，5座用木质踏步和门厅连接。

六 文成县共10座古戏台，各项数据统计如下

1. 所属建筑性质：4座位于神庙，6座位于祠堂。

2. 修建时间：从明至清。其中明2座，清8座。

3. 与所属建筑、正厅关系：10座全部在整栋建筑内，紧邻门厅，在门厅明间后檐；9座戏台面对正厅。

4. 所属建筑院落结构：8座是由门厅、两厢廊、正厅组成的两进合院式结构，1座是由门厅、正厅组成的两进式结构，1座是由头门、门厅、两厢廊、正厅组成的三进合院式结构。

5. 所属建筑院落规模：可知的9座两进式院落的面积在393平方米至1180平方米之间，平均614.89平方米。

6. 两侧厢廊情况：5座院落两边有一层厢廊，1座两边有二层厢廊。

7. 外顶有无灰塑：4座有，5座没有。

8. 内顶样式：2座为藻井，5座为平棋天花，2座为彻上明造。

9. 彩绘、雕刻：1座多彩绘、有雕刻，5座有彩绘、雕刻，3座无彩绘、有雕刻，1座无彩绘、多雕刻。4座雕刻图案中嵌有蓝色琉璃，1座台版上的栏杆为西洋瓶式。

10. 建筑材料：10座都为通体木结构。

11. 几开间、形状：10座全为1开间，10座都为方形平面。

12. 是否前凸、几面观：7座前凸，3座没有前凸；10座全为3面观。

13. 两侧有无副台：1座两侧有副台，2座一侧有副台，6座没有副台。

14. 朝向：1座坐北朝南，3座坐东北朝西南，2座坐东朝西，1座坐东南朝西北，2座坐南朝北。

15. 是否分前后台、后台与门厅的关系：6座分前后台，5座用木质踏步和门厅连接。

七 泰顺县共9座古戏台，各项数据统计如下

1. 所属建筑性质：2座位于神庙，6座位于祠堂，1座位于众厅。

2. 修建时间：9 座都修建于清。

3. 与所属建筑、正厅关系：9 座都在整栋建筑内，其中 8 座紧邻门厅，在门厅明间后檐，1 座在门厅外；9 座戏台都面对正厅。

4. 所属建筑院落结构：5 座是由门厅、两厢廊、正厅组成的两进合院式结构，3 座为门楼（山门）、门厅、两厢廊、正厅组成的三进合院式结构，1 座为门楼、前厅、门厅、两厢廊、正厅组成的四进合院式结构。

5. 所属建筑院落规模：9 座院落的平均面积是 738.11 平方米。其中 5 座两进式面积在 380 平方米至 747 平方米之间，平均 551.40 平方米；3 座三进式面积在 828 平方米至 1247 平方米之间，平均 1092 平方米；1 座四进式面积是 610 平方米。

6. 两侧厢廊情况：7 座院落两边为一层厢廊。

7. 外顶有无灰塑：5 座有，3 座没有。

8. 内顶样式：4 座为藻井，3 座为彻上明造。

9. 彩绘、雕刻：1 座多彩绘、有雕刻，1 座有彩绘、雕刻，6 座无彩绘、有雕刻，1 座有雕刻。

10. 建筑材料：9 座都为通体木结构。

11. 几开间、形状：9 座全为 1 开间，9 座都为方形平面。

12. 是否前凸、几面观：8 座前凸，1 座没有前凸；8 座 3 面观，1 座 1 面观。

13. 两侧有无副台：1 座两侧有副台，1 座一侧有副台，6 座没有副台。

14. 朝向：1 座坐东北朝西南，1 座坐东朝西，1 座坐东南朝西北，1 座坐南面北偏东，2 座坐南朝北，2 座坐西南朝东北，1 座坐西北朝东南。

15. 是否分前后台、后台与门厅的关系：7 座分前后台，5 座用木质踏步和门厅连接。

八 瓯海区共 7 座古戏台，各项数据统计如下

1. 所属建筑性质：6 座位于神庙，1 座位于刘基庙，其实是刘氏的宗祠。

2. 修建时间：7 座都修建于清。

3. 与所属建筑、正厅关系：6 座位于整栋建筑内，紧邻门厅，在门厅明间后檐，1 座原位于陈府庙前，现位于新建陈府庙西侧，改为路亭；7 座都面对正厅。

4. 所属建筑院落结构：5 座是由门厅、两厢廊、正厅组成的两进合院式结构，1 座是由前厅、门厅、两厢廊、正厅组成的三进合院式结构。

5. 所属建筑院落规模：可知的 6 座院落的平均面积是 511.87 平方米。5 座两进式院落面积在 277.20 平方米至 400 平方米之间，平均 362.84 平方米；1 座三进式院落的面积是 1257 平方米。

6. 两侧厢廊情况：1 座院落两边有一层厢廊。

7. 外顶有无灰塑：3 座有，1 座没有。

8. 内顶样式：3 座为藻井，4 座为平棋天花。

9. 彩绘、雕刻：3 座多彩绘、有雕刻，1 座有彩绘、雕刻，1 座多彩绘、无雕刻，2 座有彩绘、无雕刻。

10. 建筑材料：7 座都为通体木结构。

11. 几开间、形状：7 座全为 1 开间，7 座都为方形平面。

12. 是否前凸、几面观：3 座前凸，2 座没有前凸；5 座 3 面观。

13. 两侧有无副台：2 座两侧有副台，2 座一侧有副台，2 座没有副台。

14. 朝向：4 座坐东朝西，2 座坐南朝北，1 座坐西朝东。

15. 是否分前后台、后台与门厅的关系：5 座分前后台，1 座不分；1 座用木质踏步与门厅连接。

九 鹿城区共 3 座古戏台，各项数据统计如下

1. 所属建筑性质：2 座位于神庙，1 座位于祠堂。

2. 修建时间：3 座都修建于清。

3. 与所属建筑、正厅关系：2 座在整栋建筑内，紧邻门厅，在门厅明间后檐；1 座在整栋建筑外面，隔街相对；3 座戏台都面对正厅。

4. 所属建筑院落结构：2 座是由门厅、两厢廊、正厅组成的两进合院式结构，1 座是由门台、门厅、两厢廊、正厅组成的三进合院式结构。

5. 所属建筑院落规模：3 座院落的平均面积是 468 平方米。2 座两进式院落的面积在 354 平方米至 480 平方米之间，平均 417 平方米；1 座三进式院落的面积是 570 平方米。

6. 两侧厢廊情况：1 座院落两边有一层厢廊。

7. 外顶有无灰塑：1 座有，2 座没有。

8. 内顶样式：2 座为藻井，1 座为平棋天花。

9. 彩绘、雕刻：2 座有彩绘、雕刻，1 座无彩绘、雕刻。

10. 建筑材料：3 座都为通体木结构。

11. 几开间、形状：3 座全为 1 开间，3 座都为方形平面。

12. 是否前凸、几面观：2 座前凸，1 座没有前凸；3 座 3 面观。

13. 两侧有无副台：1 座两侧有副台，2 座没有副台。

14. 朝向：1 座坐北朝南，2 座坐南朝北。

15. 是否分前后台、后台与门厅的关系：1 座分前后台。

十　洞头县共 3 座古戏台，各项数据统计如下

1. 所属建筑性质：3 座全部位于神庙。

2. 修建时间：3 座全部修建于清。

3. 与所属建筑、正厅关系：3 座全在整栋建筑内，紧邻门厅，在门厅明间后檐；3 座戏台都面对正厅。

4. 所属建筑院落结构：2 座是由门厅、两厢廊、正厅组成的两进合院式结构，1 座是由山门、门厅、两厢廊、正厅组成的三进合院式结构。

5. 所属建筑院落规模：可知的 2 座院落的平均面积是 399.5 平方米。1 座两进式院落的面积是 433 平方米，1 座三进式院落的面积是 366 平方米。

6. 两侧厢廊情况：3 座院落两边均是二层厢廊。

7. 外顶有无灰塑：2 座有，1 座没有。

8. 内顶样式：2 座为藻井，1 座为平棋天花。

9. 彩绘、雕刻：1 座通体彩绘、有雕刻，2 座有彩绘、雕刻。其中 1 座的雕刻图案中嵌有蓝色琉璃。

10. 建筑材料：3 座都为通体木结构。

11. 几开间、形状：3 座全为 1 开间，3 座都为方形平面。

12. 是否前凸、几面观：1 座前凸，2 座没有前凸；3 座全为 3 面观。

13. 两侧有无副台：1 座两侧有副台，1 座没有副台。

14. 朝向：1 座坐南朝北，1 座坐西南朝东北。

15. 是否分前后台、后台与门厅的关系：1 座分前后台，1 座用木质踏步和门厅连接。

第三节　各县市区古戏台分别统计数据的汇总列表

本节共列四表。其中第一、二、三个表是对上一节温属各县市区古戏台数据分别统计的汇总。因为汇总的数据较多，为便于版面排列，像第一节一样，分为三个表格。表一包括各县市区古戏台的总数、在祠庙的数量分布、修建时间等，表二包括厢廊、外内顶、彩绘雕刻等，表三包括戏台形制、副台、朝向等。表四是对温州部分明清古戏台面积、面阔、进深、台高等数据信息的汇总。因为《温州古戏台》一书在普查时仅测量了一小部分古戏台的面积等数据信息，没有必要在前面对其他数据进行列表、统计时，放在一起，所以单列一个表格，放在此处。

一　古戏台数据汇总列表（一）

表6—4　　　　　　　温州古戏台数据汇总（一）　　　　单位：座

县市区名	古戏台总数	位于神庙数量	位于祠堂数量	修建时间	与所属建筑、正厅关系	所属建筑院落结构	所属建筑院落平均面积（平方米）
永嘉县	37	5	32	明5，清32	35座在整栋建筑内，其中33座紧邻门厅，1座紧邻中厅，1座紧邻后厅；1座在整栋建筑外；1座改为路亭；36座面对正厅	30座两进式，5座三进式，1座四进式	整体705.65；两进式648.20；三进式1061.43；四进式650
瑞安市	17	16	1	清17	17座全部在整栋建筑内，紧邻门厅；17座都面对正厅	15座两进式，2座三进式	整体449.78；两进式452.17；三进式433
苍南县	14	14	0	清14	12座在整栋建筑内，其中11座紧邻门厅，1座在前厅内；1座在庙前；1座原在庙内，后因庙重建，搬到庙西侧；13座面对正厅	9座两进式	两进式456.57
平阳县	13	12	1	清13	13座全部在整栋建筑内，紧邻门厅；13座都面对正厅	12座两进式，1座三进式	整体571.78；两进式524.12；三进式1096

续表

县市区名	古戏台总数	位于神庙数量	位于祠堂数量	修建时间	与所属建筑、正厅关系	所属建筑院落结构	所属建筑院落平均面积（平方米）
乐清市	12	1	11	清12	12座全部在整栋建筑内，紧邻门厅；12座都面对正厅	10座两进式，2座三进式	整体565.55；两进式515.42；三进式816.2
文成县	10	4	6	明2，清8	10座全部在整栋建筑内，紧邻门厅；9座面对正厅	9座两进式，1座三进式	两进式614.89
泰顺县	9	2	6；1座位于众厅	清9	9座在整栋建筑内，其中8座紧邻门厅，1座在门厅外；9座都面对正厅	5座两进式，3座三进式，1座四进式	整体738.11；两进式551.40；三进式1092；四进式610
瓯海区	7	6	1	清7	6座在整栋建筑内，紧邻门厅；1座原在整栋建筑外，现改为路亭；7座都面对正厅	5座两进式，1座三进式	整体511.87；两进式362.84；三进式1257
鹿城区	3	2	1	清3	2座在整栋建筑内，紧邻门厅；1座在整栋建筑外，隔街相对；3座都面对正厅	2座两进式，1座三进式	整体468；两进式417；三进式570
洞头县	3	3	0	清3	3座全部在整栋建筑内，紧邻门厅；3座都面对正厅	2座两进式，1座三进式	整体399.5；两进式433；三进式366

二 古戏台数据汇总列表（二）

表6—5　　　　温州古戏台数据汇总（二）

县市区名	两侧厢廊情况	外顶有无灰塑	内顶样式	彩绘、雕刻	建筑材料
永嘉县	22座一层，9座二层	8座有，26座无	18座藻井，19座平棋天花	1座通体彩绘、有雕刻，9座多彩绘、有雕刻，15座有彩绘、雕刻，11座无彩绘、有雕刻，1座被现代油漆覆盖后无法看出有无彩绘、但有雕刻。其中5座雕刻图案中嵌蓝色琉璃	全为通体木结构

续表

县市区名	两侧厢廊情况	外顶有无灰塑	内顶样式	彩绘、雕刻	建筑材料
瑞安市	13座一层，1座二层	8座有，7座无	10座藻井，7座平棋天花	10座有彩绘、雕刻，5座无彩绘、有雕刻，1座多彩绘、无雕刻，1座有彩绘、无雕刻。其中5座雕刻图案中嵌蓝色琉璃	全为通体木结构
苍南县	4座一层，3座二层	4座有，6座无	12座藻井，2座平棋天花	1座多彩绘、有雕刻，8座有彩绘、雕刻，5座无彩绘、有雕刻。其中8座雕刻图案中嵌蓝色琉璃	全为通体木结构
平阳县	12座一层	6座有，7座无	10座藻井，3座平棋天花	5座有彩绘、雕刻，8座无彩绘、有雕刻。其中8座雕刻图案中嵌蓝色琉璃	全为通体木结构
乐清市	8座一层，3座二层	5座有，5座无	5座藻井，6座平棋天花，1座彻上明造。其中2座两连贯屋顶，2座三连贯屋顶	1座多彩绘、有雕刻，1座有彩绘、多雕刻，3座有彩绘、雕刻，2座有彩绘、无雕刻，2座无彩绘、有雕刻，3座无彩绘、雕刻。其中2座雕刻图案中嵌蓝色琉璃	全为通体木结构
文成县	5座一层，1座二层	4座有，5座无	2座藻井，5座平棋天花，2座彻上明造	1座多彩绘、有雕刻，5座有彩绘、雕刻，3座无彩绘、有雕刻，1座无彩绘、多雕刻。其中4座雕刻图案中嵌蓝色琉璃，1座台版上的栏杆为西洋瓶式	全为通体木结构
泰顺县	7座一层	5座有，3座无	4座藻井，3座彻上明造	1座多彩绘、有雕刻，1座有彩绘、雕刻，6座无彩绘、有雕刻，1座有雕刻	全为通体木结构
瓯海区	1座一层	3座有，1座无	3座藻井，4座平棋天花	3座多彩绘、有雕刻，1座有彩绘、雕刻，1座多彩绘、无雕刻，2座有彩绘、无雕刻	全为通体木结构
鹿城区	1座一层	1座有，2座无	2座藻井，1座平棋天花	2座有彩绘、雕刻，1座无彩绘、雕刻	全为通体木结构
洞头县	3座二层	2座有，1座无	2座藻井，1座平棋天花	1座通体彩绘、有雕刻，2座有彩绘、雕刻。其中1座雕刻图案中嵌蓝色琉璃	全为通体木结构

三 古戏台数据汇总列表（三）

表6—6　　　　　温州古戏台数据汇总（三）

县市区名	几开间	形状	是否前凸	几面观	两侧有无副台	朝向	是否分前后台	后台与门厅关系
永嘉县	34座1开间	全为方形平面	31座是，2座否	33座三面观	5座两侧有，4座一侧有，24座无	3座坐北朝南，1座坐北朝南偏西，1座坐东北朝西南，3座坐东朝西，4座坐东南朝西北，11座坐南朝北，5座坐西南朝东北，5座坐西朝东，3座坐西北朝东南	31座分	20座用木质踏步与门厅连接
瑞安市	全为1开间	全为方形平面	8座是，9座否	全为三面观	1座两侧有，3座一侧有，12座无	1座坐东北朝西南，2座坐东朝西，1座坐东朝西偏南，1座坐南朝北偏东，2座坐南朝北，1座坐南朝北偏西，3座坐西南朝东北，2座坐西朝东偏南，3座坐西朝东，1座坐西北朝东南	14座分	6座用木质踏步与门厅连接
苍南县	全为1开间	13座为方形平面	9座是，5座否	全为三面观	1座两侧有，13座无	2座坐北朝南，2座坐东朝西，2座坐东南朝西北，3座坐南朝北，2座坐西南朝东北，1座坐西朝东，2座坐西北朝东南	7座分	5座用木质踏步与门厅连接
平阳县	全为1开间	全为方形平面	全部前凸	全为三面观	3座一侧有，10座无	2座坐北朝南，2座坐东北朝西南，3座坐南朝北，3座坐西南朝东北，1座坐西朝东，2座坐西北朝东南	11座分	5座用木质踏步与门厅连接
乐清市	全为1开间	全为方形平面	10座是，2座否	全为三面观	2座两侧有，10座无	1座坐北朝南，3座坐东朝西，6座坐南朝北，1座坐西南朝东北，1座坐西朝东南	8座分	5座用木质踏步与门厅连接

续表

县市区名	几开间	形状	是否前凸	几面观	两侧有无副台	朝向	是否分前后台	后台与门厅关系
文成县	全为1开间	全为方形平面	7座是，3座否	全为三面观	1座两侧有，2座一侧有，6座无	1座坐北朝南，3座坐东北朝西南，2座坐东朝西，1座坐东南朝西北，2座坐南朝北	6座分	5座用木质踏步与门厅连接
泰顺县	全为1开间	全为方形平面	8座是，1座否	8座三面观，1座一面观	1座两侧有，1座一侧有，6座无	1座坐东北朝西南，1座坐东南朝西，1座坐东南朝西北，1座坐南面北偏东，2座坐南朝北，2座坐西南朝东北，1座坐西北朝东南	7座分	5座用木质踏步与门厅连接
瓯海区	全为1开间	全为方形平面	3座是，2座否	5座三面观	2座两侧有，2座一侧有，2座无	4座坐东朝西，2座坐南朝北，1座坐西朝东	5座分，1座不分	1座用木质踏步与门厅连接
鹿城区	全为1开间	全为方形平面	2座是，1座否	全为三面观	1座两侧有，2座无	1座坐北朝南，2座坐南朝北	1座分	
洞头县	全为1开间	全为方形平面	1座是，2座否	全为三面观	1座两侧有，1座无	1座坐南朝北，1座坐西南朝东北	1座分	1座用木质踏步与门厅连接

四　古戏台数据汇总列表（四）

表6—7　　　　温州古戏台数据汇总（四）

县市区名	古戏台名称	面积（平方米）	面阔（米）	进深（米）	台高[①]（米）
永嘉县	芙蓉陈氏大宗祠戏台	19.8	4.4	4.5	1.6
	九房陈氏大宗祠戏台	24.60			
	水碓湾孝佑宫戏台	20.92	4.67	4.48	1.42

---

① 指台版距地面的高度。

第六章 温州明清古戏台研究

续表

县市区名	古戏台名称	面积（平方米）	面阔（米）	进深（米）	台高[①]（米）
永嘉县	岩龙季氏大宗祠戏台	18.4	4.6	4	1.4
瑞安市	罗溪太阴宫戏台	28.40			
苍南县	富山杨府宫戏台				1.25
	碗窑三官庙戏台				1.09
	鲸头杨府殿戏台	30.21	5.70	5.30	1
	新凤上春宫戏台	45.56	6.80	6.70	1.40
	过溪打铁宫戏台				1.50
	九堡瑞灵宫戏台				1.25
	新岙娘娘宫戏台				1.20
	银湖雁腾宫戏台				1.50
平阳县	平棋龙岩山殿戏台	21.16	4.60	4.60	
	增光井洪家洞宫戏台				1.52
	青湾太平殿戏台				1.50
乐清市	大乌石雷公殿戏台	19.71	4.47	4.41	1.60
	大周山余章宗祠戏台	20.88	1.62[①]	4.52	1.53
	后垟二十九房林氏宗祠戏台	21.95	4.64	4.73	1.44
	樟下施氏宗祠戏台	20.15	4.60	4.38	1.45
	黄檀硐卢氏宗祠戏台	24.75	4.97	4.98	1.41
	西林林氏大宗祠戏台	19.89	4.46	4.46	1.55
	上岙邵氏宗祠戏台	18.75	4.36	4.30	1.49
	北吕岙吕氏宗祠戏台	19.54	4.44	4.40	1.27
	陈坦张氏大宗祠戏台	21.02	4.60	4.57	1.59
	长徼黄氏大宗祠戏台	35.64	5.97	5.97	1.36
泰顺县	莒江戏台	24.26	4.95	4.90	1.10
	库村吴氏宗祠戏台				1.60
	东垟水尾宫戏台	22.08	4.6	4.8	1.65
	南峤包氏宗祠戏台				1.30
	垟边苏氏宗祠戏台				1.40
瓯海区	上蔡陈府庙戏台	20.05			
鹿城区	沈岙仁济寺戏台	32			

---

① 面阔当为4.62米。

第四节　各县市区古戏台汇总列表数据的总体分析

一　温州古戏台的总体文化特征：古朴、自然

第三节的表格中，共汇总了温州 10 个县市区 125 座古戏台的数据资料。下面依次对各项数据进行分析，总结明清时期温州古戏台的总体文化特征，及其反映出的温州地域文化特性和原因等。

1. 所属建筑性质：在 125 座古戏台中，65 座位于神庙，59 座位于祠堂，1 座位于众厅。

分析：在统计的 125 座明清古戏台中，有 124 座位于神庙或祠堂，说明温州当时普遍存在演戏酬神、祭祖的行为，说明地方神信仰和宗族文化的发达是温州明清古戏台兴建并得以留存的两大因素。1 座位于泰顺横岗众厅。关于众厅，《温州古戏台》一书介绍：

> 据泰顺县文物保护所所长王际昕介绍，众厅是一种公共建筑，其主要功能是举行宗族活动，如议事、祭祀、迎神等。[①]

虽然书中说众厅的主要功能与宗族活动有关，但也说到其是一种公共建筑，所以其服务对象的范围，应该是在宗族的基础上，扩大到宗族之外，在一定程度上具有地域社会治理场域中心的作用。横岗是一个村名，所以说，除了宗族内部的事务会在众厅处理，宗族之外、与该村相关的其他事务也会在这里处理。

2. 修建时间：125 座古戏台的修建年代，包括明 7 座，清 118 座。

分析：从统计数据可以看出，温州留存至今的古戏台绝大多数修建于清。一方面说明了清朝时温州戏曲演出的盛行，为了满足戏曲演出的需要，所以修建了大量戏台；另一方面是因为从历史发展看，相对于明及更早的朝代，清朝离我们今天时间最近，所以当时修建的古戏台更易于留存下来。

---

① 崔卫胜主编：《温州古戏台》，浙江古籍出版社 2013 年版，第 5 页注释①。

3. 与所属建筑、正厅关系：125座古戏台中，有120座在整栋建筑内，其中115座紧邻门厅，1座紧邻中厅，1座紧邻后厅，1座在前厅内，1座原在庙内，后因庙重建，被搬到庙西侧，1座在门厅外。5座在整栋建筑外面，其中1座隔街相对，2座改为路亭。122座面对正厅

分析：在统计的125座古戏台中，有120座在整栋建筑内，说明明清时期，古戏台已经成为温州神庙、祠堂建筑的固定组成部分，而且在整栋建筑的结构布局中有了明确的位置，也就是紧邻门厅，在门厅明间后檐。122座古戏台面对正厅，说明当时演戏的主要目的是娱神、娱祖，非常明确。

4. 所属建筑院落结构、规模：99座基本是由门厅、两厢廊、正厅组成的两进合院式院落结构，17座三进式，2座四进式。整体平均面积548.17平方米。两进式院落的平均面积是497.56平方米，三进式院落的平均面积是836.45平方米，四进式院落的平均面积是630平方米

分析：对125座古戏台所属院落的结构、规模的统计数据说明，明清时期温州古戏台所属建筑的院落结构并不复杂，大多是由门厅、两厢廊和正厅组成的两进合院式院落结构，而且院落的平均面积不大。仅有少数为较为复杂的三进、四进式院落，面积也不大。

上述情况，与温州客观地形条件的限制和地域物产能力有限相关。

温州的地形是七山二水一分田，多山地、丘陵、少平原，尤其是缺少大面积的连续平缓土地。客观山地、丘陵的阻隔，大面积连续平缓土地的缺乏，第一，使人们没有足够的空间修建大规模的祠庙建筑。第二，使人口分布形成小集聚、大分散的特点。聚居在一起的人口数量不多，也不需要修建大规模的祠庙。第三，因为人们分散居住，聚居在一起的人口数量不多，相应能够集聚的财力也就有限。加之温州"土薄水浅，禀赋脆弱"[1]及"温居涂泥斥卤，土薄艰艺"[2]的地域物产能力，所以也没有足够的经济实力建造大规模的祠庙。第四，被分散、阻隔的人们，又都需要就近有属

---

[1] 弘治《温州府志》，上海社会科学院出版社2006年版，第12页。
[2] （北宋）陈谦纂修：《永宁编》，转引自俞光编《温州古代经济史料汇编》，上海社会科学院出版社2005年版，第2页。

于自己的祠庙,所以只要有村落、人群聚居的地方,就会修建神庙、祠堂。因为上述因素的综合作用,形成温州地域内祠庙随处可见,数量众多,又都规模不大的现象。

　　需要注意者,还有一点,就是明清时期温州祠庙的院落结构和规模之间,不一定成正比。如上面的统计显示,四进院落的面积不一定比三进院落大,这应该与祠庙修建的具体地理位置和地形条件有关。如洞头属于海岛县,岛屿面积本就有限,加之山峦起伏,所以在有限的空间中,修建的祠庙面积相应就会小一些。

　　5. 两侧厢廊情况:73座两边为一层厢廊,20座两边为二层厢廊

　　分析:在统计的125座院落中,有73座戏台两侧为一层厢廊,说明当时在正厅的屋檐下、天井中及两边的一层厢廊下,就能够满足看戏的空间需求。结合上面分析的院落面积不大,及看戏时男女分区的需要,可以推知,当时同时在场看戏的人数不会太多。祠堂戏台主要是以同一个村落的本姓宗族为主,庙宇戏台虽然不受宗族血缘关系的限制,但涵盖的地域范围也是本村及就近的人群。这和上文的观点相一致,即温州每一个小的聚居空间内都修建有自己的祠庙,里面上演的戏曲是满足一个有限地域内人群的需求。

　　另外,有20座古戏台两侧是二层厢廊,是为妇女、儿童设置的看戏专区。说明温州当时会为妇女、儿童单独在二层厢廊设置看戏区域,但并不是所有祠庙建筑的共性特点。

　　6. 外顶有无灰塑:46座有,63座没有

　　分析:在本书统计的125座古戏台中,46座外部屋顶有灰塑,但灰塑造型大多比较简洁、素雅,而且仅在屋脊中间、两端、檐角等局部位置塑些戏曲人物、神仙、瑞兽等。63座则是素脊素檐,朴实无饰。说明温州明清古戏台在屋顶的外部装饰上并不过于讲究,而是追求简洁、朴实、无华。

　　7. 内顶样式:68座藻井,48座平棋天花,6座彻上明造。其中乐清古戏台中,有2座的屋顶与正厅屋顶连接,形成了两连贯屋顶的连接性勾连廊,另有2座的屋顶与正厅屋顶连接,形成了三连贯屋顶的连接性勾连廊

　　分析:在本书统计的温州125座古戏台中,内顶为藻井者,数量最多,

有 68 座，但这些藻井主要采用彩绘进行装饰，少雕刻，说明温州古戏台比较注重对内顶的装饰，却不过度。一定数量平棋天花和彻上明造的使用，进一步说明温州古戏台不过度注重对内顶的装饰。因为藻井、平棋天花、彻上明造的建造工艺是从繁到简，所需费用相应依次减少。

温州明清古戏台内顶的上述特点，亦与温州地域物产能力有限等因素相关。尤其是6座内顶为彻上明造的古戏台，有5座位于文成、泰顺两县，更好地证明了这一点。因为这两县在温州属于地理位置偏远、开化较晚、经济条件落后的地方。如在《浙江省分疆录》卷之二"风俗"条中记载："泰居瓯极西。"① 泰顺与文成紧邻，所以二者都位于温州最西南端。又弘治《温州府志》卷一"建置沿革"之"泰顺县"条记载：

> 在府城西南三百七十里，本瑞安罗洋地，控接闽括，环亘山岭。正统己巳（十四年），闽寇猖獗，蔓及本境，巡抚兵部尚书孙原贞帅师勘定。虑民僻在林谷，政教有所不及，宜建官以临理之。景泰三年（1452），奏割瑞、平二邑之地以立县。景宗皇帝以民心向化，赐名泰顺。②

从府志记载可以看出：一方面，府志中"民僻在林谷，政教有所不及"的描述，说明了泰顺地理位置的偏远和开化较晚；另一方面，与温州府所属其他县相比，泰顺明朝时才建县，确实开化要晚，自然开发程度也较落后。文成建县更晚，直到1946年，才从瑞安、泰顺、青田三县边缘析置。

此外，修建平棋天花对屋顶的挑高要求低于藻井，低矮的屋顶挑高设计适合温州多台风的天气条件，这与温州当地大多数古建筑、民居等多是低矮的屋顶挑高设计相一致。

在125座古戏台中，乐清市有4座祠堂古戏台，其屋顶向正厅方向延伸出一或两间，然后与正厅屋顶相连，形成一个带屋顶的连接性勾连廊。这样的设计，使观众在阴雨、酷热天气时，可以有一个相对舒适的看戏环境，

---

① 《浙江省分疆录（一）》，（台湾）成文出版社有限公司1975年影印本，第118页。
② 弘治《温州府志》，上海社会科学院出版社2006年版，第4—5页。

免受雨淋日晒之苦，非常适合温州多雨而又炎热的气候。表明戏台在设计时，考虑到观演群众的需求。

8. 彩绘、雕刻：125座古戏台中，同时有彩绘、雕刻的有71座。对彩绘、雕刻情况分别进行统计：通体彩绘2座，多彩绘18座，有彩绘58座；多雕刻2座，有雕刻112座；另外还有4座没有彩绘、雕刻。有33座雕刻的图案中嵌有蓝色琉璃，1座戏台台版上的栏杆为西洋瓶式。

分析：古戏台作为娱神、娱祖的演出空间，人们多会进行装饰，彩绘、雕刻是其中最为常见的方式。从本书对温州125座古戏台彩绘、雕刻情况的统计数据看，温州古戏台比较注重装饰，有71座同时采用了彩绘、雕刻手法。但装饰并不过度，其中整座戏台通体彩绘的只有2座，比较多进行彩绘和雕刻的，分别只有18座和2座。

如果彩绘、雕刻分开统计，会发现雕刻的使用多于彩绘。这与笔者在对温州古戏台进行实际调研时，了解的情况相符。一些古戏台确实仅进行雕刻，不施彩绘。而且温州古戏台所施的雕刻手法也较为简洁，多浅雕，很少见到透雕、精雕的案例。雕刻的位置多在局部，如牛腿、梁坊中间，及主要部件如梁坊柱、拱坊等的连接处。

施彩绘的古戏台，彩绘的颜色比较素雅，彩绘的内容主要为中国传统文化中的神话传说、戏曲人物、历史故事、各类吉祥纹样等。也有一些与温州地域文化的结合，如永嘉北溪杨氏宗祠戏台的彩绘图案中，将诸葛亮三顾茅庐的茅庐院墙画成温州常见的块石垒砌的样子，洞头大长坑陈府庙戏台彩绘中画有出海捕鱼等海洋文化因素的内容，这些都是对温州地域文化的反映，但所占比例较小。

温州明清古戏台的彩绘、雕刻，及外顶灰塑和内顶的样式，之所以会出现上述的进行装饰，但又不过度的共性特征，原因在于以下几点。第一，与所属祠庙院落的整体结构、规模等因素有关。在整体院落结构简单、规模不大的情况下，不太适合采用大面积、绚丽的彩绘，精雕细琢的雕刻手法和华丽、繁复的内外顶设计，而是要追求简洁、素朴，以保持建筑风格的协调和一致。第二，如上文的分析，与温州有限的地域物产能力有关。第三，与温州的地域文化特色有关。温州僻处浙之东南，三面环山、一面向海，形成一个偏远、与世隔绝、自成一体、古朴自然的文化小气候类型。影响到古戏台的建筑风格，也是古朴、自然的。

此外，在114座施有雕刻的古戏台中，有33座雕刻的图案中嵌有蓝色琉璃，1座戏台台版上的栏杆为西洋瓶式。关于用琉璃进行祠庙建筑装饰，罗德胤指出：

> 戏台的装饰……除木雕之外，亦有一定程度的石雕、砖雕和琉璃饰件。石雕主要体现在柱础上，砖雕多见于山墙墀头、八字壁等砖墙，而琉璃饰件常用于屋脊、脊刹、吻兽等屋顶构件上。①

温州古戏台琉璃装饰材料的使用，并不是用在外部屋顶，而是用在戏台雕刻图案的装饰中，而且琉璃使用面积很小，仅在雕刻图案的花心等中间位置，画龙点睛式的装饰一点圆形的蓝色琉璃。至于文成清代依仁叶氏宗祠戏台台版上的栏杆为西洋瓶式，类似的情况，还有《温州古戏台》一书提及的：

> 最能体现清朝与国外的贸易往来和国人思想开放程度的莫过于文成县方坑太阴宫戏台的彩绘了，有金发碧眼的洋女人、西药、钟表等图案。②

西方文化元素在古戏台装饰中的运用，说明温州清朝时已经开始接触西方文化，也说明温州地域文化中开放、包容、善于吸收的特性。同时，也印证了温州作为华侨之乡的悠久历史文化背景。

9. 建筑材料：125座古戏台的建筑材料，除柱础一般为石质、屋顶覆瓦和有灰塑装饰外，戏台通体为木结构

分析：古戏台的建筑材料全部为木材，这与温州多山地、丘陵，木材资源丰富的地域物产条件有关。

---

① 罗德胤：《中国古戏台建筑》，东南大学出版社2009年版，第76页。
② 崔卫胜主编：《温州古戏台》，浙江古籍出版社2013年版，第14页。

10. 几开间、形状：122座1开间，124座方形平面

分析：在统计的125座古戏台中，有122座是1开间，124座是方形平面，说明明清时期温州古戏台是一间见方的方形舞台。

11. 是否前凸、几面观：92座前凸，27座没有前凸；118座三面观，1座一面观

分析：温州古戏台在所处院落中的设计，有92座向前凸出于院落天井中，27座没有。118座是三面观。古戏台向前凸出及三面观的设计，有以下几方面优势。第一，戏台左、前、右三面都能观看演出，在有限的院落面积中，增加了观众的观演视角和空间，扩大了能够观演观众的数量。第二，拉近了戏曲演员与观众之间的空间距离，增加了观演之间的亲切感、互动感，增强了演出效果。第三，戏台三面开放，增强了戏台自身的通风、采光、防潮、排湿效果。第四，使原本面积不大的整个院落变得通透，不会显得沉闷、压抑，院落的通风、采光、防潮、排湿性增强。比较好地解决了温州炎热多雨、潮湿等天气带来的问题。

12. 两侧有无副台：15座两侧有副台，15座一侧有副台，86座没有副台

分析：在统计的125座古戏台中，有86座没有在两侧设置用于安排文武场的副台，说明副台不是明清时期温州古戏台的固定组成部分。据调研得知，这种情况一般是在戏曲演出时，在戏台两侧临时搭建副台，作为文武场，用于安排乐队伴奏。温州古戏台不在戏台两侧设置固定副台，一方面，与整个院落的面积不大有关。这样在平时不演戏的日子里，就不会占据有限的院落空间。另一方面，也与温州古戏台简洁的风格相一致。没有了两侧的副台，整个戏台显得简洁、轻盈。

13. 朝向：本书将温州古戏台的朝向按四面八方，共分为八个朝向进行统计，分别为：10座坐北朝南，1座坐北朝南偏西，8座坐东北朝西南，17座坐东朝西，1座坐东朝西偏南，8座坐东南朝西北，2座坐南朝北偏东，34座坐南朝北，1座坐南朝北偏西，17座坐西南朝东北，2座坐西朝东偏南，11座坐西朝东，10座坐西北朝东南

分析：在中国传统建筑的建造方位观念中，一般祠堂、神庙的正厅坐北朝南，戏台为了酬神、娱祖，处于中轴线上与之正相对的方向，也就是

戏台要坐南朝北。在上述统计的125座古戏台中，只有34座坐南朝北，其余则是其他朝向均有，而且数量多少不一。

温州明清古戏台在修建时之所以没有遵照中国传统祠庙建筑的方位惯例，而是采用了多朝向的做法，自然是与温州的客观地理环境有关。温州地处中国东南沿海，多山地、丘陵、河流等，地形、地势复杂，修建房屋时要顺应地形、地势、河流流向等因素，所以就会出现上述温州古戏台的朝向，四面八方，面面俱有的情况。这也是温州地域文化中，因地制宜、灵活务实、善于变通精神的极好体现。

14.是否分前后台、后台与门厅的关系：91座分前后台，1座不分。53座戏台的后台用木质踏步与门厅连接

分析：在上述统计的125座古戏台中，91座分前后台，说明明清时期温州古戏台基本分前后台。少数不分者，一般是受地形条件的限制，没有空间修建单独的后台。

关于温州古戏台的后台情况，如前面的分析，因为古戏台所处的位置，多是紧邻门厅，位于门厅明间后檐，与门厅连接在一起，所以后台也与门厅连接在一起。不过，明清时期温州古戏台的后台，没有固定形制。有的在门厅有独立的后台，建有房间，演员可以在里面休息、化妆、候场等。有的门厅的后台仅是一个过道，过道直接连接戏台左右两侧的厢房，演员在两侧的厢房中休息、化妆等。对于在门厅有独立后台或者有过道与两侧厢房相连的，演员可以踩着木质踏步到达房间。《温州古戏台》一书也指出：

  戏台后台用上下木质踏步连接演出时供演员换装用的门厅二层以及厢房看台。[①]

温州古戏台后台的修建情况和形制，也是温州地域文化中灵活、务实精神的极好体现。

15.古戏台的平均面积、面阔、进深、台高：将汇总表中温州古

[①] 崔卫胜主编：《温州古戏台》，浙江古籍出版社2013年版，第207页。

戏台的面积等数据信息进行统计，可知古戏台的平均面积 24.08 平方米，面阔 4.86 米，进深 4.78 米，台高 1.41 米。

分析：从上述数据可以看出，温州明清古戏台的平均面积不大，基本是一个正方形的舞台。

温州古戏台面积不大，主要与以下因素有关。如前面的分析，第一，因为温州客观地理环境条件的限制，使他们没有空间修建大规模的祠庙建筑。在整座祠庙院落规模不大的情况下，修建于其中的古戏台，面积自然也不会大。第二，同样因为温州客观地理环境条件的限制，使人口居住形成小聚居、大分散的格局。聚居在一起的人口数量少，能够聚集的财力有限，加之温州"土薄水浅"的地域物产能力，使他们没有经济条件修建大规模的祠庙，同样影响到修建于其中的戏台，面积自然也不会大。

温州古戏台面积不大，说明当时传统戏曲演出时不会有大场面的演出场景，复杂、高难度的武打动作，同时在台表演的人数不会太多，砌末等比较简单。日本学者田仲一成指出：

> 以宗祠为中心的宗族演剧，与社庙演剧相比，舞台狭小，上演时间最多限定在一天到两天。因而，通常不能上演长达 40 出的整本传奇戏曲，大体只能选择观众喜欢的数种"出"（片断）来上演。人们也把这种片断演出称为"折子戏"。①

在本书统计的温州古戏台中，虽然没有像田仲一成指出的那样，神庙戏台面积大于祠堂戏台，不过其对祠堂演戏情况的推论适合于温州祠庙演戏的实际。因为有限的戏台面积和能够凝聚的有限财力，使他们没有条件聘请大的戏班演出复杂的剧目。

温州明清古戏台的台版距离地面的平均高度，低于一个成年人的身高，这是因为古戏台所属祠庙院落的面积本就不大，如果戏台过高，一方面，与整个院落的建筑格局、比例，不协调，另一方面，使观看的人视角上仰

---

① ［日］田仲一成：《明清的戏曲——江南宗族社会的表象》，云贵彬、王文勋译，北京广播学院出版社 2004 年版，第 229 页。

幅度过大，会不舒适。说明在戏台设计上，既考虑到客观的空间条件，也考虑到演戏在娱神、娱祖的同时，观众的需求、娱人的需要。

16. 台版中间是否可以拆卸

分析：因为《温州古戏台》一书并未普查登记戏台台版中间是否可以拆卸这项数据，所以上述的表格中并未涉及。但其作为古戏台的重要文化特征之一，有必要对之进行关注，所以附在本节最后进行分析。

据笔者实地调研得知，明清时期温州古戏台中的一部分，台版可以从中间拆卸，形成一条从正门门厅直达正厅的通道，在祠庙有祭神、祭祖等重大活动时使用。另一部分则是固定式台版，中间不可拆卸，如果有重要仪式，从正门进入后，要从戏台的两侧绕行至正厅。也有部分祠庙不建正门，直接从侧门进入。

概括而言，明清时期温州古戏台的总体文化特征为如下。古戏台主要修建于祠庙中，已经是祠庙建筑的固定组成部分，在祠庙内部有明确的位置。面对正厅，娱神、娱祖的目的明确。所属院落的结构比较简单，多为两进合院式，且院落的面积不大。戏台两侧多为一层厢廊，在正厅屋檐下、天井中、一层厢廊下就可以满足看戏的场地需求。戏台的装饰，从外顶的灰塑到内顶的藻井等，及彩绘、雕刻，虽有不同程度的采用，但都比较简洁、素朴，不会过度。戏台形制方面，基本为通体木结构的一开间、三面观、向前凸出于院落天井的正方形戏台，且面积不大，副台并不是此时戏台的固定组成部分。戏台朝向没有遵循中国传统建筑方位惯例，而是采用了四面八方多朝向的设计。戏台基本分前后台，部分戏台的台版，可以从中间拆卸通行。

可以说，温州明清古戏台的总体文化特征比较古朴、自然、简洁、素雅、轻盈，与温州自然的山水、环境等和谐地融为一体，体现了一种非常务实、朴素、自然、灵活的建筑观和地域文化特性。

二　温州古戏台文化特征中的其他问题：各县市区及明清古戏台的不同

关于温州明清古戏台的文化特征，除上面对总体特征的分析外，还有一些值得关注的其他问题。

（一）10个县市区的古戏台，在共同具备上述总体文化特征的基础上，在一些方面，存在不同。

1. 各县市区古戏台数量多少不一

在统计的温州10个县市区的125座古戏台中，永嘉一县数量最多，有37座，其中32座位于祠堂。说明永嘉县宗族势力强大，及其对古戏台修建发挥的重要作用。这与永嘉县至今保存有数量众多、同姓同族聚居的古村落情况，十分吻合。瑞安17座、苍南14座、平阳13座、乐清12座、文成10座，这5县古戏台数量都是10座及以上。泰顺9座、瓯海7座、鹿城3座、洞头3座，这4县相对数量较少，都在10座以下。因为瓯海和鹿城属于温州市属的区，市貌建设的变化比较大，导致一些古戏台没能保留下来。洞头属于海岛县，开发较晚，而且很多岛屿没有开发，总体人口数量比较少，所以祠庙戏台的数量也少。文成、泰顺数量比较接近，文成10座、泰顺9座，因为这两县在温州属于比较偏远的山区县，历史上开发晚，人口相较其他县市区少，所以古戏台数量相应也少。

2. 各县市区古戏台位于祠庙两种建筑中的数量多少不同

温属10个县市区古戏台在祠庙中的数量分布，可分为三种情况。第一种，位于祠堂中的数量多于神庙，包括永嘉、乐清、泰顺。第二种，位于神庙中的数量多于祠堂，包括瑞安、苍南、平阳、瓯海、洞头。第三种，位于两者中的数量差不多，包括鹿城、文成。这从一定程度上说明，在不同县市区，地方神信仰和宗族的势力和影响不同。

（二）明清古戏台在各自的总体文化特征方面，存在一些不同。

本书统计的125座古戏台中，虽然明朝修建的仅存7座，但从总体文化特征方面，与清朝古戏台存在一些不同，从一定程度上显示出温州明清古戏台文化特征的差异。

先将明朝7座古戏台要比较的各项数据信息列表，再将清朝古戏台的相应数据列表，然后进行对比分析。

表 6—8　　　　　　　　　　温州明朝古戏台数据信息

名称	廊二孝思祠戏台	上村永嘉郡祠戏台	邵园邵氏宗庙戏台	苍坡李氏大宗祠戏台	岭根路上郑氏宗祠戏台	黄凤垟王氏宗祠戏台	稽垟朱祠戏台
所属建筑院落结构	三进	三进	两进	两进	两进	两进	三进
所属建筑院落规模（平方米）	1160	2000	1032.92	591.40	1001.64	803	
内顶样式	平棋天花	平棋天花	藻井	平棋天花	平棋天花	平棋天花	平棋天花
两侧有无副台	一侧有	一侧有	一侧有	无	无	无	一侧有
朝向	坐东朝西	坐南朝北	坐南朝北	坐西朝东	坐东南朝西北	坐南朝北	坐东朝西

表 6—9　　　　　　　　　　温州清朝古戏台数据信息

所属建筑院落结构	所属建筑院落规模（平方米）	内顶样式	两侧有无副台	朝向
95座两进，14座三进，2座四进	整体平均面积517.04	67座藻井，42座平棋天花，6座彻上明造	15座两侧有副台，11座一侧有副台，83座没有副台	10座坐北朝南，1座坐北朝南偏西，8座坐东北朝西南，15座坐东朝西，1座坐东朝西偏南，7座坐东南朝西北，2座坐南朝北偏东，31座坐南朝北，1座坐南朝北偏西，17座坐西南朝东北，2座坐西朝东偏南，10座坐西朝东，10座坐西北朝东南

对比分析结果如下。

1. 所属建筑院落结构、规模

古戏台所属建筑院落结构方面，明朝 4 座两进式，3 座三进式，清朝 95 座两进式，14 座三进式，所以明朝三进式的占比明显高于清朝。所属建筑院落规模方面，在本书统计的 125 座古戏台中，所属建筑院落面积超过 1000 平方米的共 11 座，其中明朝有 4 座。而且明朝已知面积的 6 座院落，整体平均面积为 1098.16 平方米，远远大于清朝的 517.04 平方米。

2. 内顶样式

明朝 7 座古戏台的内顶，有 1 座藻井，6 座平棋天花，平棋天花的占比远远高于清朝。因为藻井的建造工艺和费用高于平棋天花，所以推测明朝戏台内顶藻井数量少的原因，或者是当时整体建造工艺水平达不到，或者囿于财力，或者当时对戏台内顶的装饰不是特别重视，认为没有必要修建藻井。关于这些推测，留待进一步的资料发现。

3. 两侧有无副台

在明朝 7 座古戏台中，4 座在一侧有副台，3 座没有，有副台的比例远远高于清朝。

4. 朝向

明朝 7 座古戏台中，3 座坐南朝北，2 座坐东朝西，1 座坐西朝东，1 座坐东南朝西北。7 座古戏台的朝向，虽然也分为了 4 个方向，但坐南朝北的传统方位占比远高于清朝。其余朝向也基本都是正朝向，只有 1 座是坐东南朝西北。

总体而言，温州明朝古戏台所属建筑的院落之所以能够有更大的比例是大面积的三进式，说明当时温州村落、人口分布密度等比清朝低，相对有较为宽敞的空间修建大面积的更为多重的院落。因为院落的面积大，在戏台两侧修建副台后，整个院落的空间不会显得局促，所以副台的修建比例也高。同样是因为有足够宽敞的空间，才能够更多地满足古戏台坐南朝北的传统建造方位惯例。

通过本节的研究，不难发现，温州明清古戏台在总体上呈现出明显的地域文化特征，同时，在某些方面，也存在一些差异。

第七章 温州与浙江省内其他地域明清古戏台比较研究

在浙江省内,除温州外,宁波宁海、绍兴嵊州的古戏台也具有代表性。不仅留存数量多,造型精美,而且各具特色,具有明显的地域差异。将三者进行对比,分析其异同及背后的原因,不仅能有利于温州明清古戏台的研究,而且能够展示三者各自的风采,并在一定程度上反映浙江明清古戏台的文化样貌和特性等。

第一节 宁波宁海古戏台

据《宁海古戏台》一书统计,"浙江省宁海县境内曾分布着古戏台600多座,现存120余座"[①],宁海县也因此有了"中国古戏台文化之乡"的美称。2006年,浙江省将宁海县的10座古戏台作为一个建筑群,整体申报为国家重点文物保护单位。这10座古戏台是:龙宫陈氏宗祠古戏台、潘家岙村潘氏宗祠古戏台、加爵科村林氏宗祠古戏台、大蔡村胡氏宗祠古戏台、崇兴庙古戏台、岙胡胡氏宗祠古戏台、下浦村魏氏宗祠古戏台、双枝庙古戏台、城隍庙古戏台、马岙俞氏宗祠古戏台。本书以其中的7座古戏台为代表,进行相关数据的统计、分析。

---

① 徐培良、应可军:《宁海古戏台》,中华书局2007年版,扉页。

一　宁海古戏台数据列表：7座国家重点文保古戏台的各项数据信息

本书对宁海古戏台的列表数据主要参考徐培良、应可军著《宁海古戏台》[1]、周航主编《宁海古戏台建筑群研究》[2]、薛林平著《中国传统剧场建筑》[3]、罗德胤著《中国古戏台建筑》[4]等书，及结合笔者的实地调研，综合而成。

（一）古戏台数据列表（一）

表 7—1　　　　　　　　宁海古戏台数据（一）

名称	修建时间	地点	与所属建筑、正厅关系	所属建筑院落结构	两侧厢廊情况
龙宫陈氏宗祠古戏台	清嘉庆年间	深甽镇龙宫村	紧邻中厅，中厅明间后檐，面对正厅	仪门、中厅、戏台、正厅	两侧有二层厢廊
潘家岙村潘氏宗祠古戏台	清乾隆四十九年（1784）	桥头胡街道潘家岙村	紧邻仪门，仪门明间后檐，面对正厅	仪门、戏台、正厅	两侧有二层厢廊
加爵科村林氏宗祠古戏台	清道光十八年（1838）	强蛟镇加爵科村	紧邻仪门，仪门明间后檐，面对正厅	仪门、戏台、正厅	两侧有二层厢廊
大蔡村胡氏宗祠古戏台	清嘉庆十四年（1809）	深甽镇大蔡村	紧邻仪门，仪门明间后檐，面对正厅	仪门、戏台、正厅	两侧有二层厢廊
崇兴庙古戏台	道光二十一年（1841）	西店镇石家村和后溪村之间	紧邻仪门，仪门明间后檐，面对正厅	仪门、戏台、正厅	两侧有二层厢廊
岙胡胡氏宗祠古戏台	清嘉庆二年（1797）	梅林街道岙胡村	紧邻仪门，仪门明间后檐，面对正厅	仪门、戏台、正厅	两侧有二层厢廊
下浦村魏氏宗祠古戏台	清光绪十六年（1890）	强蛟镇	紧邻仪门，仪门明间后檐，面对正厅	仪门、戏台、正厅	两侧有二层厢廊

---

[1] 中华书局 2007 年版。
[2] 浙江大学出版社 2015 年版。
[3] 中国建筑工业出版社 2009 年版。
[4] 东南大学出版社 2009 年版。

（二）古戏台数据列表（二）

表 7—2　　　　　　宁海古戏台数据（二）

名称	外顶有无灰塑	内顶样式	彩绘、雕刻	建筑材料	几开间	形状	是否前凸	几面观	两侧有无副台	朝向
龙宫村陈氏宗祠古戏台	无	一个藻井	多彩绘、雕刻	通体木结构	1	方形平面	是	3	无	坐南朝北
潘家岙村潘氏宗祠古戏台	无	两连贯藻井（一个在戏台，一个在连廊）	多彩绘、雕刻，多透雕	通体木结构	1	方形平面	是	3	无	坐西朝东偏北
加爵科村林氏宗祠古戏台	无	两连贯藻井（一个在戏台，一个在连廊）	有彩绘、雕刻，多透雕，有描金	通体木结构	1	方形平面	是	3	无	
大蔡村胡氏宗祠古戏台		两连贯藻井（一个在戏台，一个在连廊）	有彩绘、雕刻，多透雕	通体木结构	1	方形平面	是	3	无	坐北朝南
崇兴庙古戏台	有	三连贯藻井（一个在戏台，两个在连廊）	有彩绘、雕刻，多透雕	通体木结构	1	方形平面	是	3	无	坐东朝西
岙胡村胡氏宗祠古戏台	无	三连贯藻井（一个在戏台，两个在连廊）	多彩绘、雕刻，多透雕、深雕	通体木结构	1	方形平面	是	3	一侧有	坐西朝东偏南
下浦村魏氏宗祠古戏台		两连贯藻井（一个在戏台，一个在连廊）	多彩绘、雕刻，多透雕	通体木结构	1	方形平面	是	3	无	坐东朝西

（三）古戏台数据列表（三）

表 7—3　　　　　　宁海古戏台数据（三）

名称	是否分前后台	面积（平方米）	面阔（米）	进深（米）	台高（米）	建造方式	备注
龙宫村陈氏宗祠古戏台	分	30.25	5.5	5.5	1.5		

续表

名称	是否分前后台	面积（平方米）	面阔（米）	进深（米）	台高（米）	建造方式	备注
潘家岙村潘氏宗祠古戏台	分	20.9	4.4	4.75	1.5	劈作做	
加爵科村林氏宗祠古戏台	分	25.18	5.3	4.75	1.3		
大蔡村胡氏宗祠古戏台	分	27.84	4.8	5.8	1.6		
崇兴庙古戏台	分	33.39	5.43	6.15	1.4		为二村共有，祠庙合一，供奉两村共同的境主侯王。也是石姓家庙，两村村民多姓石，同宗同姓，供奉同一位石姓先祖
岙胡村胡氏宗祠古戏台	分	23.52	4.8	4.9	1.2	辟作做	
下浦村魏氏宗祠古戏台	分	22.56	4.8	4.7	1.5	辟作做	下浦是后舟、下洋两村的合称，魏氏宗祠在两村之间的田畈上，为两村共有

二 宁海古戏台文化特征分析：注重装饰、异彩纷呈

在上面对数据列表统计的基础上，逐项分析如下。

1. 所属建筑的性质：6座位于祠堂，1座位于祠庙合一的建筑中

分析：在统计的宁海7座古戏台中，有6座位于祠堂，1座位于祠庙合一的崇兴庙中。崇兴庙在西店镇石家村和后溪村之间，不仅供奉着两村的同一个境主侯王，也是两村石姓村民共同的家庙。两村共用一座祠堂的，还有下浦村魏氏宗祠。下浦是后舟、下洋两村的合称，魏氏宗祠建在两村之间的田畈上，为两村共有。宁海古戏台在祠庙的数量分布，说明当地宗族势力的强大及其对古戏台大量修建并留存至今的重要作用。

2. 修建时间：7座戏台全部修建于清

分析：7座戏台全部修建于清，一方面说明清朝时宁海戏曲演出活动的盛行，另一方面也是因为相较于其他朝代，清朝距离现在时间最近，古戏台易于留存至今。

3. 与所属建筑、正厅关系：7座全部在整栋建筑内部，其中6座紧邻仪门，位于仪门明间后檐，1座紧邻中厅，位于中厅明间后檐。7座全部面对正厅

分析：7座古戏台全部位于整栋建筑内部，说明清朝时戏台已经是宁海祠庙建筑的固定组成部分，而且有明确的位置，基本是紧邻仪门，在仪门明间后檐。全部面对正厅，说明宁海祠庙修建戏台演戏的目的是娱神、娱祖。

4. 所属建筑院落结构：6座是由仪门、戏台、正厅组成的两进合院式结构。1座是由仪门、中厅、戏台、正厅组成的三进合院式结构

分析：从古戏台所属院落的结构看，宁海祠庙的院落结构比较简单，多是两进合院式的类型。

5. 两侧厢廊情况：7座全部两侧有二层厢廊

分析：全部在戏台两侧修建二层厢廊，说明当时对于看戏时男女分区的重视，妇女、儿童在两侧的二层厢廊看戏，其他人在正厅屋檐下、天井中及两侧厢廊的一层空间内看戏。

6. 外顶有无灰塑：3座有，1座没有

分析：说明在外部屋顶装饰方面，宁海古戏台比较注重，较多地采用灰塑工艺进行装饰。

7. 内顶样式：1个单藻井，4个两连贯藻井，2个三连贯藻井

分析：宁海古戏台在内部屋顶方面，需要注意者：第一，7座戏台内顶全部为藻井，说明其对戏台内顶的装饰，十分重视；第二，也是极具特色之处，是大量使用连贯藻井，即除戏台正上方会修建藻井外，由戏台向正厅方向再延伸出1或2个藻井，将戏台和正厅的屋顶贯通，形成由藻井组成的带屋顶的勾连廊。

宁海古戏台多藻井勾连廊的设计，第一，增加了看戏时能够遮风挡雨、防日晒的空间，适合当地多雨、炎热等气候条件。第二，连廊下有些还设置了整条的长凳，观众可以坐在上面看戏。这些人性化的设计，都使当时的看戏活动变得更加舒适。说明在演戏时，除了娱神、娱祖的目的外，更多地考虑到观众的需求，娱众的倾向十分明显。

关于宁海古戏台使用多连贯藻井的原因，当地学者徐培良认为：第一，

和修建者的政治资本有关,即:

> 因为石家的祖宗是奉直大夫……所以他们(崇兴庙古戏台)才有资格建造这精雕细作的三连贯藻井戏台。①

第二,是因为各姓宗族对戏曲演出的重视和相互攀比的心理在作祟,即:

> 以大蔡(按:村名)为中心的附近村子,如长洋村的郭氏宗祠、真君殿,梁坑村的潘氏宗祠,夏樟村的孙氏宗祠、岭徐的徐氏宗祠都有古戏台,并且多有双藻井的。这反映出山民们对演出的重视,也隐隐藏着攀比心理。②

因为宁海其他几家修建多连贯藻井的宗族,资料缺乏,所以不好断言是否全部都有如石家一样的政治资本。但可以肯定的是,具有一定的政治资本有助于修建多连贯藻井戏台。至于徐氏指出的,是因为修建者对于戏曲演出的重视及攀比心理的作用,并不难理解。在宗族势力盛行、生活圈子相对固定的明清社会,在地方社会中树立本族的威望、彰显宗族的实力,是一件关系到宗族生存、发展的大事,所以人们会在祠堂、戏台等建筑的建设、装饰等方面,各尽所能。

8. 彩绘、雕刻:4座多彩绘、雕刻,3座有彩绘、雕刻。7座戏台中,有6座的雕刻是多深雕、透雕等,有1座戏台还使用了描金

分析:从彩绘、雕刻情况看,不仅都有彩绘、雕刻,而且多数古戏台使用彩绘、雕刻的面积比较大,大多还使用了费工费力费财的深雕、透雕等复杂雕刻工艺,1座戏台还有描金。都说明宁海古戏台对装饰十分重视。

9. 建筑材料:7座戏台都是通体木结构

分析:全部为通体木结构是因为当地木材资源丰富,便于就地取材。

10. 几开间、形状:7座戏台全部为1开间和方形平面

---

① 徐培良、应可军:《宁海古戏台》,中华书局2007年版,第33页。
② 同上书,第114页。

分析：说明宁海古戏台是一个单开间的方形舞台。

11. 是否前凸、几面观：7 座戏台全部前凸和为 3 面观

分析：宁海古戏台全部向前凸出于院落的天井中，呈三面观，增加了观众看戏的视角和空间，拉近了演员与观众之间的距离，增强了戏台的采光、透风、防潮、排湿性能，也使整个规模不大的院落变得通透，不会显得沉闷、压抑，同时也增强了院落的采光、通风、排湿等性能。

12. 两侧有无副台：1 座一侧有副台，6 座没有副台

分析：从统计数据可以看出，副台并不是宁海清朝古戏台的固定组成部分，而是在演戏时临时搭建，用于安排伴奏的文武场。

13. 朝向：1 座坐北朝南，2 座坐东朝西，1 座坐南朝北，1 座坐西朝东偏南，1 座坐西朝东偏北

分析：宁海 6 座古戏台有 5 个朝向，说明其没有遵循中国传统祠庙建筑中，正厅坐北朝南，戏台在中轴线上与之方向相对的方位惯例，而是根据当地的地形、地势条件等，因地制宜地采取了多朝向的设计。

14. 是否分前后台：7 座古戏台全部分前后台

分析：宁海古戏台全部分前后台，说明清朝时宁海戏台分前后，已经成为常态。

15. 平均面积、面阔、进深、台高：全部 7 座古戏台的平均面积 26.23 平方米，面阔 5.00 米，进深 5.22 米，台高 1.43 米

分析：从数据可知，宁海古戏台是一个面积不大、基本呈正方形的舞台。说明当时戏台上上演的戏曲不会有大的场面和大幅度的武打动作，同时在台的演员不多等。台高低于一个成年人的身高，可以使观众在有限的院落空间中看戏时，不用过多地仰头，会更舒服。台高的人性化设计，说明这时的演戏，娱神、娱祖是一方面，娱众也被考虑在内。

16. 戏台的建造方式：3 座劈作做

分析：宁海古戏台在建造时，有一些采用了一种在当地被称为"劈作做"的特殊建造方式。关于劈作做，《宁海古戏台》一书写道：

咸丰四年（1854）以胡寅阶为首事，将（下浦魏氏宗祠）前厅三间平屋改建成五间楼房，资金由族内各房捐助。可能当时各房筹

资有多寡、聘请的工匠水平不同，为了显示本房或本村的实力，采用"辟作做"手法建成，故而现今以中轴线为界，东西两侧可以看出明显的差别。①

（下浦魏氏宗祠）光绪十六年（1890）建仪门、戏台、厢楼等，并按各房派自东向西依中轴线辟半而建，俗称"辟作做"，故风格明显各异，甚至交接缝的漆色也有明显的深浅。②

从《宁海古戏台》一书的记载可以看出，所谓"劈作做"，就是一座祠堂，包括戏台，从中间沿中轴线分为左右两半，每半从出资者、到施工者，都由两部分人分别完成。

采用劈作做建造方式的原因如下。第一，因为修建一座祠堂，需要耗费一定的财力，单独由一房一支难以完成，所以各作一半，通力建成。第二，随着支派繁衍，原本同宗同族的各房各支，慢慢在实力和地位等方面出现差异。各自负责修建祠堂的一部分，也是显示实力，提升地位的好时机。第三，如前文所言，当地宗族对于祠堂十分重视，希望能够通过竞争为本族修建一座最漂亮的祠堂。

通过劈作做的建造方式，可以收到如下效果：第一，双方分而作之，在互相比拼、竞争中，促使各房各支为建设宗祠全心全力；第二，对于参与修建的工匠而言，为了打造知名度、招揽业务，也会各显神通、极尽所巧，施展出自己最好的建造技艺；第三，对于宗族而言，建成了一座让人羡慕的祠堂，显示了本族的实力，提升了社会地位和声望。

可以说，劈作做的建造方式，是一种非常智慧的在竞争中合众力于一体的做法。也因为劈作做建造方式的存在，才使宁海的古戏台争相斗巧、异彩纷呈。

劈作做的建造方式能够在宁海出现，并被长期使用，说明当地从事祠堂、戏台建造行业的群体，具有一定规模。不然无法产生竞争，也无法满足"劈作做"这种建造方式对于同时施工人数的需求。

---

① 徐培良、应可军：《宁海古戏台》，中华书局2007年版，第39页。
② 同上书，第55页。

第二节　绍兴嵊州古戏台

一　嵊州古戏台数据列表：14座古戏台的各项数据信息

嵊州古戏台的列表数据，主要参考王荣法、王鑫君著《嵊州古戏台》[1]，谢涌涛、高军著《绍兴古戏台》[2]，邵田田主编《绍兴古戏台》[3]，罗德胤著《中国古戏台建筑》[4]，吴开英等著《中国古戏台研究与保护》[5]等书，及罗德胤《中国古代戏台测绘图（三）》[6]一文，并结合笔者的实地调研。

（一）古戏台数据列表（一）

表7—4　　　　　　　　嵊州古戏台数据（一）

名称	修建时间	与所属建筑、正厅关系	所属建筑院落结构	所属建筑院落规模（平方米）	两侧厢廊情况
崇仁六村裘氏宗祠戏台	清乾隆五十六年（1791）	紧邻门厅，门厅明间后檐，面对正厅	门厅、戏台、正厅、后厅	993.75	两侧有二层厢廊
甘霖镇施家岙村施氏宗祠戏台	清嘉庆年间（1796—1820）	紧邻门厅，门厅明间后檐，面对正厅	门厅、戏台、正厅	408	两侧有二层厢廊
甘霖镇黄胜堂村吕氏宗祠戏台	晚清	紧邻门厅，门厅明间后檐，面对正厅	门厅、戏台、正厅	793.76	两侧有二层厢廊
北漳镇东林村王氏祠堂戏台	清嘉庆五年（1801）	紧邻门厅，门厅明间后檐，面对正厅			两侧有二层厢廊
谷来镇举坑村马氏宗祠戏台	清光绪十四年（1888）	紧邻门厅，门厅明间后檐，面对正厅	门厅、戏台、正厅	598	两侧有二层厢廊
嵊州市城隍庙戏台	清嘉庆九年（1804）	紧邻门厅，门厅明间后檐，面对正厅			两侧有二层厢廊
嵊州炉峰庙戏台	清道光年间				两侧有二层厢廊

---

[1] 中国文史出版社2014年版。
[2] 上海社会科学院出版社2000年版。
[3] 浙江摄影出版社2007年版。
[4] 东南大学出版社2009年版。
[5] 中国戏剧出版社2009年版。
[6] 载中国戏曲学会编《中华戏曲》第38辑，文化艺术出版社2008年版，第377—386页。

续表

名称	修建时间	与所属建筑、正厅关系	所属建筑院落结构	所属建筑院落规模（平方米）	两侧厢廊情况
嵊州市叶家宗祠戏台	清中晚期	紧邻门厅，门厅明间后檐，面对正厅			两侧有二层厢廊
嵊州市卢氏宗祠戏台	清嘉庆八年	紧邻门厅，门厅明间后檐，面对正厅			两侧有二层厢廊
嵊州市坎流祠堂戏台	晚清	紧邻门厅，门厅明间后檐，面对正厅			两侧有二层厢廊
嵊州市东郭竹氏宗祠戏台	清晚期	紧邻门厅，门厅明间后檐，面对正厅			两侧有二层厢廊
嵊州市尹家祠堂戏台	清晚期	紧邻门厅，门厅明间后檐，面对正厅			两侧有二层厢廊
嵊州市求氏宗祠戏台	清中后期	紧邻门厅，门厅明间后檐，面对正厅			两侧有二层厢廊
嵊州市陈村花祠堂戏台	清	紧邻门厅，门厅明间后檐，面对正厅			

（二）古戏台数据列表（二）

表7—5　　　　　　　　嵊州古戏台数据（二）

名称	外顶有无灰塑	内顶样式	彩绘、雕刻	建筑材料	几开间	形状	是否前凸	几面观
崇仁六村裘氏宗祠戏台	有	藻井	无处不雕，极尽雕刻之能事，多深雕、透雕	石柱，其他木构	1	方形平面	是	3
甘霖镇施家岙村施氏宗祠戏台	有	藻井	多雕刻，多深雕、透雕	石柱，其他木构	1	方形平面	是	3
甘霖镇黄胜堂村吕氏宗祠戏台	有	藻井	有雕刻，多深雕、透雕，有描金	石柱，其他木构	1	方形平面	是	3
北漳镇东林村王氏祠堂戏台	有	藻井	多雕刻，多深雕、透雕	石柱，其他木构	1	方形平面	是	3
谷来镇举坑村马氏宗祠戏台	无	藻井	有彩绘、多雕刻，多深雕、透雕，有描金	石柱，其他木构	1	方形平面	是	3
嵊州市城隍庙戏台	有	藻井	有雕刻，多深雕、透雕	石柱，其他木构	1	方形平面	是	3

续表

名称	外顶有无灰塑	内顶样式	彩绘、雕刻	建筑材料	几开间	形状	是否前凸	几面观
嵊州炉峰庙戏台	有	藻井	有雕刻，多深雕、透雕	石柱，其他木构	1	方形平面	是	3
嵊州市叶家宗祠戏台	无	藻井	有雕刻、描金	石柱，其他木构	1	方形平面	是	3
嵊州市卢氏宗祠戏台	有	藻井	有雕刻、描金	石柱，其他木构	1	方形平面	是	3
嵊州市坎流祠堂戏台		彻上明造；戏台与正殿间建有勾连廊		石柱，其他木构	1	方形平面	是	3
嵊州市东郭竹氏宗祠戏台	无	藻井	有雕刻	石柱，其他木构	1	方形平面	是	3
嵊州市尹家祠堂戏台	有	藻井	有雕刻	石柱，其他木构	1	方形平面	是	3
嵊州市求氏宗祠戏台	有	藻井	有雕刻，多深雕、透雕，有描金	石柱，其他木构	1	方形平面	是	3
嵊州市陈村花祠堂戏台	无	藻井	有雕刻	石柱，其他木构	1	方形平面	是	3

（三）古戏台数据列表（三）

表 7—6　　　　　　　　嵊州古戏台数据（三）

名称	两侧有无副台	朝向	是否分前后台	面积（平方米）	面阔（米）	进深（米）	台高（米）
崇仁六村裘氏宗祠戏台	无	坐南朝北	分	18.14	4.2	4.32	1.6
甘霖镇施家岙村施氏宗祠戏台	无	坐南朝北	分	19.54	4.42	4.42	1.68
甘霖镇黄胜堂村吕氏宗祠戏台	无	坐南朝北	分	21.16	4.6	4.6	1.65
北漳镇东林村王氏祠堂戏台	无	坐南朝北	分	21.25	4.61	4.61	1.74
谷来镇举坑村马氏宗祠戏台	无	坐西朝东	分	25	5	5	1.72
嵊州市城隍庙戏台	无	坐南朝北	分	29.16	5.4	5.4	2.05
嵊州炉峰庙戏台	无	坐南朝北	分	19.78	4.6	4.3	1.6
嵊州市叶家宗祠戏台	无	坐南朝北	分	19.69	4.58	4.30	1.44
嵊州市卢氏宗祠戏台	无	坐南朝北	分	23.22	4.95	4.69	1.79

续表

名称	两侧有无副台	朝向	是否分前后台	面积（平方米）	面阔（米）	进深（米）	台高（米）
嵊州市坎流祠堂戏台	无	坐南朝北	分	22.88	4.93	4.64	1.69
嵊州市东郭竹氏宗祠戏台	无	坐南朝北	分	23.52	4.9	4.8	1.71
嵊州市尹家祠堂戏台	无	坐南朝北	分	23.84	5.04	4.73	1.74
嵊州市求氏宗祠戏台	无	坐南朝北	分	21.57	4.74	4.55	1.46
嵊州市陈村花祠堂戏台	无	坐东朝西	分	21.19	4.74	4.47	1.68

二 嵊州古戏台文化特征分析：注重装饰、雕刻精美、金碧辉煌

在上面数据列表的基础上，对嵊州古戏台的文化特征，逐项分析如下。

1. 所属建筑的性质：2座位于神庙，12座位于祠堂

分析：嵊州古戏台在祠庙中的数量分布，说明嵊州宗族势力的强大及其对古戏台大量修建并留存至今的重要作用。

2. 修建时间：14座全部建于清朝

分析：说明清朝时嵊州戏曲演出活动的盛行，及由此而建有一定数量的戏台。也因为相较于其他朝代，清朝距离现在时间最近，所以古戏台易于留存下来。

3. 与所属建筑、正厅关系：13座在整栋建筑内，紧邻门厅，位于门厅明间后檐，面对正厅

分析：从古戏台与所属建筑的关系，说明清朝时戏台已经是嵊州祠庙建筑的固定组成部分，而且有明确的位置，即紧邻门厅，位于门厅明间后檐，与门厅连在一起。面对正厅，说明演戏娱神、娱祖的目的明确。

4. 所属建筑院落结构、规模：3座由门厅、戏台、正厅组成两进合院式结构，1座由门厅、戏台、正厅、后厅组成三进合院式结构。4座院落的整体平均面积是698.38平方米。3座两进式院落的平均面积是599.92平方米，1座三进式院落的面积是993.75平方米

分析：从古戏台所属院落的结构和规模看，嵊州祠堂多为两进合院式结构，且面积不大。

5. 两侧厢廊情况：13座两侧有二层厢廊

分析：从两侧厢廊情况看，13座修建有二层厢廊，说明当时对于看戏时，男女分区的重视。妇女、儿童在两侧的二层厢廊看戏，其他观众，在正厅

屋檐下、天井中和两侧厢廊的一层看戏。

6. 外顶有无灰塑：9座有，4座没有

分析：外顶灰塑的数量说明嵊州古戏台比较注重对屋顶的外部装饰，会在屋顶的屋脊、檐角等处塑造各种形象。

7. 内顶样式：13座藻井，1座彻上明造。其中1座在戏台与正殿间建有勾连廊

分析：戏台内部屋顶大多为藻井的设计，说明嵊州古戏台注重对内顶的装饰。1座戏台与正殿间建有勾连廊，使人们可以在廊下看戏，避免了日晒雨淋，增加了看戏的舒适性，这一更加人性化的设计，说明考虑到演戏时娱人的需要。

8. 彩绘、雕刻：1座有彩绘，13座有雕刻。其中8座多深雕、透雕，5座有描金

分析：从彩绘、雕刻的使用数量看，说明嵊州古戏台更喜欢使用雕刻手法进行装饰。而且多使用深雕、透雕等费工费时费财的繁复雕刻手法，有的还使用了描金工艺，将整座戏台装饰得非常精美、隆重、金碧辉煌，说明嵊州古戏台非常注重装饰。

9. 建筑材料：14座全部为石柱，其他木构

分析：嵊州古戏台在建筑材料方面，全部采用了石质台柱，其他木构的方式。因为石质台柱不易腐烂，有利于长久使用，适合当地多雨潮湿的气候。而其他使用木构，与当地木材资源丰富相关。

10. 几开间、形状：14座全为一开间，14座全为方形平面

分析：说明嵊州古戏台都为一开间的方形舞台。

11. 是否前凸、几面观：14座全部前凸，14座全为三面观

分析：嵊州古戏台全部向正厅方向凸出于院落天井中，形成三面观的效果，增加了观众看戏的视角和空间，拉近了观演之间的距离，也便于戏台自身的采光、通风、排湿，同时使整个祠庙院落显得通透、明亮，采光、通风、排湿性能增强。

12. 两侧有无副台：14座全部没有副台

分析：全部不设副台，演戏时在戏台两侧临时搭建，说明副台并不是当时祠庙戏台的固定组成部分。

13. 朝向：12座坐南朝北，1座坐西朝东，1座坐东朝西

分析：嵊州古戏台在建造朝向方面，基本遵循了中国传统建筑中，祠庙正厅坐北朝南，戏台在中轴线上与之相向而对的方位惯例。

14. 是否分前后台：14座全分前后台

分析：全部分前后台，说明清朝时分前后台已经是嵊州古戏台的常态。

15. 平均面积、面阔、进深、台高：5座古戏台的平均面积22.15平方米，面阔4.77米，进深4.63米，台高1.68米

分析：从上述统计数据看，嵊州古戏台的平均面积较小，基本是一个正方形舞台，说明当时上演戏曲的场面、武打动作等都不会太大和复杂，同时在台的人数不会太多等。台版距地面的高度比较接近成年人的身高。

第三节　温、宁、嵊古戏台文化特征比较

本节将温州、宁海、嵊州三地的古戏台放在一起进行对比，分析三者文化特征的相同和相异之处，及其蕴含的地域文化特性、形成的原因等。

三地所统计古戏台的总数分别为温州125座，宁海7座，嵊州14座。虽然所统计三地古戏台的数量不一，但因为温州的125座是包含了十个县市区，宁海、嵊州各是一个县，所以三者在各自相对的地域范围内所占比例接近，能够代表当地的古戏台，具有可比性。下一章，对于温州与浙江省外赣东乐平、徽州祁门的比较亦然。

一　三地古戏台各项比较数据汇总列表

本节在前面对三地古戏台数据进行统计的基础上，将本节需要比较的数据，依次汇总列表于下。

表7—7　　　　　　　温、宁、嵊三地古戏台比较数据汇总

比较项	温州	宁海	嵊州
所统计古戏台总数	125座	7座	14座
所属建筑性质	65座位于神庙，59座位于祠堂，1座位于众厅	6座位于祠堂，1座位于神庙祠堂合一的建筑中	2座位于神庙，12座位于祠堂

续表

比较项	温州	宁海	嵊州
修建时间	明7，清118	清7	清14
与所属建筑、正厅关系	120座在整栋建筑内，其中115座紧邻门厅，在门厅明间后檐。5座在整栋建筑外。122座面对正厅	7座全在整栋建筑内，其中6座紧邻仪门，位于仪门明间后檐。7座全部面对正厅	13座在整栋建筑内，紧邻门厅，位于门厅明间后檐；13座全部面对正厅
所属建筑院落结构	99座两进合院式，17座三进合院式，2座四进合院式	6座两进合院式，1座三进合院式	3座两进合院式，1座三进合院式
所属建筑院落规模（平方米）	整体平均面积548.17，两进合院式平均面积497.56，三进合院式平均面积836.45，四进合院式平均面积630		整体平均面积698.38，两进合院式平均面积599.92，三进合院式面积993.75
两侧厢廊情况	73座两侧一层厢廊，20座两侧二层厢廊	7座两侧二层厢廊	13座两侧二层厢廊
外顶有无灰塑	46座有，63座没有	3座有，1座没有	9座有，4座没有
内顶样式	68座藻井，48座平棋天花，6座彻上明造；其中4座古戏台屋顶与正厅屋顶建有连接性勾联廊	1个单藻井，4个两连贯藻井，2个三连贯藻井	13座藻井，1座彻上明造。其中1座戏台与正殿屋顶建有连接性勾连廊
彩绘、雕刻	同时有彩绘、雕刻的71座。对彩绘、雕刻情况分别进行统计：通体彩绘2座，多彩绘18座，有彩绘58座；多雕刻2座，有雕刻112座；4座无彩绘、雕刻	4座多彩绘、雕刻，3座有彩绘、雕刻。其中6座多透雕、深雕，1座描金	1座有彩绘，13座有雕刻，其中8座多深雕、透雕，5座有描金
建筑材料	125座全为通体木结构	7座都是通体木结构	14座全为石柱，其他木构
几开间、形状	122座1开间，124座方形平面	7座全为1开间，7座都是方形平面	14座全为一开间，14座全为方形平面
是否前凸、几面观	92座前凸，27座没有前凸；118座三面观，1座一面观	7座全部前凸，7座全为3面观	14座全部前凸，14座全为三面观
两侧有无副台	15座两侧有副台，15座一侧有副台，86座没有副台	1座一侧有副台，6座没有副台	14座全部没有副台

续表

比较项	温州	宁海	嵊州
朝向	只有34座坐南朝北，其余四面八方朝向均有	只有1座坐南朝北，其余5座有4个朝向	12座坐南朝北，1座坐西朝东，1座坐东朝西
是否分前后台	91座分前后台，1座不分	7座全分前后台	14座全分前后台
平均面积（平方米）	24.08	26.23	22.15
平均面阔（米）	4.86	5.00	4.77
平均进深（米）	4.78	5.22	4.63
平均台高（米）	1.41	1.43	1.68

二 三地古戏台文化特征比较：同中有异，一定程度体现浙江明清古戏台文化特征

在上一节对三地古戏台比较数据汇总的基础上，本节按顺序逐项对比、分析于下。

1. 所属建筑的性质

分析：三地古戏台在祠庙中的数量分布情况是，温州处于神庙中的数量略多于祠堂，宁海、嵊州是祠堂明显多于神庙。

三地古戏台在祠庙的数量分布，一方面说明，明清时期，地方神信仰和宗族是三地古戏台大量修建并留存至今的重要因素。另一方面说明，两种势力在三地的强弱不同，温州是地方神信仰略大于宗族，宁、嵊是宗族明显大于地方神信仰，所以他们对各自古戏台的修建和留存所起到的作用也不同。

2. 修建时间

分析：三地古戏台的修建时间，温州是明朝7座，清朝118座，而宁海、嵊州全部修建于清。

说明三地清朝时戏曲演出盛行，并因此修建了大量古戏台。也说明因为相较于其他朝代，清朝离现在时间最近，所以古戏台易于留存下来。

3. 与所属建筑、正厅关系

分析：三地古戏台基本都是位于所属整栋建筑的内部，有明确的位置，即紧邻门厅，位于门厅明间后檐。基本全部面对正厅。

说明明清时期，尤其是清朝，戏台已经是三地祠庙建筑的固定组成部分，不仅修建祠庙时会直接将戏台包含在内，而且有明确位置。面对正厅，说明演戏、娱神、娱祖的目的非常明确。

4. 所属建筑院落结构、规模

分析：三地古戏台所属建筑多为两进合院式结构，少数为三进合院式，个别为四进合院式。院落规模方面，几地古戏台所属院落的面积都不大。

说明几地古戏台所属建筑的结构都不复杂，规模也不大。其中的原因，如前面对温州古戏台情况的分析，即三地因为所处的地形都是多山地、丘陵，缺乏大面积的平缓土地，使他们没有空间修建大规模的祠庙。再者，在有限空间内能够聚居在一起的人口数量，不会太多。导致他们一方面不会有强大的经济实力修建大规模的祠庙，另一方面也不需要修建大规模的祠庙。以此推知，当时三地无论神庙还是祠堂，基本都是为满足一个有限范围内小众群体的需要而修建的。神庙的信众居住在本村及附近，祠堂主要满足本村同姓同族的人。所以，三地祠庙呈现出数量多、规模小的特点，缺少大规模的跨越比较大地域范围的场域中心式祠庙。

如果将几地祠庙的院落规模进行比较，无论从整体平均院落面积还是两进或三进合院的平均面积，嵊州都大于温州。说明相比而言，嵊州因为处于宁绍平原，其地势比温州平缓一些，所以有更多的空间可以修建规模大一些的祠庙。

5. 两侧厢廊情况

分析：温州古戏台两侧大多为一层厢廊，少数是二层厢廊，宁嵊两地基本都是二层厢廊。

说明当时看戏时，温州在一层空间内，就可以满足看戏的空间要求，包括做到男女分区。宁、嵊两地则是单独在二层厢廊为妇女、儿童开辟看戏空间。还有一种可能，就是温州看戏时对于男女分区的要求，并不像宁、嵊那样重视、严格。

6. 外顶有无灰塑

分析：三地古戏台在屋顶的外部装饰方面，基本都是一部分采用灰塑造型进行装饰，一部分没有。相比而言，温州没有灰塑的比例更大。

说明三地古戏台对外部屋顶会进行装饰，但不会过度。相比而言，温州古戏台更为素朴。

7. 内顶样式

分析：三地古戏台在内部屋顶装饰方面，宁海最为重视，不仅全部采用建造工艺最为复杂，也最为费财的藻井，而且在7座古戏台中，有4座是两连贯藻井，2座是三连贯藻井，足以显示其对戏台内顶装饰的重视及雄厚的经济实力。嵊州是13座藻井，1座彻上明造。温州是68座藻井，48座平棋天花，6座彻上明造。说明嵊、温两地对于戏台内部屋顶的装饰也重视，但没有宁海重视，而嵊州的重视程度又强于温州。

宁海古戏台多连贯藻井的设计，使戏台和正厅之间形成一个有屋顶的连接性廊道。类似的设计，温州有4座，嵊州有1座。这体现出对于看戏者的人性关怀，使之在多雨烈日等天气时，能够有一个比较舒服的看戏环境。说明三地修建戏台在娱神、娱祖的同时，娱人的因素也被不同程度地考虑在内。对于宁、嵊古戏台的藻井，吴开英等在《中国古戏台研究与保护》一书中指出：

> 在一定范围的地域内，建造戏台的匠师们可能会互相影响，互相借鉴，从而形成地方特征明显的建筑风格。这其中，比较突出的例子如浙江宁海和浙江嵊州。……嵊州现存古戏台仍有100余座，大多数为单开间的三面观戏台，天花上都有华丽的藻井。……宁海现存戏台120余座，多建在庙宇宗祠内……这些戏台的共同特征是天花上均有极为华丽的彩绘藻井，其中的几座戏台，在台前往庭院内又加设进深一间或两间的勾连廊，且廊子天花上也有华丽的彩绘藻井，当地人称之为"两连贯"或"三连贯"藻井戏台。戏台上设藻井，在相当多地方都可见到，但在台前的庭院内设廊且廊内天花也设藻井，就使得廊子下的观众席有很强的"室内意味"了。这些带有藻井的廊子，是专供地位较高的观众观戏的，这里同时也是视听效果最好的位置。①

---

① 吴开英等：《中国古戏台研究与保护》，中国戏剧出版社2009年版，第86页。

无论是否如吴氏所言，廊子下是专供地位较高的人看戏的特殊空间。能够单独修建这样的廊子，体现的还是对于看戏者的人性关怀。

8. 彩绘、雕刻

分析：三地古戏台彩绘、雕刻装饰手法的使用程度和工艺方面，温州古戏台半数以上是彩绘、雕刻同时使用。如果将二者分开统计，则雕刻的使用多于彩绘。但无论彩绘还是雕刻，都不会过度，很少通体彩绘及使用深雕、透雕等繁复的雕刻手法，而是进行素雅的彩绘及局部浅雕。还有4座无彩绘、雕刻的戏台。

宁海古戏台彩绘、雕刻同时使用，而且彩绘的面积比较大，也更多地使用了深雕、透雕等费工费时费财的雕刻手法。还有一座戏台使用了描金工艺。

嵊州古戏台更多地使用雕刻，少彩绘，而且多使用深雕、透雕等繁复的雕刻手法，5座戏台使用了描金工艺。王荣法指出：

> （嵊州）祠庙戏台雕刻艺术较突出。雕饰部件主要有梁、桁、枋、椽、牛腿、挂落、雀替、额垫板、藻井、斗栱、龙伏等。可以说无处不雕，有构件就有雕刻。雕刻题材广泛，主要有人物典故、虫鸟花草、飞禽走兽、史话博古等。雕刻手法上有浑雕、透雕、浮雕，或三者浑于一体，且雕刻得都较精致。①

可以看出，三地古戏台的彩绘、雕刻装饰程度，嵊州最重，宁海次之，温州最轻。说明三地相比而言，温州的地域文化风气更为古朴、自然，宁、嵊因为开发程度、经济实力等胜于温州，所以在文化风气方面，更加注重外在的装饰，也更为奢华。如康熙《浙江通志（一）》卷之八"形胜·绍兴府"条记载的：

> 会稽佳山水，千岩竞秀，万壑争流。带海傍湖，膏腴土地。②

---

① 王荣法：《嵊州古戏台调查》，《东方博物》2006年第1期。
② 康熙《浙江通志（一）》，凤凰出版社2010年版，第251页。

9. 建筑材料

分析：温、宁两地的古戏台都是通体木结构，嵊州是石柱，其他木结构。谢涌涛在《绍兴古戏台》一书写到新昌儒岙永思祠戏台时，说其是"绍兴地区为数不多之纯木结构的早期古戏台"[①]，说明绍兴古戏台确实少纯木结构。而三地古戏台均有木结构的使用，说明其木材资源丰富。

10. 几开间、形状

分析：三地古戏台基本全是一开间的方形舞台。

11. 是否前凸、几面观

分析：在戏台前凸方面，宁、嵊两地是全部前凸，温州是绝大多数前凸。三地戏台基本全呈三面观。

戏台前凸，伸向天井，呈三面观，具有以下优点：第一，在有限的院落空间内，增加了观众看戏的视角和空间范围；第二，拉近了演员和观众之间的距离，增强了演出的亲近感、互动感，增强了演出效果；第三，有利于戏台自身的采光、通风、排湿；第四，使原本不大的院落变得通透，同样增强了院落的采光、通风、排湿。这样的设计，非常适合浙江一带的建筑空间条件及多阴雨天气的气候条件。

12. 两侧有无副台

分析：嵊州全部没有副台，宁海 1 座在一侧有副台，相比而言，温州有副台的数量略微多一些。

从三地古戏台两侧副台的统计数据看，副台并不是明清时期浙江一代戏台的固定组成部分。多采取的是演戏时临时搭建，用于安排伴奏用的文武场。至于原因，主要是受客观地形条件的限制，在整个院落面积不大的情况下，如果再建有固定副台，戏台的整体建筑面积就会增大，院落剩余空间面积则相应减小，整个院落的空间布局就会显得局促、沉闷。也正是因为没有固定副台，所以三地古戏台才显得那么轻盈、秀美。

13. 朝向

分析：温、宁两地古戏台的朝向，只有一小部分遵循了中国传统祠庙建筑中，正厅坐北朝南，戏台在中轴线上与之相对的方位惯例，也就是要

---

① 谢涌涛、高军：《绍兴古戏台》，上海社会科学院出版社 2000 年版，第 58 页。

坐南朝北。两地更多的是根据当地的地形、地势等客观条件，因地制宜地采用了多朝向的修建方法，所以会四面八方各个朝向都有。嵊州则基本遵循了戏台坐南朝北的建造方位惯例，其他朝向者，也是东西朝向的正方向。

说明三地相比而言，嵊州的地势相对平缓，有更多的平缓空间修建符合传统建造方位惯例的祠庙。

14. 是否分前后台

分析：温州古戏台基本都分前后台，只有少数戏台因为客观修建地理位置、地形条件等，不分前后台。宁、嵊两地是全部分前后台。说明明清时期，戏台分前后，是三地戏台的常态。

15. 平均面积、面阔、进深、台高

分析：三地戏台各自的平均面积都是二十多平方米，说明戏台的面积不大。意味着当时的戏台上上演的戏曲不会有大的场面、高难度的武打动作、同时在场的演员人数不多，砌末较小。三地戏台各自的平均面阔、进深，数据接近，说明基本都是一正方形舞台。各自平均台高方面，温、宁两地低于成年人的身高，这样看戏时观众上仰的视角不大，会比较舒适。嵊州台高1.68米，基本与成年人的身高相等，但因为嵊州院落规模大于温州，所以看戏时观众的上仰视角也不会太大，较为舒适。台高说明三地演戏在娱神、娱祖的同时，也关注、考虑到了娱人的需求，考虑到观众看戏的舒适度问题。

总体来说，通过本节对温、宁、嵊三地明清古戏台文化特征的逐项比较，发现三地古戏台的文化特征，有某些相同之处，也有一些相异之处。

相同之处包括：三地古戏台主要修建于清；戏台已经是当时祠庙建筑的固定组成部分，有明确的修建位置，面对正厅；戏台所属建筑的院落结构，多为两进合院式，规模不大；三地戏台都是面积不大、向前凸出于院落天井中的一开间、三面观的正方形舞台，透着秀美、轻盈、灵动、通透；副台并不是当时三地古戏台的固定组成部分，戏台分前后，是当时三地戏台的常态。

相异之处包括：明清时期，三地戏台主要分布于祠庙，但在祠庙中的分布数量，多少不同；厢廊方面，三地大都在戏台左右两侧建有厢廊，但温州多为一层，宁嵊基本为二层；外顶、内顶、彩绘、雕刻方面，三地古戏台都会进行装饰，但程度不同。相比而言，温州古戏台比较古朴、素雅，更山野、自然，宁、嵊古戏台对装饰更为重视，更多地使用藻井，在雕刻手法上也很复杂，有的还使用了描金工艺，人工雕饰的痕迹更重，戏台显得隆重、奢华；建筑材料方面，温宁是通体木结构，嵊州是石柱，其他木结构；三地戏台的朝向，温、宁是多朝向，嵊州则基本遵循了中国传统祠庙建筑的方位惯例。

可以看出，三地古戏台的相异之处，并不是完全不同，而是同中有异，加之他们的相同之处，说明三地作为同处浙江的不同地域，在古戏台的文化特征方面，更多地体现的是明清时期浙江古戏台的共性文化特征。无不表明都是因地制宜与浙江一代的地形、地势、气候等自然条件和谐构建的产物，体现着明清时期浙江的地域文化特色及建筑智慧。但因为浙江境内地域文化风气的差异，又各具有自己的一些特性。

本书希望通过对温、宁、嵊三地古戏台文化特征的对比研究，在更好地认识温州古戏台文化特征的基础上，能够在一定程度上探究、展示明清时期，尤其是清朝时浙江古戏台的地域文化特征、形成原因等，进而为全国的古戏台研究，提供一个地域性的案例和参考。薛林平曾指出：

> 浙江是除山西以外，现存传统戏场建筑最为集中的省份，数量众多。这些戏场多建于祠堂和庙宇中，设计考究，装饰精美，有很高的保护价值。[①]

---

① 薛林平：《浙江传统祠堂戏场建筑研究》，《华中建筑》2008年第6期。

第八章　温州与浙江省外其他地域明清古戏台比较研究

本章选取了浙江省外，在地缘上与之毗邻的赣东乐平、徽州祁门两地的古戏台，与温州古戏台进行比较研究。

乐平市地处江西省东北部，素有"中国古戏台之乡""中国古戏台博物馆"之称，甚至有中国古戏台"北有山西临汾，南有江西乐平"的说法。所以，乐平古戏台值得作为温州古戏台研究的一个参照对象。

徽州现存古戏台数量较少，因为没有进行过官方或专门的普查式统计，所以不明确实际数量。一些对徽州古戏台进行研究的学者，调研结果不一。如薛林平指出：

> 根据我们的调查，安徽全省现存的传统戏场建筑仅有30余处。[①]

陈琪指出：

> （徽州）现存且有一定保护价值的古戏台仅有17座，分别在祁门、休宁、歙县、绩溪、婺源，特别是祁门县还有11座明清时期的古戏台，这里是徽州古戏台保存较好的地区。[②]

王薇、徐震指出：

---

① 薛林平：《安徽传统戏场建筑研究》，《华中建筑》2007年第8期。
② 陈琪：《藏在宗祠里的徽州古戏台》，《中国文化遗产》2013年第5期。

根据调查显示，徽州地区现存的传统戏场建筑有 10 余处，基本分布在祁门县、歙县、黟县、休宁县、绩溪县以及婺源县（现属于江西省）等地。①

本书以祁门县为例，来分析徽州古戏台的文化特征。因为祁门县古戏台相对分布比较集中，有代表性的古戏台数量达到 10 座，而且全部为祠堂式古戏台，并在 2006 年被国务院列入第六批全国重点文物保护单位。从数量、特点、重要性等方面，都具有研究的代表性、重要性。

本章希望通过对温州与乐平、祁门古戏台的比较，分析其文化特征的异同及背后的原因。不仅有助于对温州古戏台的研究，也能在一定程度上看到三地古戏台各自的风采，及其所代表的南方明清古戏台的一些文化特征。

第一节　赣东乐平古戏台

一　乐平古戏台数据列表：7 座古戏台的各项数据信息

本书关于乐平古戏台列表的相关数据参考徐进著《话台言戏：传统文化视阈下的乐平古戏台与民间戏曲》②，张良华主编《中国乐平古戏台》③，王亚菲、朱黎明著《笙歌满庭芳：江西古戏台旅游》④，薛林平著《中国传统剧场建筑》⑤，罗德胤著《中国古戏台建筑》⑥，车文明著《中国神庙剧场》⑦等书，及结合笔者的实地调研。

---

① 王薇、徐震：《徽州地区明清时期古戏台规划选址及建筑类型》，《工业建筑》2015 年第 7 期。
② 江西人民出版社 2017 年版。
③ 江西人民出版社 2008 年版。
④ 百花洲文艺出版社 2009 年版。
⑤ 中国建筑工业出版社 2009 年版。
⑥ 东南大学出版社 2009 年版。
⑦ 文化艺术出版社 2005 年版。

（一）古戏台数据列表（一）

表 8—1　　　　　　　　乐平古戏台数据（一）

名称	修建时间	地点	与所属建筑、正厅关系	所属建筑院落结构	所属建筑院落规模（平方米）	两侧厢廊情况
浒崦村程氏祠堂戏台	清嘉庆二十三年（1818）	镇桥镇	紧邻门厅,在门厅明间后檐;面对祭厅	三进	2500	院内雨台两侧有二层厢廊
南岸村余家祠堂戏台	清乾隆年间	镇桥镇				
车溪村朱氏敦本堂戏台	清同治庚午年（1870）	涌山镇	紧邻门厅,在门厅明间后檐;面对祭厅	三进；大门、戏台、中堂、祭厅	1860	两侧有一层厢廊
玉山官溪村胡氏祠堂戏台					833.18	
乐安流坑村仰山庙戏台						
涌山村王氏祠堂戏台	明崇祯年间	涌山镇	紧邻门厅,在门厅明间后檐;面对祭厅	三进		两侧有一层厢廊
横路村叶氏九堂祠堂戏台	清		第二进；面对祭厅	四进	380	

（二）古戏台数据列表（二）

表 8—2　　　　　　　　乐平古戏台数据（二）

名称	外顶有无灰塑	内顶样式	彩绘、雕刻	建筑材料	几开间	几面观	朝向
浒崦村程氏祠堂戏台	有	晴雨台各设藻井	遍施雕刻,多透雕,雕刻图案复杂,雕刻施描金	通体木结构	晴台面阔三间；雨台面阔一间	雨台一面观	晴台坐北朝南,与祠堂朝向一致,面向广场；雨台坐南朝北,面向祭厅
南岸村余家祠堂戏台	有		有彩绘、雕刻	通体木结构	面阔三间	1	

续表

名称	外顶有无灰塑	内顶样式	彩绘、雕刻	建筑材料	几开间	几面观	朝向
车溪村朱氏敦本堂戏台	无	藻井	多精美雕刻	通体木结构	面阔三间	3	坐西朝东
玉山官溪村胡氏祠堂戏台					面阔三间		坐西朝东
乐安流坑村仰山庙戏台					面阔三间		坐东朝西
涌山村王氏祠堂戏台	无	藻井	有雕刻	通体木结构	面阔三间	1	
横路村叶氏九堂祠堂戏台							雨台坐西朝东

（三）古戏台数据列表（三）

表8—3　　　　　　　乐平古戏台数据（三）

名称	是否分前后台	是否晴雨台	面阔（米）	进深（米）	台高（米）
浒崦村程氏祠堂戏台	分	是，晴台规格高于雨台	晴台通面阔9.85，其中明间面阔5.4；雨台面阔5.9	晴雨台通进深9，各占4.5	晴台1.2；雨台1.5
南岸村余家祠堂戏台	分	是			
车溪村朱氏敦本堂戏台	分	否	通面阔10.9，其中明间面阔6.35	进深6.1	1.5
玉山官溪村胡氏祠堂戏台			通面阔10.1，其中明间面阔4.6	进深6.5	2
乐安流坑村仰山庙戏台			通面阔17，其中明间面阔5.85	进深5.5	1.07
涌山村王氏祠堂戏台	分		通面阔10.1，其中明间面阔8.1	进深4.4	
横路村叶氏九堂祠堂戏台		是			1.8

二　乐平古戏台文化特征分析：注重装饰、独具特色的晴雨台

在上面数据列表的基础上，对乐平古戏台的文化特征，逐项分析于下。

1. 所属建筑的性质：1 座位于神庙，6 座位于祠堂

   分析：在统计的 7 座古戏台中，从所属祠庙的分布数量看，乐平宗族势力对于古戏台的修建和留存影响更大。

2. 修建时间：明 1 座，清 4 座

   分析：修建时间的朝代分布，一方面说明清朝时乐平戏曲演出活动的兴盛，及对古戏台修建产生的影响。另一方面也是因为清朝离现在时间近，古戏台易于留存下来。

3. 与所属建筑、正厅关系：4 座位于整栋建筑内，其中 3 座紧邻门厅，位于门厅明间后檐，1 座位于第二进。都面对祭厅

   分析：说明明清时期戏台是乐平祠庙建筑的固定组成部分，有明确的位置，多位于第一进门厅明间后檐。都面对祭厅，说明演戏娱神、娱祖的目的非常明确。

4. 所属建筑院落结构、规模：3 座三进合院式结构，1 座四进合院式结构。4 座整体平均面积 1393.30 平方米，2 座三进式平均面积 2180 平方米，1 座四进式面积 380 平方米

   分析：乐平古戏台所属院落结构比较简单，涵盖了三进、四进等样式。所属院落的面积，大小不一，有 2000 多平方米的三进式院落，也有 300 多平方米的四进式院落，说明院落的进数和面积之间，不一定成正比。

5. 两侧厢廊情况：1 座两侧有二层厢廊，2 座两侧有一层厢廊

   分析：说明明清时期乐平除在祭厅屋檐下、天井中、一层厢廊下看戏外，有的单独在古戏台两侧厢廊的二层，为妇女、儿童修建了看戏空间。

6. 外顶有无灰塑：2 座有，2 座没有

   分析：说明明清时期，乐平部分古戏台会对外部屋顶进行装饰，但并不特别重视。

7. 内顶样式：3 座有藻井，其中 1 座的晴雨台都建有藻井

   分析：说明乐平古戏台注重对内部屋顶的装饰，因为包括 1 座戏台的晴台和雨台在内，都修建了建造工艺复杂的藻井。

8. 彩绘、雕刻：1 座有彩绘，4 座有雕刻。其中 1 座遍施雕刻，1 座多雕刻，1 座有描金

   分析：从乐平古戏台彩绘、雕刻装饰手法的采用情况看，其更喜欢使

用雕刻。一些戏台的雕刻，不仅面积大，而且图案复杂、精美，还使用了透雕及描金等工艺，说明乐平戏台重视装饰。车文明指出：

> 构筑华丽，雕刻精美，是南方明清建筑的普遍特点，赣东祠堂更是如此。诸如柱、础、梁、枋、斗栱、雀替、天花、藻井、屋脊、瓦当、门窗、家具，凡是显露在外者，能雕刻绘画的，都要尽力精雕彩绘，而戏台则是雕饰的重点，以雕梁画栋来形容毫不过分。雕刻图案有龙凤麒麟、松鹤柏鹿、水榭楼台、人物故事、戏曲场面、飞禽走兽、兰草花卉等。雕刻形式有浅雕、透雕、圆雕等。图案纹样繁复巧妙，题材广泛，生动精美。走入祠堂，犹如置身于一座艺术殿堂。①

9. 建筑材料：4座通体木结构

分析：乐平古戏台的建筑材料方面，整座戏台通体使用木结构，这与当地木材资源丰富有关。

10. 几开间：5座平面三开间，另1座面向广场的晴台平面三开间，面向祭厅的雨台一开间

分析：乐平古戏台的面阔以平面三开间居多。三开间的中间一间，面积最大，为表演台，也就是戏曲演出的舞台。左右两侧的开间，明显变小，用作副台，安排文武场。

11. 几面观：3座一面观，1座三面观

分析：因为乐平古戏台多为平面三开间，并不向前凸出于院落的天井中，所以多为一面观。

12. 朝向：3座坐西朝东，1座坐东朝西，1座雨台面向祭厅，坐南朝北，晴台则与之相反，坐北朝南

分析：乐平古戏台的朝向并没有遵循中国传统祠庙建筑中，祭厅坐北朝南，戏台在中轴线上坐南朝北与之相对的方位惯例，但也没有四面八方什么方位都有，而是集中在南北和东西两个朝向。说明乐平的地形、地势

---

① 车文明：《中国神庙剧场》，文化艺术出版社2005年版，第251页。

比较平缓，允许其修建方位正向的祠庙建筑。如《天下郡国利病书》之"江西备录·饶州府"条描写的："（乐平）土地方平。"①

13. 是否分前后台、是否晴雨台：4座分前后台，3座为晴雨台

分析：乐平古戏台不仅分前后台，而且有一部分是晴雨台的双面台形式，形成晴台、雨台互为前后台的独特风格。3座晴雨台都是祠堂台。

晴雨台是乐平古戏台的一种特有形式，又称鸳鸯台。是在戏台纵深方向的中间，由隔扇将戏台一分为二，二者互为前后台。面对两个方向都可以进行戏曲演出，雨台面向祠内的祭厅，晴台面向外面的广场。晴台的规模大于雨台。乐平晴雨台的上述结构特征：第一，说明在某种意义上，演戏面对的观众范围更加广泛，可以是非本族的外人，改变了祠堂戏台原来只能向内供本族祖先和族人观看的惯例，说明了祠堂戏台由宗族性向社会性的转变；第二，说明当时戏曲演出活动的盛行和人们对于看戏活动的广泛需求，原来祠内的狭小空间，已经不能满足；第三，说明当时修建戏台在娱祖的基础上，更加注重娱人，修建了更大规模的可以供更多人看戏的晴台。

14. 平均面阔、进深、台高：乐平古戏台多为平面三开间，有的还是晴雨双面台，这里仅计算面向祠内戏台中间表演台的相关数据。其平均面阔6.16米，进深5.4米，台高1.57米

分析：根据乐平古戏台面向祠内戏台中间表演台的平均面阔和进深，可以算出其平均面积为33.26平方米。从面阔和进深的数据看，乐平古戏台向内中间的表演台并不是正方形，而是一个长方形的开间。台高方面需要引起注意的是，虽然平均台高低于一个成年人的身高，但几座戏台的台高相差较大，既有1.07米的，也有2米的，所以其台高的设置并不固定。其中2米的，是过路台形制，也就是戏台下面形成一个可以出入通行的通道。

---

① （清）顾炎武撰，严佐之等校点：《顾炎武全集》，上海古籍出版社2011年版，第2615页。

第二节　徽州祁门古戏台

一　祁门古戏台数据列表：10 座全国重点文保古戏台的各项数据信息

本书关于徽州祁门县古戏台的列表数据，参考陈琪、张小平、章望南著《花雨弥天妙歌舞：徽州古戏台》[1]、薛林平著《中国传统剧场建筑》[2]等书，胡春、王薇《祁门古戏台建筑形制与木雕装饰艺术研究》[3]，李强《徽州古戏台观演空间研究》[4]等文，及结合笔者的实地调研。

（一）古戏台数据列表（一）

表 8—4　　　　　　　　祁门古戏台数据（一）

名称	修建时间	地点	与所属建筑、正厅关系	所属建筑院落结构	所属建筑院落规模（平方米）	两侧厢廊情况
珠林村赵氏余庆堂戏台	清咸丰初期（1851-1853）	新安乡	紧邻门厅，门厅明间后檐，与享堂相对	三进；门厅、戏台、享堂、寝堂	504.08	两侧有二层厢廊
坑口村陈氏会源堂戏台	明万历十五年（1587）	闪里镇	紧邻门厅，门厅明间后檐，与享堂相对	三进；门厅、戏台、享堂、寝堂	600	两侧有二层厢廊
磻村陈氏敦典堂戏台	清同治年间	闪里镇	紧邻门厅，门厅明间后檐，与享堂相对	三进；门厅、戏台、享堂、寝堂	340	两侧有二层厢廊
磻村嘉会堂戏台	清同治年间	闪里镇	紧邻门厅，门厅明间后檐，与享堂相对	三进；门厅、戏台、享堂、寝堂	505	
洪家村敦化堂戏台	清道光年间	新安乡	紧邻门厅，门厅明间后檐，与享堂相对	三进；门厅、戏台、享堂、寝堂	187	两侧无厢廊
李坑村陈氏大本堂戏台	清同治十三年（1874）	新安乡	紧邻门厅，门厅明间后檐，与享堂相对	三进；门厅、戏台、享堂、寝堂	341.8	两侧有一层厢廊

---

[1] 辽宁人民出版社 2002 年版。
[2] 中国建筑工业出版社 2009 年版。
[3] 《安徽建筑大学学报》2016 年第 5 期。
[4] 硕士学位论文，安徽建筑大学，2015 年。

续表

名称	修建时间	地点	与所属建筑、正厅关系	所属建筑院落结构	所属建筑院落规模（平方米）	两侧厢廊情况
叶源村聚福堂戏台	清同治年间（1862-1874）	新安乡	紧邻门厅，门厅明间后檐，与享堂相对	三进；门厅、戏台、享堂、寝堂	332	两侧有一层厢廊
长滩村赵氏和顺堂戏台	清同治年间	新安乡	紧邻门厅，门厅明间后檐，与享堂相对	三进；门厅、戏台、享堂、寝堂	378.8	
良禾仓村赵氏顺本堂戏台	清末	新安乡		三进；门厅、戏台、享堂、寝堂	303.5	两侧有二层厢廊
新安村祠堂戏台	清光绪年间	新安乡		三进；门厅、戏台、享堂、寝堂	306	

（二）古戏台数据列表（二）

表8—5　　　　祁门古戏台数据（二）

名称	外顶有无灰塑	内顶样式	彩绘、雕刻	建筑材料	几开间	几面观	朝向
珠林村赵氏余庆堂戏台	无	藻井	遍施精美透雕	通体木结构	面阔五间	1	坐东朝西
坑口村陈氏会源堂戏台	无	藻井	有精美雕刻	通体木结构	面阔三间	1	坐南朝北
磻村陈氏敦典堂戏台	无	藻井	有彩绘、精美深雕	通体木结构	面阔三间	1	坐南朝北
磻村嘉会堂戏台	无	藻井	局部雕刻，多为浅雕	通体木结构	面阔三间	1	坐南朝北
洪家村敦化堂戏台	无		局部雕刻，有浅雕、深雕、透雕	通体木结构	面阔三间	1	坐南朝北
李坑村陈氏大本堂戏台	无		有雕刻	通体木结构	面阔三间	1	坐南朝北
叶源村聚福堂戏台	无		多精美透雕	通体木结构	面阔三间	1	坐南朝北
长滩村赵氏和顺堂戏台	无			通体木结构	面阔三间	1	坐南朝北
长滩村赵氏顺本堂戏台				通体木结构	面阔三间	1	坐南朝北

续表

名称	外顶有无灰塑	内顶样式	彩绘、雕刻	建筑材料	几开间	几面观	朝向
新安村祠堂戏台			有雕刻	通体木结构	面阔三间	1	坐南朝北

（三）古戏台数据列表（三）

表8—6　　　　　　　祁门古戏台数据（三）

名称	是否分前后台	表演台面积（平方米）	通面阔（米）	通进深（米）	台高（米）	台版中间是否可拆卸
珠林村赵氏余庆堂戏台	分	29.7	13.8	7.8	1.7	是
坑口村陈氏会源堂戏台	分		12.7	8	1.7	否
磻村陈氏敦典堂戏台	分	28.1	8.9	6.4	1.4	是
磻村嘉会堂戏台	分	31.4	10.3	8.1	1.4	是
洪家村敦化堂戏台	分	20.3	9.7	19.8	1.5	是
李坑村陈氏大本堂戏台			10.4	32.8		是
叶源村聚福堂戏台	分	17.4	10.1	33	1.5	是
长滩村赵氏和顺堂戏台		30.8	11.6	32.6	1.7	是
长滩村赵氏顺本堂戏台			11.3	26.8	1.7	
新安村祠堂戏台		25.6	9.5	32.4	1.4	是

二　祁门古戏台文化特征分析：全部为祠堂台

在上面数据列表的基础上，将祁门古戏台的文化特征，逐项分析于下。

1. 所属建筑的性质：10座全部位于祠堂

分析：统计的10座古戏台全部位于祠堂，印证了明清时期徽州祁门宗族势力兴盛、强大的史实，也说明了其对古戏台修建及留存的重要作用。

2. 修建时间：明1座，清9座

分析：10座古戏台修建朝代的数量分布，一方面说明清朝时祁门宗族戏曲演出活动的盛行及因此修建的大量戏台，另一方面也说明清朝因为距离现在时间近，戏台更易于留存至今。

3. 与所属建筑、正厅关系：8座位于整栋建筑内，紧邻门厅，在门厅明间后檐，面对享堂

分析：从统计数据可以看出，明清时期，戏台已经是祁门祠堂的固定

组成部分，有明确的位置，而且娱祖的目的非常明确。对于徽州祠堂古戏台的位置，陈琪也指出：

> 徽州祠堂……戏台位于祠堂内前部，与享堂相对，与祠堂大门紧密相连。①

4. 所属建筑院落结构、规模：10 座全部为由门厅、戏台、享堂、寝堂组成的三进合院式结构，平均院落面积 379.82 平方米

分析：祁门古戏台所属祠堂的院落结构非常一致，10 座院落全部是三进合院式结构。平均院落面积不大。

5. 两侧厢廊情况：4 座两侧有二层厢廊，2 座两侧有一层厢廊，1 座两侧没有厢廊

分析：从祁门戏台两侧的厢廊情况看，仅有部分建有二层厢廊，用以安排妇女、儿童看戏。说明其他在一层的平面中，就可以满足看戏时的场地需求，包括做到男女分区。

6. 外顶有无灰塑：8 座没有

分析：从祁门祠堂戏台外部屋顶对灰塑装饰手法的采用情况看，说明其并不注重进行屋顶的外部装饰。

7. 内顶样式：4 座为藻井

分析：与戏台外部屋顶没有灰塑相比，祁门戏台注重内部的装饰，会在戏台的内顶修建藻井。

8. 彩绘、雕刻：1 座有彩绘，8 座有雕刻，其中 4 座雕刻精美，有的是局部浅雕，有的是深雕、透雕等

分析：在彩绘、雕刻的装饰手法上，相比而言，祁门戏台更喜欢使用雕刻，而且雕刻手法多样、深浅不一、图案精美。章望南对祁门所属之徽州古戏台的彩绘、雕刻情况，描述到：

> 总之，所有戏台无论梁枋、雀替、斜撑、隔扇、栏板等醒目部

---

① 陈琪：《藏在宗祠里的徽州古戏台》，《中国文化遗产》2013 年第 5 期。

位均雕刻或绘有精美的图案和纹饰,其中雕刻的图案姿态各异,有的达四五个层次,起伏跌宕,繁丽工整,非常富有立体感,给人一种浑厚的感觉。①

9. 建筑材料:10 座全部为通体木结构

分析:祁门古戏台全部采用木构,与徽州丰富的木材资源有关。

10. 几开间:1 座平面五开间,9 座平面三开间

分析:祁门古戏台全部是平面多开间格局,开间间数为单数,以三开间为主。中间一间面积最大,为表演台,两侧较小,为副台,用于安排文武场。陈琪在《花雨弥天妙歌舞:徽州古戏台》一书中也指出:

> 前台又分正台及两厢,正台为表演区,两厢为乐队锣鼓伴奏的地方。②

11. 几面观:10 座全部为一面观

分析:祁门古戏台没有向前凸出于院落的天井中,而是全部采用平面多开间的一面观设计。

12. 朝向:1 座坐东朝西,9 座坐南朝北

分析:祁门古戏台的朝向基本遵循了中国传统祠庙建筑中,正厅坐北朝南,戏台在中轴线上与之相对,坐南朝北的方位惯例。

13. 是否分前后台:6 座分

分析:说明明清时期,祁门戏台一般分前后台。

14. 平均面积、台高:表演台的平均面积 26.19 平方米,平均台高 1.56 米

分析:因为祁门古戏台是多开间的结构,平面几开间的总面积会大一些。为了便于与温州及本书其他地域的古戏台进行对比,和对乐平古戏台

---

① 章望南:《传统民间戏曲与徽派建筑装饰》,载朱万曙、卞利主编《戏曲·民俗·徽文化论集》,安徽大学出版社 2004 年版,第 196 页。

② 陈琪、张小平、章望南:《花雨弥天妙歌舞:徽州古戏台》,辽宁人民出版社 2002 年版,第 37—38 页。

面积的统计方法一样，这里只统计中间表演区的戏台面积。从统计数据看，祁门戏台表演区的面积并不大。平均台高低于一个成年人的身高。

15.台版中间是否可以拆卸：8座可以，1座不可以

分析：祁门古戏台在台版方面比较一致的一个显著特点，是台版的中间可以拆卸。当宗族中有重大事情时，就可以拆掉中间的台版，形成一条直接连接大门和享堂的通道。

第三节 温、乐、祁古戏台文化特征比较

一 三地古戏台各项比较数据汇总列表

本节将温州、乐平、祁门三地古戏台需要比较的数据信息，逐项汇总列表于下。

表8—7　　　　　　　温、乐、祁三地古戏台比较数据汇总

比较项	温州	乐平	祁门
所统计古戏台总数	125座	7座	10座
所属建筑的性质	65座位于神庙，59座位于祠堂，1座位于众厅	1座位于神庙，6座位于祠堂	10座全部位于祠堂
修建时间	明7，清118	明1，清4	明1，清9
与所属建筑、正厅关系	120座在整栋建筑内，其中115座在门厅明间后檐，紧邻门厅。5座在整栋建筑外。122座面对正厅	4座位于整栋建筑内，其中3座紧邻门厅，位于门厅明间后檐，1座位于第二进。都面对祭厅	8座位于整栋建筑内，紧邻门厅，在门厅明间后檐。都面对享堂
所属建筑院落结构	99座两进合院式，17座三进合院式，2座四进合院式	3座三进合院式，1座四进合院式	10座全部为三进合院式
所属建筑院落规模（平方米）	整体平均面积548.17，两进合院式平均面积497.56，三进合院式平均面积836.45，四进合院式平均面积630	整体平均面积1393.30，三进合院式平均面积2180，1座四进合院式面积380	整体平均面积379.82
两侧厢廊情况	73座两侧一层厢廊，20座两侧二层厢廊	1座两侧二层厢廊，座两侧一层厢廊	4座两侧二层厢廊，2座两侧一层厢廊，1座两侧没有厢廊
外顶有无灰塑	46座有，63座没有	2座有，2座没有	8座没有

续表

比较项	温州	乐平	祁门
内顶样式	68座藻井，48座平棋天花，6座彻上明造	3座藻井，其中1座的晴雨台都建有藻井	4座为藻井
彩绘、雕刻	同时有彩绘、雕刻的71座。对彩绘、雕刻情况分别进行统计：通体彩绘2座，多彩绘18座，有彩绘58座；多雕刻2座，有雕刻112座；4座无彩绘、雕刻	1座有彩绘，4座有雕刻。其中1座遍施雕刻，1座多雕刻，1座有描金	1座有彩绘，8座有雕刻，其中4座雕刻精美，有的是局部浅雕，有的是深雕、透雕等
建筑材料	125座全为通体木结构	4座通体木结构	10座全为通体木结构
几开间、形状	122座1开间，124座方形平面	5座三开间，1座面向广场的晴台三开间，面向祭厅的雨台一开间	1座五开间，9座三开间
是否前凸、几面观	92座前凸，27座没有前凸；118座三面观，1座一面观	3座一面观，1座三面观	10座全为一面观
两侧有无副台	15座两侧有副台，15座一侧有副台，86座没有副台		
朝向	34座坐南朝北，其余四面八方朝向均有	3座坐西朝东，1座坐东朝西，1座雨台面向祭厅，坐南朝北，晴台则与之相反，坐北朝南	1座坐东朝西，9座坐南朝北
是否分前后台	91座分，1座不分	4座分	6座分
平均面积（平方米）	24.08	雨台表演台：33.26	表演台：26.19
平均面阔（米）	4.86	6.16	
平均进深（米）	4.78	5.4	
平均台高（米）	1.41	1.57	1.56

二 三地古戏台文化特征比较：异中有同，体现各自的地域文化特性

在上面数据列表的基础上，将三地古戏台的各项特征，逐项比较于下。

1. 所属建筑的性质

分析：温州在所统计的125座古戏台中，65座位于神庙，59座位于祠堂，1座位于众厅。说明明清时期温州地方神信仰与宗族都有一定势力，地方神信仰的力量略强于宗族。乐平是1座位于神庙，6座位于祠堂，说明当时乐平的宗族势力明显强于地方神信仰。祁门是10座全部位于祠堂，说明明清

时期祁门地区宗族势力的一支独大。

2. 修建时间

分析：从温、乐、祁三地古戏台修建时间的统计数据看，三地共同的特征是，各有一定数量修建于明，但大部分修建于清。一方面说明清朝时三地戏曲演出的盛行，及由此修建的大量古戏台。另一方面也是因为清朝是我国最后一个封建王朝，距离今天时间最近，所以戏台易于留存下来。

3. 与所属建筑、正厅关系

分析：三地戏台主要位于整栋建筑内部，第一进门厅后檐，面对正厅。说明戏台是明清时期三地祠庙建筑的固定组成部分，有明确的修建位置，且娱神、娱祖的目的明确。

4. 所属建筑院落结构、规模

分析：三地古戏台所属院落结构的共同之处是，全部为多进合院式结构。不同之处是，温州以两进合院式为主，兼有少量三进，及个别四进合院式。乐平是三进、四进合院式都有。祁门则整齐划一，全部为三进合院式结构。

三地古戏台所属院落的规模，相比而言，祁门最小，10座三进合院的平均面积远远小于温州的两进合院，更不能和温州的三进合院比。乐平因为所知面积的院落数量少，从整体平均面积看，远远大于温州。有一点需要注意者，是温州、乐平两地四进合院的面积比同地三进要小，说明院落的进数与面积之间不一定成正比。

5. 两侧厢廊情况

分析：三地戏台在左右两侧，大都修建了一定数量或一层或二层的厢廊。修建二层厢廊的，是用作妇女、儿童的看戏场所。

6. 外顶有无灰塑

分析：在戏台外部屋顶的灰塑装饰方面，三地中，温州、乐平较为重视，都有一定数量的戏台采用灰塑工艺在外部屋顶进行装饰、美化，祁门则完全没有采用。

7. 内顶样式

分析：在戏台内部屋顶的装饰方面，温州是藻井、平棋天花、彻上明造均有，以藻井偏多；乐平和祁门则是全部采用藻井。说明乐平和祁门比温州重视戏台内顶的装饰。

8. 彩绘、雕刻

分析：三地古戏台都有采用彩绘、雕刻手法进行装饰，相比而言，雕刻的使用多于彩绘，尤其是乐平、祁门两地。在雕刻上，温州是局部浅雕，乐平祁门不仅雕刻面积大，而且图案复杂、精美，有的还使用了透雕等繁复的雕刻手法。乐平戏台还使用了描金工艺。说明乐平和祁门比温州重视戏台的装饰。

9. 建筑材料

分析：三地戏台在建筑材料的使用方面，共性明显，非常一致地选择了通体木结构，这与三地木材资源丰富相关。

10. 几开间、形状

分析：在戏台的开间、形状方面，温州与乐平、祁门相异。温州基本是一开间的方形舞台。乐平、祁门则是平面多开间的样式，两地都以三开间为主，中间一间面积最大，是表演台，左右两侧的开间较小，作为副台，安排文武场伴奏。

11. 是否前凸、几面观

分析：温州古戏台基本是向前凸出于院落天井中，呈三面观。乐平和祁门多是呈平面多开间的一面观，不向前凸出于院落的天井中，而且戏台左右两侧的开间和左右厢廊连接在一起。

12. 两侧有无副台

分析：温州古戏台一般没有在左右两侧修建固定副台，而是在演戏时临时搭建。乐平、祁门两地因为是平面多开间的设计，开间数一般为单数，中间一间是表演台，左右的小开间作为副台，也就是说乐、祁两地古戏台修建有固定副台。

13. 朝向

分析：在戏台朝向方面，温州并没有遵循中国传统祠庙建筑中，正厅坐北朝南，戏台在中轴线上与之相对，坐南朝北的方位惯例，而是根据当地的地形、地势等客观条件，因地制宜地灵活选择了多朝向的建造方位。乐平虽然也没有遵循传统的方位惯例，但与温州相比，情况要好很多，都是东西、南北的正向方位朝向。祁门则是基本遵循了坐南朝北的方位惯例。

14. 是否分前后台

分析：在戏台分前后方面，三地基本是分前后台的。说明戏台分前后，已经成为明清时期三地戏台修建的惯例。

15. 平均面积、面阔、进深、台高

分析：三地戏台的面积，乐平最大，祁门次之，温州最小。从三地戏台各自平均面阔和进深数据的对比看，温州戏台基本为正方形，乐平则是长方形。台高方面，乐平、祁门接近，温州最低，但三地戏台的高度基本较少高于一般成年人的身高，仅乐平有少数高于者，也相应形成了戏台下可以通行的过路台。关于过路台，廖奔等指出：

> 最常见的一种形式就是把戏台和山门结合起来而形成过路式戏台，可以称之为山门戏台复合型。这种戏台，山门与戏台结合为一体，戏台下开巷道，戏台骑跨在山门入口通道上，形成过街楼式，人们进入山门时要从戏台下穿过，然后到达庙院。①

据笔者研究，过路台的形制在浙江、江西、安徽等南方省份较少。所以，廖奔等的结论应该是就北方戏台形制而言。

以三地院落面积与台高的数据比例看，祁门的院落面积最小，平均台高较高，所以在徽州祁门的祠堂里看戏时，观众视角的上仰幅度会大，舒适度会比另外两地差一些，也说明祁门宗族文化氛围的浓厚，演戏的主要目的是娱祖，娱人性因素考虑得少一些。

通过上述对温、乐、祁三地古戏台文化特征的对比，发现其有一些相同之处，但更有明显的相异之处。

相同之处包括：三地戏台的修建时间，主要在清。戏台都是所属祠庙的固定组成部分，有明确的修建位置，即在第一进明间后檐。面对正厅。在戏台左右两侧，多建有厢廊。建筑材料全都采用通体木结构。基本分前

---

① 廖奔、赵建新：《中国戏曲文物图谱》，中国戏剧出版社 2015 年版，第 32—33 页。

后台。

相异之处包括：三地戏台在祠庙中的数量分布，温州祠庙数量相差不大，乐平主要在祠堂，祁门全部位于祠堂。三地戏台所属院落为多进合院式，但每地为主的院落进数不同。温乐比较重视外顶的灰塑装饰，祁门则完全没有采用。内顶、彩绘、雕刻方面，乐、祁比温州重视。温州戏台多为平面一开间的正方形舞台，且向前突出于院落天井中，呈三面观。乐、祁是平面三开间为主，不凸出于院落天井中，呈一面观。副台并不是温州古戏台的固定组成部分，乐、祁则建有固定副台。温州戏台是多朝向，乐平基本是正朝向，祁门基本遵循了中国传统祠庙建筑的建造方位惯例。乐平戏台面积最大，祁门次之，温州最小。乐平、祁门台高接近，温州最低。

不难看出，温、乐、祁三地因为地缘毗邻，所以文化特征有某些相同之处。但毕竟属于不同的文化圈，所以相异之处十分明显。相同之处，体现的是中国明清南方古戏台文化特征的共性。相异之处，体现的是各自所属地域的地域文化特性。

在温州与乐平、祁门古戏台文化特征对比的基础上，也更好地加深了对于温州明清古戏台文化特征的研究和认识。这就是地域比较研究的美妙之处和价值所在。

第九章　温、宁、嵊、乐、祁明清古戏台的总体研究

第一节　五地古戏台文化特征比较：体现不同层面明清古戏台的文化特性

在第六、七、八章研究的基础上，本节对明清时期，温、宁、嵊、乐、祁五地古戏台的文化特征，做最后的总体性对比分析。本书之所以将温州古戏台与浙江省内宁波宁海、绍兴嵊州，浙江省外赣东乐平、徽州祁门进行对比，一方面是为了更好地认识、展示温州古戏台的地域文化特征和风采。另一方面希望能够发现一些浙江、江西、安徽等南方古戏台，甚至中国古戏台的共性文化特征，使本书的研究具有更广、更高层面的价值和意义。

因为在第七章第三节、第八章第三节，各自对三地古戏台文化特征进行对比时，已将要比较的相关数据列表，所以此处不再将五地的对比数据列表，而是直接在前面列表的基础上，进行对比、分析。

1. 所属建筑的性质

从对五地古戏台所属建筑性质的统计数据看，除温州位于神庙的数量略多于祠堂，其他几地都是主要或全部位于祠堂。说明宗族势力是五地古戏台大量修建并留存至今的主要因素，但其在各地所起作用的大小不同，也说明浙江、江西、徽州三地宗族势力的强大。

关于三地宗族势力的强大，从地方文献资料诸多关于祠堂的记载中，可以得到证明。

温州，如明万历五年《季氏祠堂碑记》的记载：

祠建宅东，地临水面山，正堂峻翼，应以曹门，两庑廊轩，四周垣墙而通衢绕之，盖捐已资。①

道光二十三年（1843）梧溪富氏富祝三等撰《重建祠堂记》记载：

第前祠之创，迄今甲申②已经六十年矣，渐就崩颓。时敦书、敦伦、必盛诸公偕族众日坚、日基、日耀、日新、汝珊、日宗辈重建享堂，更翼两庑，再作大门及中道，演剧台一座，工告功竣。③

对于徽州的情况，明朝休宁人吴子玉说：

盖我郡国多旧族大姓，系自唐宋来，其牒记可称已，而俗重宗义，追本思远，险而用礼，兹兹于角弓之咏。以故姓必有族，族有宗，宗有祠。诸富人往往独出钱建造趣办，不关闻族之人。诸绌乏者即居揪隘，亦单力先祠宇，毋使富人独以为名。由是祠宇以次建益增置矣。④

从吴子玉的描述中不难看出，休宁不仅宗族历史悠久，而且宗族文化氛围浓厚。当时不仅财力雄厚者积极修建祠堂，就是财单力薄者，也不甘落后，亦倾力建之。

祠堂在南方大量修建，是在明朝之后。第一，与朝廷政策直接相关。明嘉靖十九年，朝廷诏令天下臣民建立家庙⑤。这一法令的颁布，从国家政策层面允许并推动了祠堂的大量修建。第二，与南方宗族的文化特性有关。明清时期居住于南方的大姓宗族，大多经历过多次的辗转迁徙。异地生存的现实需要，使他们更加注重聚族而居，注重依靠全族的力量，所以十分

---

① 薛林平：《中国传统剧场建筑》，中国建筑工业出版社2009年版，第279页。
② 校："甲申"当为"癸卯"。
③ 吴明哲编：《温州历代碑刻二集》下册，上海社会科学院出版社2006年版，第864页。
④ （明）吴子玉撰：《大鄣山人集》卷22《沙溪凌氏祠堂记》，安徽巡抚采进本。
⑤ 《明史》，中华书局1974年标点本，第1342—1343页。

重视建祠堂、修族谱等凝宗聚族的举措。

明代以后祠堂建筑在南方的大量兴建，为祠堂戏台的发展提供了广阔的空间。薛林平在《中国传统剧场建筑》一书中曾指出：

> 祠堂剧场主要盛行于明末、清代和民国时期。明嘉靖年间，皇帝下诏"许民间皆联宗立庙"，于是各族纷纷建立祠堂，祠堂建筑得到迅猛的发展，成为重要的建筑类型。由于当时祠堂中演戏非常流行，所以，祠堂中建造剧场也成为大势所趋。就地域而言，南方的宗祠剧场远远超过北方。①

2. 修建时间

分析：从温、宁、嵊、乐、祁五地古戏台修建时间的统计数据看，虽有少数修建于明，但大部分修建于清。这一方面说明，清朝时五地戏曲演出的盛行，及由此修建的大量古戏台。另一方面也说明，与之前的其他朝代相比，清朝距离今时间最近，所以古戏台易于留存。

3. 与所属建筑、正厅关系

分析：五地古戏台基本位于整栋建筑内部，紧邻门厅，位于门厅明间后檐，并面对正厅。说明明清时期戏台已经是五地祠庙建筑的固定组成部分。戏台在所属建筑中有明确的修建位置，而且不是一个独立的单体建筑，是与门厅结合。对此，薛林平在研究中指出：

> 祠堂戏场的格局，主要有两种。一种是戏台位于门厅的明间或第二进的明间，其特点是戏台居于门厅或其他建筑之中，并没有自身的屋顶。……另外一种戏场格局是，戏台向内突出门厅，伸向庭院内，这种形式的祠堂戏场更为多见。②

廖奔也指出：

---

① 薛林平：《中国传统剧场建筑》，中国建筑工业出版社2009年版，第4页。
② 薛林平：《浙江传统祠堂戏场建筑研究》，《华中建筑》2008年第6期。

与宋元时期神庙建筑常常不把戏台纳入自己的整体结构布局不同，明清时期由于在神庙中修建戏台已经形成传统，因而在最初设计的时候就把戏台建筑考虑进去，使之成为神庙结构组成中一个不可分割的部分。许多神庙都直接利用戏台来构建庙中的一重院落，也就是说，利用戏台和厢楼、院墙的连接来分隔庙中空间，戏台已经不再是庙院中间孤零零的存在，而和其他部件连在一起。①

虽然薛、廖是各就祠堂、神庙建筑中的戏台情况而言，但也适用于本书选取的五地祠庙古戏台的情况。而戏台面对正厅，说明五地修建戏台娱神、娱祖的目的非常明确。虽然一些戏台在设计方面，如前文所述，出现顾及观众看戏时的舒适度等需求，考虑到娱人的问题，但娱神、娱祖是祠庙戏台修建不会改变的必然目的。

4. 所属建筑院落结构、规模

分析：在戏台所属祠庙建筑的院落结构方面，浙江温、宁、嵊三地多数是两进合院式，少数为三进合院式，个别有四进合院式。赣东乐平是三进、四进都有。徽州祁门则全部是三进合院式。虽然五地戏台所属祠庙建筑院落的进数不等，但都是合院式结构，说明明清时期，浙江、江西、徽州三地的祠庙建筑都是采用由门厅、戏台、厢廊、正厅等组成的多进合院式院落结构模式。

在五地古戏台所属祠庙院落的规模方面，同等进数，祁门最小。应该与祁门的地理形势、居住人口多寡、建筑密度等因素有关。

此外，需要注意的是院落进数与面积之间，并不一定成正比，不是院落进数越多，面积就越大。

5. 两侧厢廊情况

分析：明清时期，祠庙演戏，男女要分区观看，以示男女有别，崇奉礼教。廖奔指出：

民间神庙里演戏并不禁止妇女前来观看，但男女的站立地点有

---

① 廖奔、赵建新：《中国戏曲文物图谱》，中国戏剧出版社 2015 年版，第 32 页。

所区别。①

为了做到看戏时男女分区，有些是在戏台两侧修建二层厢廊。对此，学界也有关注。车文明指出：

> 出于增加观众席的需求以及受封建礼教男女有别、防止在公共场所男女混杂之礼法影响，大约在明代末期，神庙剧场出现了一种新的建筑"二层看楼"。②

薛林平指出：

> 祠堂剧场庭院的两侧一般建有看楼，系妇女和儿童专席。③

在本书选取的五地古戏台中，温州多数是一层厢廊，宁、嵊、乐、祁多二层厢廊。修建一层厢廊者，应该是在一层的平面看戏空间中，就满足了男女看戏分区的要求。修建二层厢廊的，则是在二层单独为妇女开辟了看戏空间。如徐培良指出宁海的情况是：

> （岙胡胡氏宗祠看戏时，）第二、三个藻井下照例是男宾的席位，而女眷只能在南北厢房里静静地看戏。④

肖勇骏指出绍兴的情况：

> （绍兴戏台）左右两廊有专供妇孺儿童观看的戏楼。旧时，规定男人不得上楼，违者罚瓦一千张。⑤

---

① 廖奔：《中国古代剧场史》，人民文学出版社2012年版，第210页。
② 车文明：《中国神庙剧场中的看亭》，转引自王潞伟《上党神庙剧场研究》，中国戏剧出版社2016年版，第156页。
③ 薛林平：《中国传统剧场建筑》，中国建筑工业出版社2009年版，第278页。
④ 徐培良、应可军：《宁海古戏台》，中华书局2007年版，第51页。
⑤ 肖勇骏：《绍兴古戏台的越剧风华》，《东方收藏》2013年第9期。

从肖氏的描述可以看出，绍兴为做到看戏时男女有别，一方面为妇女修建二层厢廊，另一方面对于违反者的处罚相当严厉。

徽州同样存在修厢廊供妇女看戏的情况，薛林平指出：

> 安徽现存的传统庭院式戏场中，戏场两侧一般均建有看楼，为妇女小孩专用看戏空间。①

陈琪指出：

> 徽州祠堂两侧廊庑上设置的观戏楼，也就是现代人说的包厢。观戏楼小巧玲珑，内设形同美人靠。观戏窗上组合有几何形纹的窗棂，不但美观，而且不挡视线，透过窗棂可观看戏台上的整个演出活动，非常惬意，是当地有名望、有地位的大户小姐观戏之所在。②

依陈氏的描述，徽州祠堂中的二层厢廊，不仅是供妇女看戏的地方，还是专供有身份、地位的女性看戏的所在。

修建二层厢廊专供妇女看戏的惯例，到民国时期在温州被打破。地方士绅张棡在日记中，记载他从民国初年至末年，多次到二层厢廊看戏的情况。如《杜隐园观剧记》之"民国五年丙辰（1916） 十一月廿四日 观象山舞台诸剧"条记载：

> 是晚闻仓后庙有象山舞台，乃是乐清人叶某新聚者。晚饭后即偕沈君渭滨、阮君商咸、项君性秋去看，坐于偏厢楼上，以戏箱载到稍迟，人已拥挤如潮。③

《杜隐园观剧记》之"民国六年丁巳（1917） 三月廿一日 祝共和演《三闯辕门》"条记载：

---

① 薛林平：《安徽传统戏场建筑研究》，《华中建筑》2007 年第 8 期。
② 陈琪：《藏在宗祠里的徽州古戏台》，《中国文化遗产》2013 年第 5 期。
③ 沈不沉编著：《温州戏曲史料汇编》下册，中国戏剧出版社 2011 年版，第 366 页。

同沈君渭滨赴仓后庙看戏……同坐廊房左楼。①

《杜隐园观剧记》之"民国廿四年乙亥（1935） 八月初一日 看《贵妃醉酒》《八义记》"条记载：

下午，蔡润斋、林平周二位来访，茗谈片刻，遂偕之赴庙看戏。时台上女伶正演《贵妃醉酒》，立半晌。蔡以天气太热，先辞去，予乃转至媳坐之女台上看之。②

1935 年这次，张棡明言自己是转到儿媳所坐之"女台"看戏。说明此时人们看戏时，从道理或形式上知道看戏时要男女分区，但实际上并不严格执行。

看戏时为做到男女有别，除上述办法外，一些有条件者，还单独为女眷搭建看台，如《杜隐园观剧记》之"民国七年戊午（1918） 八月初五日 尚武台演《活水缸》"条记载：

是日本地有戏，为尚武台班，角色颇好，乃命工人去搭看棚一座，为内眷看戏之座。③

只是这类史料较少。

本书认为，明清时期五地看戏时，常规性的男女分区方法是：如果有条件，就在戏台两侧修建二层厢廊；如果没有条件，就在一层的平面空间中，划分一定区域。至于单独为女眷搭建看台，并不是普遍做法。另外，关于看戏时男女分区问题，五地的重视程度和实际执行情况，并不相同。

6. 外顶、内顶的装饰

分析：在古戏台外部屋顶是否采用灰塑进行装饰方面，宁海、嵊州都是多数有灰塑，乐平一半有，温州少数有，祁门基本没有。内部屋顶方面，

---

① 沈不沉编著：《温州戏曲史料汇编》下册，中国戏剧出版社 2011 年版，第 368 页。
② 同上书，第 417 页。
③ 同上书，第 372 页。

温州是 68 座藻井，48 座平棋天花，6 座彻上明造。嵊州是 13 座藻井，1 座彻上明造。乐平、祁门都是藻井。宁海不仅全部为藻井，而且多数使用连贯藻井。

可以看出，在戏台外部屋顶的装饰方面，浙江所属的宁、嵊比较重视，赣东乐平次之，温州又次之，祁门基本不重视。内部屋顶装饰方面，宁海最为重视，乐平、祁门次之，嵊州、温州又次之。

7. 彩绘、雕刻

分析：彩绘方面，温州、宁海使用比较多，嵊州、乐平、祁门有少量使用。如陈琪指出徽州古戏台的情况：

> 梁架一般不施彩漆而髹以桐油，显得格外古朴典雅。①

与彩绘相比，五地古戏台都更多地使用了雕刻工艺，不同之处是温州的雕刻多是局部的浅雕，宁、嵊、乐、祁等地多是深雕、透雕等，宁、嵊、乐三地有些还使用了描金工艺。

将五地古戏台的外、内屋顶，彩绘、雕刻情况，汇总来看，可以看出各地对戏台的装饰，重视程度不一、使用工艺的程度不一。五地相比而言，温州古戏台比较素朴、装饰程度较轻。导致这些差异的原因，与各地的地域文化特色、物产能力、工匠水平等有关。

8. 建筑材料

分析：五地古戏台在建筑材料的选择方面，温、宁、乐、祁都是通体木结构，只有嵊州全部采用的是石柱，其他木结构。总体而言，木结构是浙江、江西、徽州古戏台的主要建筑材料，这与当地木材资源丰富有关。陆林等在《徽州村落》一书中指出：

> "新安多巨木"，"山出美材"，"合抱大木罗列于前，亦不知多少"。其中适宜雕刻的坚硬的名贵木材如柏、梓、榧树、楠木、

---

① 陈琪：《藏在宗祠里的徽州古戏台》，《中国文化遗产》2013 年第 5 期。

银杏等，分布很广。①

不过五地古戏台使用木料的粗细不同，相比而言，浙江所属的温、宁、嵊三地，木料比较细，徽州祁门的比较粗大，所以浙江的古戏台显得秀美、轻盈、灵动、通透，祁门古戏台显得高大、肃穆、沉闷，陈琪指出：

> 徽州古戏台以木制材料为主，具有梁架多用料大，且注重装饰的特点。②

各地古戏台在木料选用方面的差异，反映出其不同的地域文化特性和建筑理念。

9. 几开间、形状、是否前凸、几面观

分析：温、宁、嵊三地古戏台基本是一开间，向前凸出于院落的天井中，呈三面观的正方形舞台。乐祁则多是三开间，不向前凸出于院落天井中，呈一面观的长方形舞台。

如前文的分析，温、宁、嵊古戏台向前凸出于院落天井中、呈三面观的设计，在有限的院落空间内，增加了观众看戏的视角和空间，拉近了演员与观众之间的距离，增强了演出效果。而且非常适合浙江阴雨潮湿的天气，不仅有利于戏台自身的采光、通风、排湿，也使所属院落显得通透，同样增强了采光、通风、排湿等性能。乐、祁不凸出、一面观，戏台屋顶与左右两侧厢廊屋顶相连接的设计，使整个院落围合性更强，也使戏台的严肃性更强，自然也拉远了戏曲演出与观众之间的距离。

上述差异反映出各地祠庙古戏台在修建、戏曲演出等方面，地域文化背景和理念的不同。

10. 两侧有无副台

分析：浙属的温、宁、嵊三地，古戏台两侧多没有副台。乐、祁戏台因为是多开间，中间一间面积最大，为表演台，两侧的开间较小，作为副台。

---

① 陆林、凌善金、焦华富：《徽州村落》，安徽人民出版社2005年版，第215页。
② 陈琪：《藏在宗祠里的徽州古戏台》，《中国文化遗产》2013年第5期。

所以，用于安排文武场的副台，并不是明清时期浙江戏台的固定组成部分，却是乐、祁戏台的固定组成部分。

11. 朝向

分析：在五地古戏台的朝向方面，温、宁两地并没有遵循中国传统祠庙建筑中，正厅坐北朝南，戏台在中轴线上与之相对，坐南朝北的方位惯例，而是采用了多朝向的做法。嵊、祁则基本遵循了戏台坐南朝北的方位惯例。乐平虽然没有做到遵循坐南朝北的传统方位惯例，却都是南北、东西方向的正向朝向。

五地古戏台朝向之所以会有如此差别，主要与各地的地形、地势等自然环境条件有关。如果客观地理环境条件允许，他们自然会选择传统的建造方位。如果不允许，则会因地制宜地灵活选择适合本地客观地理条件的多方位建造方式。关于戏台朝向问题，学界也有关注。如赵华富指出：

> 徽州宗族祠堂的朝向虽然与中国传统文化不无关系，但是，最重要的是受祠堂所在村落的朝向、布局、地势、环境和在村落中所处的位置所制约。①

毕忠松等指出：

> 戏台的朝向问题不是独立而存在的。一方面，与整座祠堂建筑总体布局有关，在徽州"八山一水一分田"的地理环境下，多数包括古戏台在内的徽州建筑依地势而建，这就很难做到坐北朝南或坐西朝东的总体建筑布局形式，随之位于门屋的古戏台也很难做到坐南朝北或坐东朝西的建筑布局。②

毕氏对于徽州古戏台朝向问题的分析，与本书的研究结果相异。本书是以祁门保存至今的10座祠堂古戏台为研究对象，也许毕氏的研究对象不

---

① 赵华富：《徽州宗族祠堂三论》，《安徽大学学报》（哲学社会科学版）1998年第4期。
② 毕忠松、李沄璋、曹毅：《徽州古戏台大本堂建筑形式浅析》，《建筑与文化》2014年第9期。

第九章 温、宁、嵊、乐、祁明清古戏台的总体研究

一样。

12. 是否分前后台

分析：关于戏台分前后台问题，车文明指出：

> 三面观、前后台，表明戏剧表演的方向性增强，内容丰富了，可以通过上下场变换场次、情节，是戏曲成熟的一个重要标志。从《张协状元》等剧本中可知，早期（按：南宋时期）南戏表演场所中已经有了戏房，也就是后台。①

廖奔等指出：

> 在戏台上建立固定格扇式木墙，把前后台正式分开，已经是明代的事了。②

本书中五地古戏台都是建于明清时期，基本都已明确区分前后台，在前后台之间建有固定的木质隔扇，这与中国古戏台的发展演变规律相符。

13. 古戏台的平均面积、台高

分析：五地古戏台各自的平均面积，温州 24.08 平方米，宁海 26.23 平方米，嵊州 22.15 平方米，乐平向内表演台 33.26 平方米，祁门中间表演台 26.19 平方米。

可以看出，五地古戏台的面积并不大，说明当时在戏台上上演的戏曲场面不会太复杂、宏大，没有高难度、大幅度的舞台动作，砌末等道具较小，同时在场的演员人数也不太多。可以推知，当时戏班的规模不大。周华斌指出：

> 明清戏曲——俗称"七子班"、"九角班"、含七到九个脚色行当。又有"二人转"、"三小戏"，无非生、旦或小生、小旦、小丑。

---

① 车文明：《中国古代戏台规制与传统戏曲演出规模》，《上海戏剧学院学报》2011 年第 1 期。

② 廖奔、赵建新：《中国戏曲文物图谱》，中国戏剧出版社 2015 年版，第 21 页。

清乾隆时期行当最为齐整的戏班也不过"江湖十二脚色"。①

车文明在《中国古代戏台规制与传统戏曲演出规模》一文中指出：

> 在南方，尤其是江浙一带，神庙剧场（包括会馆剧场、宗祠剧场）山门戏台前台基本为伸出式，面阔进深各一间，一般在5—6米左右，小者4米多见方，大者6米多见方，建筑面积30平方米左右，显得小巧玲珑（当然，后台较大，一般有三间，有的还有专供文武场面的副台）。……这些戏台多数建于清代后期，有的延至民国。这样的格局，除了江南一带地少人多以及小桥流水式的建筑风格外，主要还是演出需要所决定。由宋元南戏发展而成的传奇艺术到晚明时期已经非常成熟了，而其代表性地域就是江南一带。……入清以后，脚色规模虽有所发展，但基本上没有超出"江湖十二脚色"。……前台为30平米左右的戏台完全可以满足演出需要。……此外，折子戏的兴盛也是重要因素。折子戏一般以演出唱、做好的单元为主，而不追求场面宏大。……总之，戏台建筑首先要满足演出的需要，其次，也要适应地域、时代建筑风格的规范以及建筑审美的追求，最后，还要考虑财力、物力的支撑以及技术发展水平的制约。②

范春义认为影响戏台面积的因素为：

> 戏台是一种"物"，其面积大小主要决定于三种基本因素：一是当时建筑工艺及技术所能达到的程度；二是戏台所在的具体的地形地貌。如果地形狭仄，无论如何也不能建筑高大宽敞的戏台；三是建设戏台所具备的经济能力。作为公共建筑物，戏台的建设需要耗费大量的金钱。所以，即使具备了技术条件和场地条件，如果缺

---

① 周华斌：《中国古戏楼研究》，载周华斌、朱联群主编《中国剧场史论》上卷，北京广播学院出版社2003年版，第85页。
② 车文明：《中国古代戏台规制与传统戏曲演出规模》，《上海戏剧学院学报》2011年第1期。

乏足够的资金，也无力建筑宽阔的戏台。①

不难看出，一地戏台面积的大小，是诸多因素综合作用的结果。第一，从修建者而言，不仅要考虑当地的地形、地势等客观地理环境条件是否能够提供足够的空间，还要考虑自己的经济实力。关于地形限制的记载，在《歙县志》卷一"舆地志·风土"条中写道：

> 然以山多田少，病居室之占地，多作重楼峻垣，屋中空地太少，开窗亦隘，严密有余而光气不足，乃其短也。②

史料中的记载，虽然是关于歙县因为地形条件限制而影响住宅建设样式、格局及其弊端的内容，但五地基本都面临类似山多地少，平缓土地空间不足的问题，所以无论住宅还是祠庙，在建设面积方面都会受到同样的影响。在建筑整体面积受限的情况下，戏台的面积自然也不会太大。第二，从戏曲发展的历史来看，不同的发展阶段，不同的戏曲种类，在演出场面大小，舞台动作的幅度、难度，角色设置，同时在台人数，伴奏文武场的规模，砌末大小、多少等方面，都是不同的。这些都在一定程度上，影响着戏台面积的变化。

在五地戏台的面积中，乐平最大，嵊州最小，就与其戏曲演出的场面大小、在台人数多少等因素有关。张良华指出：

> 由于饶河戏演的多是宫廷大戏，场面奢华，气势恢弘，这就注定了乐平古戏台规制宏大、结构巧妙。③

肖勇骏指出：

> （绍兴戏台）面积不过20多平方米。这是由于绍兴的戏曲中

---

① 范春义：《卫聚贤与20世纪戏台史研究的兴起》，《文学遗产》2013年第1期。
② 民国《歙县志》，江苏古籍出版社1998年版，第41页。
③ 张良华主编：《中国乐平古戏台》，江西人民出版社2008年版，第20页。

上场人物比较少，一般一两个人，多则三四人，人物动作也不是很复杂，不需要非常大的建筑空间。①

从戏台的台高看，温宁低于一般成年人的身高，嵊、乐、祁接近一般成年人的身高。五地在普遍山多地少，院落总体面积有限的情况下，没有将台高修得高于成年人的身高。一方面说明，考虑到戏台高度与整个院落建筑整体的比例和谐问题。另一方面说明，已经考虑到观众看戏时的舒适度问题，娱人性因素已被考虑在内。

14. 台版中间是否可以拆卸

分析：之所以统计戏台的台版中间是否可以拆卸，是想看一下在祠庙遇到祭祀等重要事情时，从大门到正厅的通行方式。五地中，只有祁门的祠堂戏台台版大多数可以从中间拆卸，形成一条从大门到正厅的通道。另外四地，一部分可以从中间拆卸，有的是进入大门后从戏台左右两侧绕行至正厅，更有甚者，就没有修建大门，直接从侧门出入。

总体而言，通过上述对五地明清古戏台文化特征的对比分析，发现五者在一些方面，体现的是当时中国古戏台的共性。第一，五地古戏台主要修建于清，是因为明清时期，尤其是清朝，是中国地方戏曲繁荣、演出兴盛的阶段，所以修建了大量古戏台。而且因为清朝是距离现在时间最近的一个朝代，所以古戏台易于留存至今。第二，戏台基本都已明确区分前后台，这与中国古戏台的发展演变规律相符。

一些方面，体现的是当时南方古戏台的共性。第一，古戏台主要位于祠堂，说明明清时期，宗族势力的强盛，是五地古戏台大量修建并留存至今的重要因素。第二，五地古戏台基本位于整栋建筑内部，紧邻门厅，位于门厅明间后檐，并面对正厅。说明戏台已经是当时五地祠庙建筑的固定组成部分，有明确的修建位置，演戏娱神、娱祖的目的明确。第三，所属建筑的院落结构为多进合院式。第四，建筑材料主要是木材，与当地木材资源丰富有关。第五，戏台的面积并不大，与当地的地形、地势等客观地理环境条件的限制有关。

---

① 肖勇骏：《绍兴古戏台的越剧风华》，《东方收藏》2013年第9期。

在另外一些方面，体现的是各自的地域文化特性。第一，五地古戏台的装饰方面，在外顶、内顶的装饰手法和重视程度，及对彩绘、雕刻的采用程度、工艺手法等，存在不同。第二，戏台形制方面，温、宁、嵊三地古戏台基本是一开间的正方形舞台，向前凸出于院落的天井中，呈三面观。乐、祁则多是三开间的长方形舞台，不向前凸出于院落天井中，呈一面观。第三，戏台朝向方面，五地对于中国传统祠庙建筑的建造方位惯例，遵循程度不一。

所以说，通过本节的分析，不仅可以在一个更广泛比较的基础上，从一个更高的视野看明清时期温州古戏台的文化特征，对其形成更全面、深入的认识，还可以看到明清时期其他几地古戏台各自的风采和魅力，更可以在一定程度上，从五地古戏台身上看到当时南方古戏台、甚至中国古戏台的一些共性特征。这是本节研究的目的和意义所在。

第二节 五地古戏台文化特征的鲜明对比：温州古朴、自然，祁门肃穆、内敛

在本书对五地明清古戏台文化特征对比、分析过程中，发现差异最为鲜明的两地是温州和徽州祁门。

在上述研究的基础上，可以将温州古戏台的总体文化特征概括为：古朴、自然、简洁、素雅、轻盈、灵动、秀美，与当地的自然、山水，和谐地融为一体，多了一些山野自然与乡土随意。徽州祁门古戏台的总体文化特征可概括为：高大、肃穆、沉闷、内敛、精美。

造成温州和祁门古戏台文化特征差异的原因，主要包括如下几方面。

第一，地域环境的差异。

徽州处在群山环抱之中，山的阻隔，使其对于外界来说，是封闭的，自成体系的。但水的流通，又使徽商走到了外面的多彩世界，积累了巨大的财富。所以，他们的建筑风格也是如此。高高的马头墙将自家的院落与外界隔绝开来，而高墙的内部却是见过世面，拥有丰富、精致生活的徽商，自己的小天地，他们可以在这里尽情地展示自己的喜好和实力。所以，徽派建筑从外面看，粉墙黛瓦，低调素雅，与世无争，里面却精心设计，雕

刻繁复、精美，是一种外在朴素、含蓄、谦卑，内在张扬、绽放、精致的文化风格。位于徽州祠堂中的戏台也是一样，从外面看戏台的外部屋顶没有什么装饰，却将繁华、精彩绽放在高高的马头墙内，不仅戏台雕刻精美，两侧的看楼也有精美雕刻，很好地体现了徽州三雕的精湛技艺和无处不雕的重雕刻文化传统。杨影等在《徽州文化》一书中指出：

> 徽州民居从外表看平淡无奇，但内部装饰却非同一般……徽州人含蓄内敛的个性气质决定了他们在建房时舍弃了外表的华丽张扬，苦心追求屋内装饰的华美，醉心于精湛的雕刻。①

温州三面靠山，一面临海，形成一个相对隔绝，但又自由、开放的小世界。使其形成了古朴、自然的建筑风格，而且能够在坚持自己原有文化特色的同时，不断吸收、融合外来的文化元素。素朴的中式戏台中，西洋装饰文化元素的采用，就是这个道理。《浙江古建筑》一书指出：

> 浙南温州、丽水以及台州南部地区，属瓯越文化圈，乡土文化、耕读文化氛围浓郁。这一区域的民居，建筑形制古拙，结构简洁，不注重装饰，保留许多早期做法，反映了偏远山区建筑文化的滞后性。②

姑且不论《浙江古建筑》一书所言的温州古戏台建筑文化的滞后性，单其表述即印证了温州古戏台古朴、自然的地域文化特征。

第二，地域文化理念的不同。

徽州作为朱子故里，理学盛行，十分推崇封建伦理纲常，所以形成传统、严肃、厚重的地域文化理念。温州著名的永嘉学派，主张义利并举的事功思想，所以比较灵活、务实。两地在地域文化理念方面的差异，也体现在各自的建筑风格中。如傅聪指出：

---

① 杨影、王柬编：《徽州文化》，吉林文史出版社2010年版，第79—80页。
② 杨新平等编著：《浙江古建筑》，中国建筑工业出版社2015年版，第29页。

徽州建筑风格在顺应自然的基础上所产生的"内敛"、"古朴"、"精致"以及"清逸"等特点,也是与(徽州)理学家们的自身修养与思想传授有着必然联系的。①

第三,经济实力的差异。

温州和祁门虽然都属于山多地少的生存形态,但明清时期两地经济实力的差距,还是十分明显的。

关于祁门及其所属徽州的生存环境及谋生方式,顾炎武在《天下郡国利病书》之"凤宁徽备录·徽州志"条写道:

> 徽郡保界山谷,土田依原麓,田瘠确,所产至薄,独宜菽麦、红虾籼,不宜稻粱。壮夫健牛,日不过数亩,粪壅缛栉,视他郡农力过倍,而所入不当其半。又田皆仰高水,故丰年甚少,大都计一岁所入,不能支什之一。小民多执技艺,或贩负就食他郡者常十九。转他郡粟给老幼,自桐江,自饶河,自宣、池者,舰相接,肩相摩也。田少而直昂,又生齿日益,庐舍坟墓不毛之地日多。山峭水激,滨河被冲啮者,即废为沙碛,不复成田。以故中家而下,皆无田可业。徽人多商贾,盖其势然也。②

又,《休宁县志》卷之一"疆域志·风俗"条记载:

> 徽在万山间,……地少居窄民稠,民鲜力田而多货殖。③

《歙县志》卷一"舆地志·风土"条记载:

> 田少民稠,商贾居十之七。④

---

① 傅聪:《试论理学对徽州传统戏曲的影响》,《艺术评论》2011年第12期。
② (清)顾炎武撰,严佐之等校点:《顾炎武全集》,上海古籍出版社2011年版,第1024页。
③ 道光《休宁县志》,江苏古籍出版社1998年版,第43页。
④ 民国《歙县志》,江苏古籍出版社1998年版,第39页。

山多地少，土地贫瘠，物产能力低，人口增长等多重生存压力的逼迫，使得徽州人大多选择了外出经商谋生。到明清时期，发展成为闻名全国的商帮，积累了十分雄厚的经济财富，使他们有足够的财力在家乡修建自己想要的祠堂和戏台。

与徽州相比，温州同样面临着山多地少、土地贫瘠等生存压力，如弘治《温州府志》记载的"土薄水浅，禀赋脆弱"[①]及"温居涂泥斥卤，土薄艰艺"[②]等。温民也选择了手工业、商业作为谋生手段，但没能形成徽商那样经济实力雄厚、闻名全国的商帮。

第四，徽商的推动作用。

徽商作为闻名全国的商帮，在外经商谋业的过程中，需要交接权势人物，拓展交际圈子，打理、疏通各种关系，戏曲是其用到的主要方式之一。当时很多徽商都豢养有自己的家班。但因为他们的戏班是在城市里，为有钱有势的人演出，所以他们对于戏曲演出场所的装饰会特别重视。他们将自己的戏班和戏曲文化带回家乡，也影响到家乡的戏台建设。而温州的戏曲演出，无论在庙台还是在祠堂，一直以来都是在山野乡土间，为地方神和一般民众演出，所以影响到戏台的建筑风格也是山野、自然而随意的。

第三节　五地古戏台修建及留存共性原因分析

明清时期，温、宁、嵊、乐、祁五地，能够修建一定数量且建造精美的古戏台并留存下来，其中的原因，有许多共同之处。下面分九个方面，逐一进行分析。

一　地方神信仰的力量

在五地古戏台中，有一少部分建在神庙，说明当地拥有一定的地方神信仰力量。有地方神信仰，就有娱神戏曲的演出。戏曲演出需要舞台空间，

[①] 弘治《温州府志》，上海社会科学院出版社2006年版，第12页。
[②] （宋）陈谦：《永宁编》，转引自俞光编《温州古代经济史料汇编》，上海社会科学院出版社2005年版，第2页。

自然也就推动了神庙戏台的修建及留存。

关于宁海地方神信仰盛行及演戏娱神的情况，地方文献中多有记载。如徐培良在《宁海古戏台》一书中写道：

> 旧时宁海各庙演戏，多在春秋两季酬神祈福之时，其规模和影响以城隍庙为最。……
>
> 农历二月初九演出"祝寿戏"，相传这日是城隍的生日。演期长短根据筹集的款项而定，一般在十天左右。农历三月则有迎神赛会。赛会时，城内都神庙的"五瘟神"途经城隍庙，城隍要邀请客神看戏。宁海城区还流传城隍与西门的白鹤大帝是亲家，要互相请看戏的说法，两处演戏成了每年必上的节目。……此外还有各业商店的"集资戏"、个别善男信女的"还愿戏"，加上秋季的祭祀演戏，总计全年多则百来天，少则亦不下月余日。①

从徐氏的描述中可以看出，宁海一年中不仅以各种名目上演神戏，而且演戏的天数可观。

徐培良在《宁海古戏台》一书中，还记载了潘家岙这个小渔村，为取悦信仰的龙王，修建戏台并演戏的具体案例：

> 潘氏宗祠在文岙（按：就是潘家岙）之北，祠之东为凤凰山，西北为大海，有小溪环其前，从桥下而出于海。每逢大潮汛时，海水沿溪逆上，泛起的浪花会涌进宗祠，现今的石门槛被海水侵蚀得斑斑点点，这在其他村落来看，是不可思议的，而文岙的村民们司空见惯，觉得别有风味。……
>
> 传说，龙王最爱看人间的戏。文岙位于滨海渔村，为投龙王所好，旧时，几乎每年都要演戏。每年农历六、七月出洋捕鱼时，要大祭龙王，并邀请戏班子来祖庙演上几天戏，希望龙王庇佑他们顺风顺水，满载而归。渔村演戏，择日是十分重要的，火日绝对不能演，因为

---

① 徐培良、应可军：《宁海古戏台》，中华书局2007年版，第83—88页。

龙王属水,与火相冲相忌,否则出力不讨好,带来灾难。戏目也有特殊要求,如《哪吒闹海》等有损龙王形象的戏要禁演,一般第一台戏要点《水漫金山》,但如果出洋捕鱼则不能演,要演在龙王调和下的风雪雷电《四将通和》戏。

在做戏时,渔主或船老大会拿出各种渔网和小巧的木帆船挂在戏台两边,祈求龙王保佑。所以这样的滨海小村也有如此精巧的古戏台。①

这则记载透露出如下信息。第一,位于海边的潘家岙小渔村之所以会有精美的戏台,与其对生存之神——龙王的崇拜有关。渔村因为临海,所以靠捕鱼为生。为了祈求管水的龙王保佑自己出海顺利,所以修建戏台,演戏取悦龙王。第二,龙王在当地拥有至高无上的地位。因为供奉祖先牌位的宗祠建在海边,多次被淹,村民并不在乎。为了讨好龙王,他们不仅每年都要演戏,而且其演戏的禁忌,如对龙王不利的日子不能演,有辱龙王的戏目不能演等,无不体现出对于生存之神的敬重。说明在祖先崇拜与生存神信仰之间,后者的地位重于前者。也说明潘家岙村戏台的修建和戏曲演出,是出于现实的生存利益需求。

关于徽州演戏娱神的情况,文献中也多有记载。如《徽州府志》卷二之五"舆地志·风俗"条记载:

(祁门)立春日,听民扮台戏,从公迎于东郊。合邑傩班例随之。新岁家各行傩以驱邪。②

同治《祁门县志》卷五"舆地志·风俗"条记载:

(元月)十八日祀越国汪公,有演剧者。……七月中元节祀祖,设盂兰会,闰岁则于是月演剧。八月中秋,夕设瓜果拜月,或以瓜

---

① 徐培良、应可军:《宁海古戏台》,中华书局2007年版,第67—69页。
② 道光《徽州府志》,江苏古籍出版社1998年版,第163页。

第九章 温、宁、嵊、乐、祁明清古戏台的总体研究

相馈。前后数日多演剧报赛。①

《黟县志》卷三"地理志·风俗"条记载：

> 凡黟之联关赛会者，或六关或十关。岁时迎送于祠厅，与会者岁合息所出，盛饰仪卫，演剧娱神。②

各地正是因为拥有一定的地方神信仰力量，为了演戏娱神，自然相应推动了古戏台的修建及留存。

二 宗族文化的作用

在五地所留存的古戏台中，一大部分修建在祠堂，足以说明各地宗族文化对古戏台修建及留存的重要作用。

关于乐平的宗族及祠堂情况，徐进指出：

> 乐平现存的依附性古戏台只有祠堂台，包含双面台形式在内的祠堂台乐平有136座。历史上乐平先民大都是由北方或是邻近县市迁徙而来，经年的迁徙过程中常常是聚族而居，大部分村庄都是以一两个大姓为主，杂姓居住在一个村庄的情况较少。③

张良华指出：

> 乐平的先民是宋、元期间从四面八方迁来的移民，姓氏杂沓，祖源纷繁，因此尤其重宗族、严宗法。④

---

① 同治《祁门县志》，（台湾）成文出版社1975年版，第239—241页。
② 嘉庆《黟县志》，江苏古籍出版社1998年版，第59页。
③ 徐进：《话台言戏：传统文化视阈下的乐平古戏台与民间戏曲》，江西人民出版社2017年版，第49页。
④ 张良华主编：《中国乐平古戏台》，江西人民出版社2008年版，第24页。

关于徽州的宗族和祠堂情况，《徽州府志》卷二之五"舆地志·风俗"条记载：

> 家多故旧，自唐宋来数百年，世系比比皆是。重宗义讲世好，上下六亲之施，无不秩然有序。所在村落，家构祠宇，岁时俎豆其间。①

《歙县志》卷一"舆地志·风土"条记载：

> 邑俗旧重宗法，聚族而居，每村一姓或数姓，姓各有祠，支分派别，复为支祠。②

同治《祁门县志》卷九"祠宇"条记载：

> 俗重宗祊，著姓皆有祠。以时萃子姓，别长幼，序昭穆。③

从史料记载可以看出，乐平、徽州因为多世家大族聚族而居，不仅修建了大量祠堂，而且长久以来形成了讲宗法、重宗义及岁时节庆在祠堂举行祭祀等宗族活动的文化传统。在定期举行的宗族祭祀活动中，自然少不了娱祖等戏曲演出。

关于宗族演剧，文献中亦多有记载。歙县《桂溪项氏族谱》卷二十一"桂溪风俗"条记载：

> 小喜庆便开筵演剧，昼夜不少休。④

说明了歙县桂溪项氏宗族，戏曲演出次数的频繁和演戏的热情之高。

---

① 道光《徽州府志》，江苏古籍出版社1998年版，第160页。
② 民国《歙县志》，江苏古籍出版社1998年版，第41页。
③ 同治《祁门县志》，（台湾）成文出版社1975年版，第323页。
④ 歙县《桂溪项氏族谱》，清嘉庆十六年（1811）木活字本。

休宁《茗州吴氏家纪》卷七"条约"条记载:

> 吾族喜搬演戏文,不免时届举赢,诚为糜费。①

从吴氏家纪可以看出,该族不仅喜欢演戏,而且花费很大。与茗州吴氏不同的,是黟县南屏叶氏。其在《祖训家风》中规定:

> 敦正道。居乡不奉淫祠,丧祭不尚佛事,即春秋祈报有在祀典者,迎神演戏不趋浮靡,惟尽诚敬而已。②

黟县叶氏也会迎神演戏,但对于演戏的规模有所控制。申明演戏的目的是要尽到自己的诚敬之心,不能铺张浪费,过度花费钱财。

各地宗族势力的强大、宗族文化的深厚推动了宗族定期祭祀娱祖演戏等戏曲演出活动的常规开展,也推动了祠堂古戏台的大量修建及留存。

三 民俗好戏的推动

五地推动古戏台大量修建并留存至今的原因之一,是当地民俗好戏。表现为不仅以各种名目演戏,而且喜欢看戏。

温州民俗不仅喜欢演戏,还喜欢演斗台戏。如平阳县庙会时就有演斗台戏的热闹场景,略举两例,以示说明。第一例是怀溪乡五显爷庙会:

> 平阳县怀溪乡现存的"五显庙"有两座:一座在坎头村,称"坎头宫";另一座在垟溪村,称"垟溪宫",均供奉"五显爷"。……两庙相隔不到两公里,均始建于明末。……外坛除放焰火外,还要演斗台戏。即垟溪宫与坎头宫在内坛法事的同时,外坛都搭一戏台,同时演戏,让神、人同观。因两台距离较近,锣鼓声相闻,观众可

---

① 《茗州吴氏家纪》,万历抄本。
② 黟县《南屏叶氏族谱》卷1,清嘉庆十七年(1812)木活字本。

随时流动，以台下观众多少决输赢。①

第二例是腾蛟镇忠训庙庙会：

> 农历八月初七日，是忠训庙迎旨庙会。……忠训庙请剧团演戏二至三天……有时还请了两班"斗台"，一班在庙内戏台演出，另一班在庙外搭台，两台间隔不上百米，鼓乐相闻，观众可以来回选择观赏，剧团也以拿手好戏吸引观众，两边观众也以阵阵喝彩声和鞭炮声为演员"助阵"，因此演员特别卖力，以平生高水平的演技"斗"得不亦乐乎。②

从这两则记载可以看出以下几点。第一，一次庙会，请两个戏班演斗台戏，说明温州民俗确实爱演戏、看戏。第二，庙会所请戏班演戏水平的高低，不是由所敬之神来决定，而是由现场看戏的观众评判。说明此时演戏，娱神只是名头，娱人才是真正目的。第三，从戏曲发展的角度看，爱演戏、看戏的民俗，不仅为戏曲演出提供了更多的机会和平台，也推动了戏曲及戏班在竞争中日趋发展、繁荣。

关于温州民俗爱看戏，在张棡日记中多有描述。如《杜隐园观剧记》之"民国四年乙卯（1915） 四月廿六日 看新品玉演戏牡丹事"条记载：

> 晚饭后同诸君赴叶祠看戏，时戏班新品玉尚未赶到，而台下诸男女已坐遍，台上电灯已光如白日。③

又，《杜隐园观剧记》之"民国五年丙辰（1916） 十一月廿四日 观象山舞台诸剧"条记载：

---

① 徐兆格：《平阳怀溪乡垟溪宫"五显爷庙会"》，载徐宏图、康豹主编《平阳县、苍南县传统民俗文化研究》，民族出版社2005年版，第139、167页。
② 白洪祉：《平阳县腾蛟镇忠训庙庙会》，载徐宏图、康豹主编《平阳县、苍南县传统民俗文化研究》，民族出版社2005年版，第244—245页。
③ 沈不沉编著：《温州戏曲史料汇编》下册，中国戏剧出版社2011年版，第361页。

是晚闻仓后庙有象山舞台,乃是乐清人叶某新聚者。晚饭后即偕沈君渭滨、阮君商咸、项君性秋去看,坐于偏厢楼上,以戏箱载到稍迟,人已拥挤如潮。①

张棡日记中,"台下诸男女已坐遍""人已拥挤如潮"等,将温民爱看戏的情形,描述得淋漓尽致。

徐培良在《宁海古戏台》一书中,描写了下浦村每年在南瓜丰收时节,爱演戏、看戏的民俗:

(下浦魏氏宗祠)过去,每逢南瓜丰收时节,村里都会请来戏班演戏,热闹时连演十几夜,邻村的人也都来看戏,多时有几千人,邻村上了年岁的老人干脆就住在他们村。②

又,《宁海县志》之"礼仪民俗·祭礼"条记载:

正月则演剧敬祖迓神,亦设筵席,衣冠瞻拜。③

《宁海县志》之"岁时民俗·正月"条记载:

市庙里社结彩张灯,演剧敬神,至二十乃止。④

绍兴有着无戏不成俗的传统。俞婉君在《堕民与绍兴戏曲关系考》一文中,描写了绍兴演戏的盛况:

每年四月初六日到五月廿九日的"黄老相公会",戏台从西郭

---

① 沈不沉编著:《温州戏曲史料汇编》下册,中国戏剧出版社2011年版,第366页。
② 徐培良、应可军:《宁海古戏台》,中华书局2007年版,第56页。
③ 《宁海县志》,清光绪二十八年(1902)刻本,载丁世良、赵放主编《中国地方志民俗资料汇编》华东卷,书目文献出版社1995年版,第798页。
④ 同上。

门外一直搭到水澄巷，戏台鳞次栉比，多达二三十处，唱班以演绍兴大班为主，有时竟达三四十班。①

又，《浙江戏曲史料汇编》之"绍兴民间演戏习俗"条记载：

正月从初二起，各村轮流演祀神戏。正月还有灯台戏，除祀神、祭祖外，兼有招徕亲好性质。②

《嵊县志》之"岁时民俗·二月"条记载：

"社日"，用牲醴延巫祈于社庙，谓之"烧春福"。巨族演戏，先后不以期限。秋报亦如之。③

赣东乐平同样有着好戏的传统，当地民谣称：

深夜三更半，村村有戏看，鸡叫天明亮，还有锣鼓响。
三天不看戏，肚子就胀气，十天不看戏，见谁都有气，一月不看戏，做事没力气。④

民谣的描绘或许有些夸张，但乐平人爱演戏、看戏，确定无疑。

民俗爱演戏、看戏，徽州也不例外。清代有一首名为《演春台》的诗，就描写了徽州民俗爱演戏、看戏，连续不止的情形：

前村佛会还未歇，后村又唱春台戏，敛钱里正先订期，邀得梨园自城至……今年此乐胜去年，里正夜半来索钱。东家五百西家千，

---

① 俞婉君：《堕民与绍兴戏曲关系考》，《文化艺术研究》2012年第2期。
② 李骅辑录：《浙江戏曲史料汇编》第5辑，1985年印刷本，第18页。
③ 《嵊县志》，民国二十四年（1935）铅印本，载丁世良、赵放主编《中国地方志民俗资料汇编》华东卷，书目文献出版社1995年版，第842页。
④ 徐进：《话台言戏：传统文化视阈下的乐平古戏台与民间戏曲》，江西人民出版社2017年版，第145页。

明朝灶突寒无烟。①

又,《安徽竹枝词》记载:

儿童成阵打球忙,八月中秋闹戏场。谁是东门谁是郭,崭新争比绿衣裳。②

《中国戏曲志·安徽卷》中描写了明万历二十八年(1600),歙县一次迎春赛会演戏的盛大情形:

设戏台三十六座,由来自吴越名优及徽商之家班伶人献艺竞技,演出各种传奇。③

虽然只有寥寥数语,却把歙县当时演戏的规模、方式、剧种情况,描述得淋漓尽致。不仅同时设三十六座戏台,而且台上演出的都是吴越一带的名优,以及经济实力雄厚的徽商豢养的家班。演出时,为了招揽观众、显示实力,戏班竞相上演各自的拿手好戏。无不说明人们对于演戏、看戏的热衷。

在徽州各地的县志中,也多有关于民俗爱演戏的记载。如《绩溪县志》之"岁时民俗·正月"条记载:

"上元日",各处土坛神庙张灯演剧,或扮童戏,持火马,舞青衣,游烛龙,遍巡巷,名曰"闹元宵"。④

---

① 转引自陈琪、张小平、章望南《花雨弥天妙歌舞:徽州古戏台》,辽宁人民出版社2002年版,第36页。
② 欧阳发、洪钢编:《安徽竹枝词》,黄山书社1993年版,第65页。
③ 转引自刘文峰《徽商与西商之比较及对戏曲的贡献》,载朱万曙、卞利主编《戏曲·民俗·徽文化论集》,安徽大学出版社2004年版,第23页。
④ 《绩溪县志》,清嘉庆十五年(1810)刻本,载丁世良、赵放主编《中国地方志民俗资料汇编》华东卷,书目文献出版社1995年版,第1030页。

《绩溪县志》之"岁时民俗·二月"条记载：

> 十五日，登源十二社挨年轮祀越国公，张灯演剧。①

《祁门县志》之"岁时民俗·七月"条记载：

> "中元节"祀祖，设"盂兰会"。闰岁则于是月演剧。②

《祁门县志》之"岁时民俗·八月"条记载：

> "中秋"，夕设瓜果拜月，或以瓜相馈，前后数日多演剧报赛。③

五地爱演戏、看戏的好戏民俗传统，一方面为戏曲演出提供了机会和舞台，推动了戏曲的发展。另一方面为满足演戏的场地空间需求，自然也推动了古戏台的大量修建和留存。

四 民众精神娱乐的需求

对于生活在明清时期的民众而言，看戏是一年中非常重要的娱乐、放松方式。欣赏戏曲演出，不仅能给单调、贫乏的精神生活带来乐趣，还可以消除劳作带来的辛苦与疲惫。

在温州，看戏给人们精神、心理带来的愉悦、放松，在戏联中就有体现。如永嘉县港头村娘娘宫戏台联：

> 父老闲来消白昼；儿童归去话黄昏。④

---

① 《绩溪县志》，清嘉庆十五年（1810）刻本，载丁世良、赵放主编《中国地方志民俗资料汇编》华东卷，书目文献出版社1995年版，第1030页。
② 《祁门县志》，清同治十二年（1873）刻本，载丁世良、赵放主编《中国地方志民俗资料汇编》华东卷，书目文献出版社1995年版，第1037页。
③ 同上
④ 崔卫胜主编：《温州古戏台》，浙江古籍出版社2013年版，第155页。

苍南县碗窑村三官庙戏台联：

情节新奇出人意料；机关巧妙娱我视听。①

上塘寺前村戏台联：

八尺舞台演绎三生故事；半宵丝竹吹消一日劳辛。②

更有甚者，将读书与看戏并举，可见其在民众精神生活中的重要地位。如鹿城区沈岙仁济寺戏台联所写的：

闲来无事小神仙；读书观戏真富贵。③

在宁海，清代诗人孙至道的竹枝词写道：

椅凳安排个个勤，胭脂水粉和均匀。前堂姐妹后堂嫂，相约今宵看戏文。④

这首竹枝词描写了清代宁海女性相约看戏的情形。对于当时的女性而言，看戏是一件值得重视的事情，要精心化妆打扮、呼朋引伴同往，以示看重和喜悦之情。

又，清代诗人王梦赉的竹枝词写道：

元宵演剧到春残，乘兴何妨日日看。共道经年辛苦甚，三时工作一时欢。⑤

---

① 崔卫胜主编：《温州古戏台》，浙江古籍出版社2013年版，第247页。
② 刘周晰、张声和主编：《温州历代楹联》，中华书局2012年版，第219页。
③ 崔卫胜主编：《温州古戏台》，浙江古籍出版社2013年版，第23页。
④ 转引自徐培良、应可军《宁海古戏台》，《东方博物》第24辑，浙江大学出版社2007年版。
⑤ 同上。

竹枝词先描写了宁海人从正月元宵节直到春末，持续多日看戏的情况。接着分析其中的原因，是由于一年中大部分时间都在辛苦劳作，只有这年后农闲的时节，才得以放松。而当时放松最好的方式，就是看戏。吴开英也指出，戏曲演出是宁海民间的主要娱乐方式：

> 史载，明初戏曲已经传入宁海，很快与祭祀、社火等民俗活动相结合，成为民间文化娱乐的主要形式。①

正因为看戏是明清时期民众精神生活的重要娱乐、放松方式，所以使当时的戏曲演出，有了更为现实的意义和作用，同时对当时戏曲演出的盛行和戏台的修建、留存，无疑也起到了推动作用。

五 深厚的地方戏基础

戏台是戏曲表演的空间载体。地方戏曲的繁荣，自然会促进戏台的修建和留存。五地能够修建并留存一定数量的古戏台，就是因为在历史上都是一种地方戏的发源或盛行地，拥有深厚的地方戏基础。

温州孕育了被称为中国戏曲之祖的南戏。南戏，又名温州杂剧或永嘉杂剧。其初出温州，大约形成于宋氏南渡前后。高琦华指出：

> 我国最初的戏剧形式——戏文，诞生于永嘉……北宋宣和年间，在温州一带农村的敬神祭仪与节日社火中产生了一类地方性的"歌舞小戏"，随后进入左近都市才得以成熟发展。②

胡雪冈指出：

> 距今八百多年前的南北宋之交，中国戏剧的成熟形态戏文在温州产生。到了元代，戏文又称南曲戏文，以此与北曲杂剧相区别，

---

① 吴开英等：《中国古戏台研究与保护》，中国戏剧出版社2009年版，第292页。
② 高琦华：《中国戏台》，浙江人民出版社1996年版，第7页。

而南戏实即是南曲戏文的简称。①

项骧《南曲》写道：

南曲元明数作家，传奇双管灿如花，《琵琶记》与《荆钗记》，绝妙情文说永嘉。②

南戏发展成熟后，传播到杭州、江西、安徽、福建等地。明代由南戏直接繁衍出四大声腔，即海盐腔、余姚腔、弋阳腔、昆山腔。可以说，南戏奠定了中国戏曲艺术的体系与格局。

宁海、新昌、嵊州三地，从地理位置看，自东南向西北连为一条直线。三地都有自己的地方剧种，宁海的地方戏是平调③，为新昌调腔的分支④，新昌调腔戏被称为戏曲活化石，嵊州是越剧发源地。三地正是因为有着这样的地方戏基础，所以修建了大量古戏台。除本书选取的嵊州、宁海外，处于二者之间的新昌，据《新昌文化志》记载，1952年还存有万年台827座⑤。

乐平是赣剧发源地之一⑥，南临弋阳腔发源地弋阳。对于戏曲在乐平的发展历史，徐进研究指出：

追溯乐平的戏曲史，戏曲的早期形态傩舞、傩戏在远古时代就在乐平开始盛行。宋元时期南戏、元杂剧开始在我国兴起和传播，乐平地处赣东北，紧邻当年南戏、元杂剧盛行的浙江省，是江西最

---

① 胡雪冈：《胡雪冈集》，黄山书社2009年版，第304页。
② 沈不沉编著：《温州戏曲史料汇编》下册，中国戏剧出版社2011年版，第234页。
③ "历史上宁海一带民间戏剧发达，演剧活动十分活跃，宁海平调始于明，盛于清，是浙东富有特色的地方剧种。"杨新平等编著：《浙江古建筑》，中国建筑工业出版社2015年版，第265页。
④ "宁海平调的源流，一般认为出自新昌、嵊县一带的调腔，为调腔在宁海一带的支派。"史行主编：《中国戏曲志·浙江卷》，中国ISBN中心1997年版，第85页。
⑤ 转引自吴开英等《中国古戏台研究与保护》，中国戏剧出版社2009年版，第299页。
⑥ "乐平素称'赣剧之乡'，著名的'乐平腔'又称'高腔'，是当代赣剧的主要支派。"姚糖、蔡晴主编：《江西古建筑》，中国建筑工业出版社2015年版，第237页。

早受南戏、元杂剧影响的地区。①

关于徽州的地方戏曲，朱万曙在《徽州戏曲》一书中指出：

> 明代前期，南戏开始在徽州流传，并出现了戏曲作家。到明中叶，徽州已经形成了喜好"搭台唱戏"的习俗，弋阳腔在这里演化为"徽州腔"，徽州籍的作家作品大量涌现，而徽商则以雄厚的经济实力推动了戏曲的发展。②

五地正是因为都有自己深厚的地方戏基础，而戏曲演出需要戏台，所以自然推动了五地古戏台的修建及留存。如黄辉富指出的：

> 随着赣剧在乐平的形成和发展，乐平古戏台也相继出现和增多，逐渐成为与赣剧血肉相连且并驾齐驱的独特建筑艺术。与辉煌灿烂的赣剧相比，古戏台建筑更是灿烂辉煌。③

其实不仅本书选取的五地，拥有自己的地方戏基础。廖奔指出，明清时期，尤其是清朝，中国地方戏曲的发展，呈现出一种兴盛局面：

> 明清时期是中国戏曲的繁盛期，一方面传奇创作出现高峰，四大声腔流布，戏曲进入昆曲时代；二是地方剧种勃兴，商业性质的专业戏班大量增多。④

六 地方社会治理的需要

戏曲演出之所以能够与地方社会治理产生联系，是因为从两个方面发

---

① 徐进：《话台言戏：传统文化视阈下的乐平古戏台与民间戏曲》，江西人民出版社2017年版，第34页。
② 朱万曙：《徽州戏曲》，安徽人民出版社2005年版，第1页。
③ 黄辉富：《赣剧与乐平古戏台》，《戏曲艺术》1997年第2期。
④ 廖奔、赵建新：《中国戏曲文物图谱》，中国戏剧出版社2015年版，第22页。

挥了地方社会治理的作用。

（一）以罚戏的方式，实现地方社会的治理

在戏曲演出的诸多类型中，有一类叫罚戏。所谓罚戏，是指对违反法纪族规的人，官府和宗族会罚其出资请戏班演出，供大家观看。

关于此类罚戏，在温州地方文献中，多有记载。如清光绪永嘉知县查荫元撰《奉宪勒碑》的记载：

> 钦加同知衔署理温州府永嘉县正堂加三级纪录十二次查为出示晓谕事：
>
> 示仰该处士庶居民人等知悉：尔等须知河道淤塞，农田无从灌溉，受害不浅。现在王绅焕熙、毓英、树铭、定祥等筹捐议章，鸠工挑浚以兴水利，洵为地方善举。自示之后，务须趁此农隙兴工疏浚，照章办理，毋得藉端滋衅，任意阻挠。倘敢故违生事，许该绅等指名禀县，以凭提究，勿谓不预言也。各宜禀遵，切切，特示。
>
> 一 堆存两岸田坎之沙，不许种户私拨入河，违者罚戏一台，否则送官究治，送信者赏钱三百文；
>
> 一 两岸沙堤上不许斫草挖根，违者罚戏一台，否则送官究治，送信者赏钱三百文；……
>
> 一 疏浚之后，河中不许拦堘竭泽取鱼，建者罚戏一台。
>
> ……
>
> 光绪二十五年（1899）十一月　日给勒。①

在这则禁示碑文中，为了保障当地河道不被淤塞，危害农业生产，永嘉县官府对可能危害河道的各种情况，及对违反者的相应处罚，一一列出。处罚的方式，是罚戏一台。

光绪瑞安知县彭祖培撰的《奉禁示碑》记载：

---

① 吴明哲编：《温州历代碑刻二集》上册，上海社会科学院出版社2006年版，第226—227页。

钦加五品衔补用总捕府署温州府瑞安县正堂加六级纪录十二次彭为出示严禁事：

……为此示仰该处居民人等知悉：尔等须知纵畜扰田，大为民害，自示之后，倘有无知愚民，仍行纵放鹅鸭毛猪等畜，践食田禾六种，一被指控到县；并鸡群各户一家共养伍个，如违禁示，立罚戏文，合地禁约。县定即提案究惩，决不姑宽，各宜禀遵毋违。特示。

光绪元年（1875）五月念捌日给发垟头实贴。①

清光绪时，瑞安县官府为防止禽畜损毁农业生产，立禁明示对违反者以罚戏的方式进行处罚。与这则禁示内容相似者，还有嘉庆瑞安知县张德标撰《奉宪立碑》的记载：

为永禁贱食害损田园事：

照得嘉庆十四年地民李圣德具呈，奉县宪张给示立禁，民猪不论大小，不许散放。每家不许养鸭，只许养鸡三个，耕牛不许牵入田园小岸……等项。讵料年久禁驰，渐有干犯。今首事林元勋……等复行纠众遵示立碑，以图永久禁约。嗣后如有干犯以上规条者，牛鸡豚鸭即杀散众外，并罚掘摘捋等罚戏文一台、酒食一桌，如不服禁，鸣公究治。

嘉庆二十一年（1816）岁次丙子孟冬。

族长：林元文、沈振北、缪子章敬立。②

地方士绅张棡写有一份《为地民撰下垟〈毒鱼禁约〉》，约文如下：

光绪廿六年（庚子，1900）　九月十六日

为乡人撰《毒鱼禁约》韵语一纸，辄录如右："立禁后岸，张姓合族。下垟港河，水多鱼足。不时架捕，孳生繁毓。取之无穷，

---

① 吴明哲编：《温州历代碑刻二集》下册，上海社会科学院出版社2006年版，第786页。
② 同上书，第746页。

供人口腹。近有恶人，心如蛇蝮。贪利一时，买药下毒。水毒伤鱼，一网催促。竭泽而渔，其刑太酷。上天好生，万物并育。奈何奸谋，尽伤水族。譬用暗箭，伤人骨肉。譬如烧山，巢倾卵覆。祸延灭门，果报定速。水火刀兵，劫运往复。及早回头，放生是福。今为立禁，不许下毒。如再排谋，被人获捉，重必鸣官，笞杖戮辱；轻则罚礼，甘心认伏，戏文一台，果酒两桌。决不徇情，无论生熟。庚子九月　日立。①

张棡针对瑞安张姓族众，急功近利的极端捕鱼方式，严词以责。为防止不再有此类行为发生，立约以禁。对于再犯者的处罚方式，轻者是从礼的角度在乡里社会罚戏，重者交由官府治罪。

这些禁示颁布的时间，在1816到1900年间。当时类似的禁示，肯定还有。说明在温州相当长的时间内，以罚戏作为进行地方社会治理的方式，一直被沿用。

徽州宗族的规训中，也多有关于罚戏的明确规定。如《绩溪城西周氏宗谱》之"祠规"规定：

祠内寸木寸石，派下子孙不得私自盗取，亦毋许出借，如有此情，较所取之物议罚，轻则罚大青金一把，重则罚戏一台，断不徇情。

祠门锁钥，值年头首仝查察执管，除会文并公事外，毋得擅开私借，堆入物件，及二熟私晒谷麦，衙门搭班唱戏。如违，罚戏一台，并罚大青金一把，对祖烧化。②

周氏为实现族内管理，对违反族规者的处罚之一，是直接罚戏一台。

在与浙江毗邻的福建，也存在族规罚戏的情况。陈支平指出：

---

① （清）张棡撰，俞雄选编：《张棡日记》，上海社会科学院出版社2003年版，第62—63页。
② 光绪《绩溪城西周氏宗谱》，转引自陈瑞《明清徽州宗族与乡村社会控制》，安徽大学出版社2013年版，第316—317页。

（福建）在家族内部管理中，对于违犯家族规条的族人进行处分，也有罚以出资演戏的。①

从上述文献记载可以看出，无论地方官府，还是地方宗族和士绅，都将罚戏作为地方社会治理的一种重要手段。这样做的巧妙之处在于以下几点。第一，从违反者的角度看，通过罚戏的方式，将其不光彩的行为，公之于众。在生活圈子相对固定的宗族社会，这种处罚方式，会使违反者不好意思在乡邻面前抬头，没有办法在熟悉的乡里社会生存。以后顾虑到自己的面子和尊严，不好再犯。而且由其出资演戏，确实从经济上也受到了一定的处罚。第二，从看戏者的角度看，看到违反者受到了处罚，也能引以为戒。第三，从所演戏文的内容看，多是关于伦理道德教化的。在如此戏文的熏陶、教化下，受罚者和看戏者自然都受到了教育。第四，从罚戏的效果看，因为其是一种比较委婉的处罚方式，被罚者易于接受，其他民众也能受到教育，大家还有戏看，地方社会也得到了治理，一举几得，何乐而不为呢！所以说，这是一种非常智慧的处罚方式。

关于戏曲对于地方社会治理的作用，其他学者也有涉及。车文明指出：

罚戏将严肃而冷漠的执法行动与热闹而欢愉的娱乐活动结合在一起，既起到惩戒的作用，维护了社会秩序，又可以调和气氛、减少对立，缓解了社会紧张，同时也促进了戏曲的繁荣，是极具人性化、民间化色彩的一种创举。②

罚戏作为地方社会戏曲演出的一种，不仅起到了上述进行地方社会治理的作用，还有以下功效。第一，增加了戏曲演出的机会，推动了戏台的建设和使用。第二，说明人们对戏曲教化、社会治理功能的认可。第三，说明人们确实爱演戏、看戏，可谓寻找一切机会，罚也罚戏。

---

① 陈支平：《近五百年来福建的家族社会与文化》，中国人民大学出版社2011年版，第164页。
② 车文明：《民间法规与罚戏》，《中国戏曲学院学报》2009年第4期。

（二）通过演戏示禁，进行地方社会治理

官府、宗族的一些法令、禁示，以演戏的方式广而告之，使广大民众知悉，从而起到地方社会治理的作用。如光绪时汤朝侯等撰《禁碑》记载：

> 立议禁碑，巨川各姓合村众等，为各业找价，预行严禁事。兹缘世俗更变，人心莫测，合村相议，设酒数席，演戏壹台，立据严禁，以整风化，以靖地方，特立禁碑备存，以防后患事。……
> 龙飞光绪叁拾壹年岁次乙巳南吕月穀旦立。①

巨川为实现村落自治，以演戏的方式，使所属各姓民众知晓立禁一事。绩溪《明经胡氏龙井派祠规》之"凶暴"条规定：

> 天地之间，物各有主。乃有不轨之徒，临财起意。纳履瓜田，见利生心，整冠李下，鼠窃狗偷。此等匪人宜加惩戒，如盗瓜菜、稻草、麦秆之属，罚银五钱；盗五谷、薪木、塘鱼之属，罚银三两。入公堂演戏示禁。②

胡氏为防止偷盗行为的发生，根据盗取物品的不同，采取了罚银不等的处罚方式。为使禁示、处罚等内容为众所知，采取了演戏示禁的方式。

无论罚戏，还是演戏示禁，都是以演戏的方式，实现地方社会的治理。所以，为了进行地方社会治理，就需要借助戏曲演出，而演戏需要舞台，自然也就推动了戏台的修建和留存。

七 戏曲的强大社会教化作用

戏曲具有潜移默化的强大社会教化作用，地方社会需要通过不断上演的戏曲，对民众实施教化，所以为戏曲演出提供了更多的机会和可能，也相应推动了古戏台的修建和留存。

---

① 吴明哲编：《温州历代碑刻二集》上册，上海社会科学院出版社2006年版，第231—232页。
② 清同治八年（1869）木活字本。

温州地方文献中，多有关于戏曲社会教化作用的记载。如《杜隐园观剧记》之"光绪二十六年庚子（1900） 闰八月初二日 看《钟情记》第三本"条记载：

> 午后看戏，演《钟情记》第三本。是本演沈凌云因嫖妓破家，赖其妻梁氏设法娶妾，暗将产业赎回。直至沈某山穷水尽，始发愤攻书，下闱成名，夫妇依旧团圆。其警醒世人之意最为深切。①

《张棡日记》之"光绪三十二年丙午（1906）四月初五 东山德之唱盲词"条记载：

> 所唱故事乃两生两旦皆面貌相同，而悲欢离合情节颇佳，阿德又唱得淋漓尽致，故听者皆忘倦云。按近日下等社会最足感动人心者，唯戏文及词曲。果能所演唱者皆忠义之事，肃然令听者眉飞色舞，激发爱国之肝肠，此忧时君子所以有改良戏文词曲之说也。②

《杜隐园观剧记》之"民国廿四年乙亥（1935） 八月初二日 看《熊虎报》、《贤母孝子》"条记载：

> 下午与内子、诸媳、诸孙赴庙看戏，正目演《熊虎报》，三出演《贤母孝子》，颇得劝惩微旨。③

张棡作为一个生活在温州的地方士绅，不仅热衷看戏，还在上述几则日记中，表达了自己对于戏曲社会教化作用的高度认可。

周雪《戏曲之改良》指出：

> 改良社会，端资感化，而感化之最大且深者，莫如词戏。唱刘

---

① 沈不沉编著：《温州戏曲史料汇编》下册，中国戏剧出版社2011年版，第345页。
② （清）张棡著，俞雄选编：《张棡日记》，上海社会科学院出版社2003年版，第109页。
③ 沈不沉编著：《温州戏曲史料汇编》下册，中国戏剧出版社2011年版，第417页。

孝子之《寻亲》，何人不举其孝义？演杨椒山之《写本》，何人不激其忠诚？念程婴之全孤，虽蒲夫亦有立志；写关侯之送嫂，纵荡子孰不认惭！触于目而印于心，印于心而诚于意，其感化之速，盖油然而不自觉者。①

可以看出，在一幕幕精彩的戏曲演出中，戏文以宣扬封建伦理纲常、忠孝节义等内容，在潜移默化中实现了对于民众的教化。

关于绍兴戏文起到的教化作用，明人陶石梁说：

> 每演戏时，见有孝子、悌弟、忠臣、义士，激烈悲苦，流离患难，虽妇人牧竖，往往涕泗横流，不能自已。旁观左右，莫不皆然。此其动人最恳切，最神速，较之老生拥皋比讲经义、老衲登上座说佛法，功效百倍。②

陶氏认为，戏文不仅能够起到教化作用，而且具有比儒家说教、佛家说法强出百倍的功效。强出百倍，自是夸大其词。不过因为戏文演唱的多是普通民众乐于接受的曲文故事，于看戏的娱乐过程中不知不觉接受了教化，可以说是寓教于乐。

正是因为戏曲的强大社会教化作用，无论地方政府还是宗族，都喜欢通过戏曲演出，实现对于民众的教化。为了满足戏曲演出的空间需要，也就推动了戏台的修建和留存。

八　拥有建造工艺优势

五地之所以能够修建大量精美的古戏台，还与各地拥有的建造工艺优势相关，当地都拥有自己的能工巧匠。

因为五地从地形、地产等自然生存条件看，多属于我国南方山多地少、田土缺乏之地，所以五地的居民在传统农业之外，选择了手工业、商业等

---

① 沈不沉编著：《温州戏曲史料汇编》上册，中国戏剧出版社2011年版，第463页。
② 转引自张庚、郭汉城主编《中国戏曲通论》，中国戏剧出版社2010年版，第442页。

作为生存手段。手工业的发展，为各地培养了建造戏台的能工巧匠。

雕刻是徽州手工业的代表性技艺之一，徽州三雕，天下闻名，成为地域文化的重要代表性符号，形成鲜明的地域文化特色。主要表现为以下几点。第一，雕工人数众多，雕刻手法丰富，雕刻技艺高超，集砖、木、石雕于一体。如随着历史发展，形成了浅浮雕、深浮雕、圆雕、混雕、透雕、剔底雕、多层雕等多种雕刻手法。明清时期，徽州三雕发展到鼎盛，其刀功、技艺到了"天工人可代，人工天不如"的境界。钱泳《履园丛话》写道："雕工随处有之，宁国、徽州最盛亦最巧。"① 又，"百工之巧……比之他郡邑实过之"。② 第二，徽州三雕题材丰富。在徽州古建筑随处可见的雕刻中，可以发现其雕刻题材非常丰富，涵盖了戏文故事、历史典故、吉祥图案、动植物纹样等。第三，徽州三雕与道德教化结合。徽州三雕雕刻的题材都有着丰富的人文内涵，雕刻的多是反映传统伦理纲常、道德教化、人情故事、吉祥寓意等内容的题材。所以，三雕在美化徽州古建筑的同时，也起到了实施社会教化的作用。

其他几地，如徽州一样，也拥有自己的建造工匠，从技术层面保障了古戏台的修建。

九 隔绝、封闭的地域环境

温、宁、嵊、乐、祁五地在地域环境方面，都是处于山海或群山环抱之中，形成一个相对与外世隔绝、封闭的小世界。

关于温州的地理位置和地域环境，弘治《温州府志》描绘到：

> 温为东瓯古壤，在浙东极处，枕江界溟，天设奇胜，危峰层峦，环控四境，蟠幽宅阻，一巨都会。
>
> 今天下十有三省而浙为首，浙十有一郡而温独远。温之去浙千有馀里，枕闽、福，控台、括，实东南沃壤。依山为城，环海为池。

---

① 钱泳：《履园丛话》，转引自朱永春《安徽古建筑》，中国建筑工业出版社2015年版，第217页。

② 万历《休宁县志》，转引自陆林、凌善金、焦华富《徽州村落》，安徽人民出版社2005年版，第214—215页。

第九章 温、宁、嵊、乐、祁明清古戏台的总体研究

> 郡当瓯粤之穷,地负海山之险,环地千里,负海一隅。①

从上述文献的描述中可以看出,温州不仅地理位置偏远,而且地处山海的环绕之中,形成与外世隔绝的封闭地域环境。

清光绪《宁海县志》卷一"形胜"条记载:

> 宁海负山面海,正东直达大洋……陆道则南入临海为一路,桐严岭壁立千仞,所谓一夫当关万夫莫开者也。西入天台为一路,万山交错鸟道羊肠。……北出宁波为一路,栅墟岭、相见岭,岭岭相续。②

宁海的地域环境,与温州相类,也是"负山面海",与外界隔绝开来。

《嵊县志》卷一"疆域志·形胜"条记载:

> 东屹四明,西巍太白,南鳌天姥,北峙大崿,实为四塞。③

不难看出,嵊县也是四塞隔绝之地。

徐进指出乐平的地域环境:

> 乐平地处江南腹地,周边以山区及丘陵居多,较少受战乱殃及。④

关于徽州的地域环境,《徽州府志》卷二之三"舆地志·形胜"条记载:

> 新安六邑,四面阻山,二水据上游,滩高濑峻,舟巉巉从石齿中行,不可谓不险矣。

---

① 弘治《温州府志》,上海社会科学院出版社2006年版,"王序"第1页,"邓序"第1页、第6页。
② 光绪《宁海县志》,上海书店出版社2011年版,第47页。
③ 康熙《嵊县志》,上海书店出版社2011年版,第21页。
④ 徐进:《话台言戏:传统文化视阈下的乐平古戏台与民间戏曲》,江西人民出版社2017年版,第72页。

东有大鄣之固,西有浙岭之塞,南有江滩之险,北有黄山之厄。①

同治《祁门县志》卷三"舆地志·形势"条记载:

祁邑居万山中,形势四塞,险堑天成。②

洪维我《休宁县之疆域志序》记载:

休宁居浙江之上游,为安徽之南疆,深处万山之中,形势险固,纵横三百余里,实南服之陕区。③

可以看出,徽州及其所属各县,都是深处群山环绕之中,天险自成,与外世隔绝。

从上述记载可以看出,无论是浙江所属的温州、宁海、嵊州还是赣东乐平、徽州及其所属的祁门,在地域环境方面有着相同的特性,就是四面被山、海阻隔,形成一个与外世隔绝、相对封闭的小世界。这样的地域环境,使它们成为历史上躲避战乱的好去处。如《徽州府志》卷二之五"舆地志·风俗"条记载:

黄巢之乱,中原衣冠避地保于此(新安)。④

《黟县志》卷十一"政事志·祠堂"条记载:

新安家多故旧。自唐宋以来,中原板荡,衣冠旧族,多避地于此。⑤

---

① 道光《徽州府志》,江苏古籍出版社 1998 年版,第 134 页。
② 同治《祁门县志》,(台湾)成文出版社 1975 年版,第 205 页。
③ 道光《休宁县志》,江苏古籍出版社 1998 年版,第 24 页。
④ 道光《徽州府志》,江苏古籍出版社 1998 年版,第 159 页。
⑤ 嘉庆《黟县志》,江苏古籍出版社 1998 年版,第 368 页。

隔绝、封闭的地域环境，使著姓大族乱世在此得以保全的同时，也使境内的古建筑，包括古戏台，免遭战乱兵祸等世事变故之苦，得以留存下来。

通过上述分析可以看出，五地均能修建、留存一定数量且精美的古戏台，是多种因素共同作用的结果。这些因素在五地同时存在，说明也是以五地为代表的南方古戏台修建及留存的共性原因。

第十章　明清时期温州戏联的丰富内涵

明清时期温州的戏曲文化体现在方方面面，戏联作为古戏台的重要组成部分，不仅具有装饰、美化作用，其文字内涵更是非常丰富、博大精深，可谓是寥寥两行字，蕴藏着无限乾坤。吴开英在《中国古戏台匾联艺术》一书中指出：

> 古戏台匾联，虽然只是一种小型建筑上的装饰，但它所体现出来的文化内涵和美感，却可与皇宫中和名胜古迹的匾联一样光彩照人，一样的使炎黄子孙感到自豪和骄傲。可以这样说，古戏台匾联，作为我国建筑的一种历史性特殊装饰，它从一个特定的角度，体现了我国戏曲文化、建筑文化、宗教文化、书法文化和匾联文化的博大精深，也是我国戏曲文化、建筑文化、宗教文化、书法文化和匾联文化相互融合的形象写照。[①]

韦明铧在《江南戏台》一书中写道：

> 戏台不仅是建筑，也是文化。戏台楹联，像一个个窗口，只要你愿意，潜心观察，就可以从中窥见种种不同的民情风俗，文史掌故乃至戏剧观、人生观。[②]

[①] 吴开英：《中国古戏台匾联艺术》，当代中国出版社2007年版，第106—107页。
[②] 转引自吴开英《中国古戏台匾联艺术》，当代中国出版社2007年版，第107页。

本章将明清时期温州古戏台悬挂的戏联，按文字的内涵分类，分析其反映出的戏联的撰写目的、戏曲的艺术特点等。

第一节　宣扬传统道德观念，教化民众

在中国古代，戏曲演出之所以被社会接受、得以发展的一大原因，就在于戏文宣扬的是中国传统文化中的忠、孝、仁、义、礼、智、信等道德观念，能够起到教化民众、有助于社会治理的作用。

明清时期的温州，在祠庙戏台两侧悬挂的戏联中，即多有关于宣扬传统道德观念的内容。下面分三类进行分析。

第一类，从正面直接宣扬传统道德观念，实施引领教化。如鹿城蒲州华光庙戏台联：

> 忠贞节烈，除暴安良，能伸能屈，方显英雄本色；
> 仁智礼义，扶弱抑强，可刚就柔，才是炎黄子孙。[1]

三港殿戏台联：

> 忠臣报国，孝子寻亲，借古传奇，一曲笙歌真着色；
> 古渡云飞，大江月满，众仙同咏，万家灯火乐太平。[2]

灵昆上岩村老太殿戏台联：

> 假戏真情，其中孝子忠臣莫轻看；新腔旧调，即此晨钟暮鼓只管听。[3]

瓯海三垟黄屿袁氏宗祠戏台联：

---

[1] 沈不沉编著：《温州戏曲史料汇编》上册，中国戏剧出版社2011年版，第467页。
[2] 刘周晰、张声和主编：《温州历代楹联》，中华书局2012年版，第213页。
[3] 同上书，第219页。

场中故事体真知，求真即明人达士；
台上戏文扶正气，行正乃孝子孝孙。①

永嘉岩坦闪坑村戴氏宗祠戏台联：

舍身救母，孝心鉴古今，应放银喉歌孝女；
跨虎成神，仙袂飘霄汉，当敲檀板颂仙姑。②

第二类，从正、反对比的角度，引导、警醒民众，达到教化的目的。如鹿城蒲州圣母宫戏台联：

导忠孝节义，宣扬美名万古；演奸邪淫恶，污臭民恨千秋。③

鹿城仓后财神庙戏台联：

势短世长，仗势难留后世；人多仁少，为人必须存仁。④

瓯海潘桥垟岗太阴宫戏台联：

世长势短，依势难留后世；仁少人多，为人必须有仁。⑤

瑞安万松戏台联：

演剧登台，封侯拜相，势官权威，纵有荣华皆幻境；
成台出仕，利国惠民，忠良芳草，得留节义在人间。⑥

---

① 沈不沉编著：《温州戏曲史料汇编》上册，中国戏剧出版社 2011 年版，第 473 页。
② 同上书，第 504 页。
③ 同上书，第 466—467 页。
④ 同上书，第 468 页。
⑤ 同上书，第 477 页。
⑥ 同上书，第 489 页。

瑞安莘塍镇上村洪崖殿戏台联：

封侯拜相，纵有荣华富贵，昙花一现皆幻境；
成名出仕，得留忠孝节义，流芳千古在人间。①

第三类，直接说明演戏的目的，就是要对民众进行教化。如马屿江上戏台联：

笑骂一场，曲绘人情冷暖；贤奸两局，明垂我辈劝惩。②

丁字桥巷真宫堂戏台联：

人心由观感而兴，可泣可歌，莫认作伶官列传；
戏曲值改良以后，教忠教孝，无非演道德真言。③

瓯海三垟池底关帝庙戏台联：

朝廷闺阁，红粉金戈，宛若有声图画；
警世齐民，扬清激浊，俨然无字春秋。④

平阳县萧江镇直浃河村玉清宫戏台联：

忠奸贤愚，聊借今形传宣古教；治乱安危，为助风化粉墨登场。⑤

永嘉县塘上村徐氏大宗祠戏台联：

---

① 沈不沉编著：《温州戏曲史料汇编》上册，中国戏剧出版社2011年版，第490页。
② 刘周晰、张声和主编：《温州历代楹联》，中华书局2012年版，第222页。
③ 同上书，第214页。
④ 沈不沉编著：《温州戏曲史料汇编》上册，中国戏剧出版社2011年版，第472页。
⑤ 同上书，第493页。

戏曲学视域下的明清温州地域社会与文化研究

忠孝节廉振兴风化；嬉笑怒骂感动人心。①

乐清市田岙李氏宗祠戏台联：

鉴古观今，演绎古今忠孝节义；追根溯源，洞悉尘世曲直是非。②

瑞安市六科村卢氏宗祠戏台联：

援古贤良标榜样；为愚夫妇说章程。③

上引这些戏联，虽然有的悬挂在庙宇，有的悬挂在祠堂，但戏联撰写的目的是一样的，都是从不同的角度宣扬忠、孝、仁、义、礼、智、信等中国传统社会的道德观念，以引导民众将之作为自己为人行事的准则，达到实施社会教化的目的。

第二节　宣扬因果报应，劝恶向善

中国传统戏曲能够起到警醒、教化世人作用的一个原因，是其宣扬的因果报应理论，使民众陷入一个善恶因果循环的报应信仰中。可以说，有时不是宣扬的传统道德观念教化了世人，使其不会去做恶事，而是宣扬的因果报应理论，使世人在行事时有了敬畏的心理，不敢去做恶事。

在明清时期温州古戏台悬挂的戏台联中，有一部分即是希望通过宣扬的因果报应理论，能够劝恶向善。如瓯海娄桥东耕三港殿戏台联：

演古道，喻今人，且看贤昌奸灭；启先朝，示后裔，请看善福祸淫。④

---

① 崔卫胜主编：《温州古戏台》，浙江古籍出版社2013年版，第167页。
② 同上书，第52页。
③ 同上书，第74页。
④ 沈不沉编著：《温州戏曲史料汇编》上册，中国戏剧出版社2011年版，第474页。

第十章　明清时期温州戏联的丰富内涵

瓯海娄桥东氹白马殿戏台联：

做个好人，心在身安魂梦稳；行些善事，天知地鉴鬼神钦。①

瓯海泽雅坑源盘古圣庙戏台联：

奸邪忤萎恶，逢安详，均得恶报；忠正孝良善，遭危难，都获善果。②

瓯海茶山洪岩道观戏台联：

戏虽是假，善恶果报可为借鉴；演应当真，忠奸结局始得分明。③

瓯海南白象上蔡陈府庙戏台联：

法古遵今，演出忠奸入眼；由今摹古，请看善恶到头。④

瑞安海安城隍庙戏台联：

善恶施报，莫道无关前世事；利名争说，须知终有下场时。⑤

鹿城蒲州玄坛庙戏台联：

善恶报施，莫道毫无此等事；利名争竞，须知总有下场时。⑥

---

① 沈不沉编著：《温州戏曲史料汇编》上册，中国戏剧出版社2011年版，第474页。
② 同上书，第478页。
③ 同上书，第483页。
④ 同上书，第484页。
⑤ 同上书，第487页。
⑥ 同上书，第467页。

瓯海朱涂孙氏宗祠戏台联：

看远古与近代史，盛衰善恶皆有报；
行周公礼孔孟道，渔樵耕读第画堂。①

有的戏联更是直接写明，善恶必有报的因果循环报应理论。如苍南金乡镇城隍庙戏台联：

阴报阳报迟报早报终须有报；天知地知鬼知人知何谓无知。②

可以想象，戏台上上演着忠臣孝子、奸佞小人善恶有报的戏文故事，台柱上悬挂着类似哲理的戏联，于有声戏文表演与无声戏联警示的双重作用下，肯定在一定程度上共同起到了劝恶向善的社会教化作用。

第三节　描写方寸舞台有限，时空变化无穷

中国传统戏曲的一大艺术特点，是在古戏台客观表演面积有限的情况下，能够演绎跨越时空、变换无穷的内容。明清时期温州的一些戏联，即描述了戏曲的这一艺术特点。如：平阳县凤卧乡土地庙戏台联：

六七步通九州四海；一二时定三纲五常。③

潘桥华亭村张三令公庙戏台联：

数丈舞台，人马骋驰三万里；一场戏剧，世情演绎五千年。④

---

① 沈不沉编著：《温州戏曲史料汇编》上册，中国戏剧出版社2011年版，第475页。
② 同上书，第497页。
③ 同上书，第492页。
④ 刘周晞、张声和主编：《温州历代楹联》，中华书局2012年版，第216页。

潘桥横屿头杨府殿戏台联：

　　咫尺行程，海角天涯千里外；万般事业，今来古往一宵中。①

丽田桥平水王殿戏台联：

　　弹丸地，演出南征北伐；顷刻间，能知古往今来。②

永嘉下塘胡氏宗祠戏台联：

　　咫尺戏台，生杀掠夺，贵贱辱荣，演出千秋事业；
　　方寸场地，悲欢离合，哀愁欣喜，歌唱一代人情。③

苍南昌门宫戏台联：

　　半座楼台，藏千秋世界；一声箫管，起万古忠奸。④

瑞安市上泽村孚泽庙戏台联：

　　不大地方可国可家可天下；平常人物为将为相为名臣。⑤

永嘉吟州七府庙戏台联：

　　古往今来，顷刻间演过千秋世事；天涯海角，平方地可走万里河山。⑥

---

① 刘周晰、张声和主编：《温州历代楹联》，中华书局2012年版，第216页。
② 同上书，第215页。
③ 沈不沉编著：《温州戏曲史料汇编》上册，中国戏剧出版社2011年版，第503页。
④ 同上书，第497页。
⑤ 崔卫胜主编：《温州古戏台》，浙江古籍出版社2013年版，第90页。
⑥ 沈不沉编著：《温州戏曲史料汇编》上册，中国戏剧出版社2011年版，第504页。

平阳县水头镇淋泗殿戏台联：

东西汉，南北宋，人物齐备；山海经，水浒传，今古奇观。①

平阳溪头广济庙戏台联：

有声有色，须臾间子孝臣忠，立千秋功业；
似假似真，咫尺地南征北战，定万里江山。②

娄桥三港殿戏台联：

片刻可知，历代帝王将相，其人其心其果分善恶；
即时能见，古今才子佳人，乃貌乃态乃行辨是非。③

龙湾永昌堡王氏宗祠戏台联：

舞台同欣赏，观成败兴亡，千古英雄收眼底；
观剧壮奇观，听管弦丝竹，数声雅调拓胸怀。④

乐清市黄塘村周氏大宗祠戏台联：

扮演就千古兴亡胜负；妆点出百年离合悲欢。⑤

这些戏联生动地描写了戏曲艺术舞台表演的时空变幻特点，那就是，一霎间，即能历经古今千秋之远。方寸间，就可跨越五湖四海之遥。正是

---

① 沈不沉编著：《温州戏曲史料汇编》上册，中国戏剧出版社 2011 年版，第 492 页。
② 同上书，第 494 页。
③ 刘周晰、张声和主编：《温州历代楹联》，中华书局 2012 年版，第 215 页。
④ 沈不沉编著：《温州戏曲史料汇编》上册，中国戏剧出版社 2011 年版，第 471 页。
⑤ 崔卫胜主编：《温州古戏台》，浙江古籍出版社 2013 年版，第 65 页。

戏曲能够在有限的时间、空间内，演绎跨越寻常时空的内容，呈现常人常理难以做到的事情，将人世百态、喜怒哀乐、美丑忠奸、古是今非等高度浓缩、凝聚、爆发于短短的一出戏文中，所以才具有独特的艺术魅力，这也是戏曲传承不衰的重要原因之一。

第四节　描写戏如人生，世戏同情

民众爱看戏的一个原因，是其具有戏如人生、世戏同情的艺术特点。观众可以在戏文中，或多或少看到自己或自己生活的现实世界的影子。看戏时有一种恍若置身其中的错觉，容易引发情感的共鸣。在明清时期温州的古戏台联中，即有一部分是描写戏曲艺术这一特点的。如：永嘉上塘渭石村孙氏大宗戏台联：

奏笙簧，敲鼓板，听阳春下里；憎丑恶，颂忠贤，演世态人情。①

永嘉瓯北镇西屿宫戏台联：

古事今事，要知今事通古事；戏情世情，欲晓世情看戏情。②

瓯海娄桥文化宫戏台联：

人尊神，神俗人，人神共乐；世上戏，戏仿世，世戏同情。③

藻溪戏台联：

真风流乎？且看我拜将封侯，原是镜花水月；

---

① 沈不沉编著：《温州戏曲史料汇编》上册，中国戏剧出版社 2011 年版，第 502 页。
② 同上书，第 502—503 页。
③ 同上书，第 473 页。

岂儿戏也，须知他演今绎古，总关世道人心。①

瓯海区上蔡村陈府庙戏台联：

剧中人于今弄假成真；世上事以后无非是戏。②

瞿溪滩头下村太阴宫戏台联：

细推戏理，舞台真乃小天地；识破世情，天地从来大舞台。③

娄桥岩头三港殿戏台联：

演离合悲欢，当代岂无前代事；观抑扬褒贬，座中常有戏中人。④

海城埭头村太阴宫戏台联：

真假悲欢离合，皆取自人间万象；是非善恶忠奸，最终为正理千秋。⑤

永嘉黄南乡深垄村应氏宗祠戏台联：

观者莫笑，悲欢离合，确是生活真实写照；
演者莫痴，欣喜怒骂，无非艺术虚假登台。⑥

泰顺县垟边村苏氏宗祠戏台联：

---

① 刘周晰、张声和主编：《温州历代楹联》，中华书局2012年版，第224页。
② 崔卫胜主编：《温州古戏台》，浙江古籍出版社2013年版，第37页。
③ 刘周晰、张声和主编：《温州历代楹联》，中华书局2012年版，第217页。
④ 同上书，第215页。
⑤ 同上书，第219页。
⑥ 沈不沉编著：《温州戏曲史料汇编》上册，中国戏剧出版社2011年版，第502页。

是真是假假里演出真情；亦实亦虚虚里原有实意。①

永嘉县芙蓉村陈氏大宗祠戏台联：

是真是假假里演出真情；非实非虚虚里原有实意。②

最后两幅戏联的文字，几乎一样。其实，笔者在实地调研中，经常见到不同的祠庙所悬挂的戏台联，文字相同或相似的情况，正说明当地民众对于戏联文字内涵的认可。

本章通过上述几节对明清时期温州古戏台联文字内涵的分析，发现戏联作为戏曲文化的重要组成部分，有自己的特色和价值，值得进行关注和研究。

此外，明清时期温州的古戏台联中，还有一些反映的是温州特殊的地域文化内容。

温州地处中国东南沿海，明清时期常受倭寇侵扰之苦，有的戏联就反映了当时的抗倭情况。如瓯海潘桥横塘戏台联：

静听五千年历史，惩恶扬善文明史；
细看一万里江山，抗敌御侵悲壮歌。③

温州是著名的侨乡，瓯海丽岙白门霞嶂戏台联写道：

霞光辉映，丽衣翩纤，演海外赤子恋梓里；
嶂屏顿开，笙簧悠扬，奏故国乡亲怀游人。④

---

① 崔卫胜主编：《温州古戏台》，浙江古籍出版社2013年版，第299页。
② 同上书，第118页。
③ 沈不沉编著：《温州戏曲史料汇编》上册，中国戏剧出版社2011年版，第475页。
④ 同上书，第477页。

温州乱弹作为古老的剧种，是温州戏曲艺术的重要组成部分，瑞安市仙降镇山皇村娘娘宫戏台联写道：

京京京真打古今善恶棍；乱乱乱乱弹哀怒喜乐调。①

---

① 崔卫胜主编：《温州古戏台》，浙江古籍出版社 2013 年版，第 115 页。

第十一章　温州地方戏曲传承个案研究：应界坑乱弹①

第一节　应界坑村及其乱弹简介

应界坑村位于今温州市永嘉县碧莲镇应坑乡，包括应一、应二两个自然村。但现在已经交错连接在一起，很难从外在空间上区分开来。

村落随山就势建在半山腰上，有所谓"百级梯田雨中耕，驱牛扶犁空中行"之说。据 2006 年《增修永嘉鉴川麻氏宗谱序》记载：

> 鉴川（按：即应界坑村）村形　钟鼓二山镇西北，清浊两溪汇东南。地势如油琴挂壁，村形似凤凰落山。②

实地调研时，访谈麻世才老人，其介绍应界坑村就是因为地处传说中钟鼓二山镇村，清浊二水交汇的风水宝地，麻氏宗族才能够繁衍至今。

相传村里居民原来姓应。北宋元祐年间（1086—1094），麻氏始迁祖麻模，字仲范，赘居此地，遂在这里繁衍生息，逐渐枝繁叶茂，成为村中的主要姓氏。全村现有 800 多户 3000 多人，基本都姓麻，也有个别其他姓氏。

现在村子里的建筑，新旧穿插交错。老房子基本为浙南传统的木构房

---

① 关于本章的内容，主要是笔者 2017 年 7 月在该村实地调研所得。包括拍摄的麻氏宗谱文字资料、访谈的口头资料及拍摄的各类照片等。本次调研中，特别感谢麻氏宗族之麻世才老先生及其一家的热诚帮助。
② 《永嘉鉴川麻氏宗谱》，2006 年木活字本。

屋，采用就地取材的方式。墙壁下半部分为块石垒砌，最下面是大型块石，上面是小型块石，拼插垒高，上半部分是木板屋壁，屋顶覆瓦，阴阳瓦合铺。屋脊一般没有雕塑，在屋脊两端用瓦当做成飞檐的样子。一些老屋走廊的月梁、牛腿、窗棂等处，雕刻有精美的传统历史故事、戏曲人物图案等。建造时间从距今上百年到几十年不等。有的一层，有的二层，甚至有二层五开间以上的大屋，说明当年村子里有财力雄厚的家族。老屋左右两侧一些有厢房。新建的房子根据各自的经济实力和审美，建成层数不等的现代化楼房。因为村子最高处和最低处落差非常大，常常是这家的地面和前面邻居几层楼的屋顶持平，房屋像梯田一样，一层层呈阶梯状高低错落分布。

应界坑村，又称为乱弹戏剧村，是温州乱弹的发源地。据《麻氏宗谱》记载，清代乾隆年间（1736—1795），麻氏宗族的祖先麻志钏，在麻氏大宗创立了"老寿昌"乱弹班戏馆，亲自担任班主兼教父[①]。"老寿昌"乱弹班被当地百姓俗称为"三月班"，意指是一个非正式的戏曲演出组织，成员们农忙时回家种地，农闲时聚集在一起演戏，增加一些收入。

乱弹在应界坑村得到了很好的传承。现在每年农历六月十五传统庙会，村里都会演乱弹戏。2007年，成立温州乱弹传习所，培养传承人才。2008年，乱弹传人麻福地、麻国平参加全国戏曲比赛，分获菊花金奖、荷花金奖。2009年，应界坑乱弹被列入浙江省非物质文化遗产名录。2011年，自幼学习乱弹的麻宇丽（12岁）参加全国第十八届推（文艺）新人大奖赛，荣获戏曲少年组冠军。

作为一项古老且传承至今的地方乱弹剧种，应界坑乱弹具有重要的历史文化和艺术价值。中国戏剧文学学会会长曾献平说："想看真正的原生态戏曲就到永嘉来"，并给予"古、原、稀、美"的高度评价。

第二节 应界坑乱弹传承至今且保持特色的原因

一 偏远的地理位置，闭塞、静谧的地域环境

应界坑乱弹之所以能够传承至今，且保留有自己的鲜明特色，与该村

---

① 参见麻荣表主编《文化应界坑》，2012年印刷本，第3页。

的特殊地理位置和地域环境，密不可分。

应界坑村地处楠溪江源头，括苍山支脉大泊山中，永嘉、仙居、缙云、青田四县交界处，俗有"鸡鸣闻四县"之称，地理位置确实偏远。据中华民国八年《麻氏宗谱续修序》记载："敝族僻处海滨，王化不及。"又，民国三十年《荣万公序》记载："吾乡僻处山谷，去郡城百余里。"①麻氏宗谱中两篇序言的"僻处""王化不及""去郡城百余里"的描述，无不证实该村地理位置的偏远难及。

应界坑村不仅地理位置偏远，而且地域环境闭塞，层层峻岭将村子与所属碧莲镇的其他村子隔绝开来，形成一个封闭的地域小环境，自古与外界交通不便。现在虽然修了公路，但因为整个村子坐落在海拔近千米的高山中，通往村里的盘山路不仅窄促，而且一路呈上坡爬行状态，所以即使在今天，也相对偏远难行。

应界坑村正因为地理位置偏远，地域环境闭塞，所以也是一个藏在远山里静谧的世外桃源。整个村子东西长，南北窄，随着山势起伏修建在一座山的坡面上，人们戏称其为"挂在山坡上的村庄"。这座山中间有个弧度，像一个臂弯将整个村子揽在怀里，非常的安静、隐谧。村里的居民淳朴热情，生活安逸闲适，如同世外桃源。

地理位置的偏远，地域环境的闭塞、静谧，客观上造成应界坑村与外界沟通、交流减少的同时，也为乱弹的传承提供了良好的土壤，使之没有受到外来文化的冲击和其他世事变故的影响，能够静静地在这一方土地上传承、发展，反而保持了自己的特色。

二 麻氏宗族的至关重要作用

麻氏宗族作为应界坑村的主要姓氏，在该村拥有绝对的地位和影响力，共建有8座麻氏祠堂，其中一些建有戏台。

最大的一座祠堂是麻氏大宗宗祠，位于村子中间偏南的位置，也是整个村子麻氏族人的总宗祠。麻氏大宗始建于南宋绍兴辛酉年（1141），经元代至元甲申年（1284）、清嘉庆癸亥年（1803）两次改建，清光绪庚辰

---

① 《永嘉鉴川麻氏宗谱》，2006年木活字本。

年（1880）扩建，发展为后来的麻氏大宗。既用来进行祭祖等宗族事务和活动，也用来作为老寿昌戏班的传承地。①

现在的麻氏大宗宗祠是2011年在原址新建的。院落结构包括门厅、戏台、厢廊、正厅，为两进合院式建筑。戏台与门厅合在一处，面对正厅。戏台面积在200平方米左右，分前后台，后台有台阶与二层的厢房连接。现在是麻氏宗族和全村的议事、文化、活动中心，在村子的新时代建设中仍然发挥着非常重要的凝聚作用。

麻氏大房宗祠位于总宗祠的东侧，中间隔着一段距离。大房宗祠也是一座两进合院式建筑，包括门厅、戏台、厢廊、正厅。戏台与门厅相连，面对正厅。现在该宗祠除戏台外，其他全部为新建。新建时保留了老戏台的原结构和尺寸，对破损的木板进行更换维修，外表重新彩绘油漆。据说该戏台是村里最老的戏台，与大宗宗祠的老戏台为同年所建。也就是当初大宗宗祠先建，后大房宗祠建戏台时，大宗宗祠同时修建了戏台。大房宗祠的戏台，一开间，面阔、进深均在4米多，向前凸出于院落的天井中，三面观。在面积大小、规格形制等方面符合温州古戏台的标准②。

其他几房的祠堂，相比之下，要么破败没有维修，要么规模较小。其中仁德堂位于村子西面中间的位置，紧邻进村公路，是一座两进合院式建筑，包括门厅、厢廊、正厅，规模上仅次于大宗宗祠和大房宗祠。因为没有修缮，所以看起来有些破败，但仍可在正厅与厢廊的梁、牛腿、雀替等位置看到精美的雕刻。喜德堂位于村子西北角的空旷处，村落的边缘，四周没有相邻建筑。两进式院落，包括大门、厢廊和正厅。尊本堂位于大宗宗祠的后面，两进式院落，包括大门、厢廊和正厅。慎德堂位于村子中间位置，是调研所见唯一一座风格相异的宗祠。没有院落，只有一排房屋。屋门上方和窗子上方类似半月形的造型，据说是因为修建较晚，属于民国风格。房屋里面和其他宗祠也不一样，是现代屋顶的样式，也说明其修建年代较晚。崇德堂位于村子中间偏南，为两进式院落，包括大门、厢廊和正厅，是2011年麻氏大宗宗祠重建时一起重建的。此外，还有追远堂，现在已经改为文

---

① 参见麻荣表主编《文化应界坑》，2012年印刷本，第25页。
② 关于温州古戏台，本书在前面已有专门的章节进行详细介绍。

化礼堂。

从麻氏宗族修建的祠堂数量和规模可以看出,其在应界坑村不仅历史久远,而且族大兴旺、枝繁叶茂、实力雄厚,在村子里拥有绝对的地位和影响力。其在一些祠堂中修建有古戏台,说明重视戏曲演出,有定期演戏的传统。尤其是大宗宗祠,从清朝开始就作为乱弹的传承场所。这些都为乱弹的传承、发展,创造了条件,提供了舞台。

此外,麻氏宗族鼓励族人学习、传承乱弹。在2006年增修《永嘉鉴川麻氏宗谱》之"日恒君行实"条记载:

> 今夫士之子恒为士,农之子恒为农,可读则读,可耕则耕,人各自有其业也。①

麻氏宗族在鼓励子孙耕读传家的基础上,也主张每个人根据所长,选择适合自己的职业,其中就包括从事祖先创立的乱弹。所以,使乱弹在宗族内一代代传承下来,传承至今。

通过以上分析可以看出,应界坑乱弹能够在该村传承不辍,麻氏宗族起到了至关重要的作用。

三 多元、虔诚的村落信仰

应界坑村虽然地理位置偏远,与世隔绝,但信仰却很多元,包括大圣信仰、平水圣王信仰、卢氏娘娘、三官大帝等。

大圣信仰是村落的主要信仰。在整个村子的最东偏南端,把着村子入口处,建有大圣宫,主祀齐天大圣。关于大圣信仰的传入及大圣宫的修建,据1997年的《重建大圣宫记》记载:

> 大圣宫,乃齐天大圣之行宫。相传清末民初,鉴川信士梦悉圣游张溪南正,遂备斋设案,前往迎领而至。继而大圣亲选护正山龙虎穴地为基,且从澄田正点花会(陈荣生)猎取银圆为建殿启动资

---

① 《永嘉鉴川麻氏宗谱》,2006年木活字本。

金。于民国八年,先祖麻公庆根、庆宰、朝鹤、朝沙、洪福、朝进、天俊等率众建造四合院大殿(按:当时为土木结构,约500平米)。殿庄严而神显赫,故慕名祈求婚姻、子嗣、福寿、财帛、仕宦者摩肩接踵,有求必应。公元一九九五年端阳凌晨遭遇祝融(案:火灾),大殿尽毁,仅戏台幸免其难。是年伏月,当地耆宿挈领乡贤,走村串户,筹集资金,择日奠基重建扩大,历尽艰辛,历时三载,大殿竣工(按:现在为钢筋、水泥结构,约1100平米)。……凡初一、十五供奉祭拜,香烟缭绕、热闹赛市。①

　　据麻世才老人回忆,大圣信仰如碑记所言,是从今岩坦乡南正村请来。而当初供奉的真正原因,并非如碑文所言,是先祖神游的结果,而是因为村里花会赌博活动盛行,为保佑自己在赌博中获胜,所以请来大圣供奉。后来为大圣修建了一座安身之处,就是大圣宫。大圣信仰是村民心中无所不佑的重要神灵,每月初一、十五,都会祭拜。村里每年六月十五的传统庙会演戏,就在大圣宫。

　　从1997年的重建碑文可知,大圣宫在应界坑村经历了一个初建及遇灾重建的过程。灾后原址重建的大圣宫,为一座两进合院式建筑,包括门厅、戏台、厢廊、正厅。戏台与门厅相连,面对正厅。正厅中间主祀大圣像,旁边配祀其他各路神仙。新建戏台面阔、进深明显大于老戏台。1995年幸免于火灾的老戏台,在大圣宫重建时,被移至大圣宫外的东南角,已改作凉亭。老戏台移动时,拆除了台版,保留了台柱、屋顶等部件,所以保留了原来的结构和样貌。戏台的面阔、进深,都在3.5米左右,符合本书前面分析的温州古戏台的尺寸标准。

　　应界坑村在村口还建有一座水口殿娘娘宫,已有200多年的历史。2015年,进行了较大程度的维护修缮。殿里同时供奉着平水圣王和卢氏娘娘。殿的院子里面栽有一棵杨柳,外面栽有一棵石榴树,寓意:"出门春风送暖柳,回家金杏满树红。"

　　在麻氏大宗祠堂的东边,有一座建于1803年的三官爷亭,又称老人亭。

---

① 引录的《重建大圣宫记》,为笔者2017年7月在应界坑村调研时在大圣宫所拍。

共两层，第一层开放式，是村民们平日休憩、闲聊的地方，也是村里的文化、信息交流中心。第二层为封闭式，供奉着三官大帝。据说是因为村里出麻疹，所以供奉的。

应界坑作为一个僻处远山里的村落，其信仰不仅多元，而且也很虔诚，现在仍保持着每年农历六月十五庙会演戏的习俗。到时，村子里比过年还要热闹。一方面，村里会非常隆重的组织大演神戏。另一方面，每家每户在外的人，都会千方百计赶回家里拜神、团聚。亲戚朋友也会来村子里看戏并住下来，大家将拜神、看戏、团聚、人际交往、娱乐等诸多内容合在一起，和本书前面分析的张㭎日记中描写的情景，非常的一致。可以说，每当此时，就是应界坑村一年一度的盛会和狂欢。

因为演戏酬神是神灵供奉中非常重要的内容，所以应界坑村多元的村落信仰，为戏曲演出提供了众多的机会，而虔诚的信奉，使定期演戏酬神成为村落的惯例，这些都有力地推动了应界坑乱弹的传承、发展。

第三节 应界坑乱弹的传承现状及对未来的思考

应界坑乱弹之所以能够传承至今，且保留有鲜明特色，如上一节的分析，是应界坑村的地理位置、地域环境、麻氏宗族、地方神信仰等因素综合作用的结果。僻远的地理位置，闭塞、静谧的地域环境，为乱弹传承提供了一个客观的外在空间条件。麻氏宗族在村里的绝对地位和影响力，及其与乱弹创立、发展之间的关系，为乱弹传承提供了宗族基础和人才保障。多元而虔诚的村落信仰，为乱弹的演出提供了众多的机会和舞台。可以说，正是应界坑村独特的地域小环境条件，使乱弹传承至今并保留有自己的特色。

今天应界坑村的地域小环境怎样呢？虽然今天村里通了公路，与外界交流增多，但因为客观地理位置的偏远，还是一个远离闹市的安静的小村落。笔者在实地调研时发现，村里的祠堂及庙宇里悬挂的联语、牌匾，绘制的壁画等，很多都是村民近期敬献的，说明村里宗族、信仰文化的基础，依然深厚。以前演戏的资金多是从各家筹集，一般一次演三天。现在除了传统集资演出的社戏，更多的是还愿戏。因为现在村里很多人在外经商，经济富裕了，大家认为是在本村神灵的护佑下生活才越来越好，所以还愿的人多了起来，现在一般都演十来天。还愿戏的演出资金由还愿的人出，说明诸位神灵，依然得到应界坑村人的虔诚信奉。

  一直以来，乱弹演出是部分麻氏族人谋生的手段。这在一定程度上解决了该村山多地少，地产能力低，仅靠农业难以维持全村人生活的现实生存问题。现在村里有5个乱弹剧团和一个木偶乱弹剧团，从艺人员200多名，年平均演出2000多场，年收入逾400万元，[①] 依然在应界坑村人的生活中扮演着重要的经济角色。现在村里除了参加乱弹剧团演戏，还有人做文具生意、在外经商等。乱弹就是在这样的环境里传承、发展，使应界坑形成了全国少见的"乱弹戏剧村"。

  对于今后如何更好地推动应界坑乱弹的传承和发展，本书认为，依然要充分发挥地域、宗族、信仰等因素的作用。第一，要保护好应界坑村的自然环境，并做好祠堂、庙宇、老屋等古建筑的维护，为乱弹的传承提供客观的空间和环境条件。第二，麻氏宗族继续做好乱弹传承人才的培养，使戏曲演出后继有人，为乱弹的传承提供人才保障。第三，对村里的传统信仰及酬神演戏等相关祭祀活动，进行正确引导，使之符合社会主义新农村建设的需要。通过上述三方面的努力，将应界坑村打造成一个以乱弹戏曲文化为灵魂的具有独特魅力的社会主义现代化新农村，使乱弹在这样的环境中得到更好的传承和发展。

---

① 参见麻荣表主编《文化应界坑》，2012年印刷本，第5页。

第十二章　明清时期温州戏曲值得关注的其他问题

关于明清时期的温州戏曲，可研究的内容很多，本章将一些值得关注，但又不能单独成章的内容，并在一处，进行分析，探寻其反映出的当时温州的地域社会和文化。

第一节　戏资的来源：抽谷集资、轮流出资、罚款

戏资是指组织、聘请戏班进行戏曲演出的相关费用。关于其来源，在明清时的温州，主要有抽谷集资、轮流出资等形式。

关于明清时期温州以抽谷集资的方式筹备戏资，在高则诚故里温州瑞安就有一方《抽谷额章碑》。碑文引录如下：

> 钦加同知衔，特授瑞安县正堂，加六级、纪录十二次苏，为具呈：
> 拾柒都柏村地方族长陈旺吉、林瑞澜、刘光有、薛文榜，同矜者陈正善、陈迪模、陈国樟，刘炳灿、林瑞绿、陈正寅、陈国水、陈国林、陈全木、陈正球、陈正兰、薛发开、陈正银、陈树东、缪锡旺等，缘咸丰年间，向有旧章，每年抽谷，每亩四斤，归与地主庙崇神演戏资用。近有图利之辈，抑勒索秤，甚至加至十余斤，争端叠见。吾等心伤目睹，不忍坐视，会集矜者扇首，设酒在庙，议定额章，秤钉兑子五斤，又抽稻秆一把，以作报赛等用，余归守望工费。原望逢熟之时，扇等巡查勤守，倘若被人偷窃，守望者理宜

赔补。毋论垟面、垟底及本地、外地，须要一体就抽燥谷公秤，不许私下违例。于是年七月初八日沥情佥叩县宪苏。批示："祀神之谷，既经尔等议章抽收，如有额外多索、重秤、强勒，尽可令被勒之人自行来县指名呈究，所请示禁矣，应毋庸议"。既奉批之后，合地各宜遵守额章，嗣后倘仍蹈前辙，有呈词案存，并爰立碑文，以垂永久不朽，以杜后患，大有裨益，须至碑者。

光绪二十三年柒月念捌日给。①

这则写于光绪二十三年（1897）的抽谷集资碑，显示出如下信息：瑞安拾柒都柏村自咸丰年间就有抽谷为地主庙酬神演戏筹资的惯例，具体数额是每年每亩谷四斤。后来有所谓的图利之辈，强行多收至10余斤，导致争执不断。为解决这一问题，当地族长、矜耆等聚在一起，重新议定了征收项目、数额及如何使用、看护等问题。议定后呈请瑞安县官府，并得到批示。

有的戏资的来源方式，是组织者轮流出资。如温州苍南就有这类情况，郑维国在《苍南民俗》中指出：

村族逢庙会演戏、迎佛等，由各房轮流出资主办。②

苍南该村庙会演戏时戏资的解决方式，是由本族各房轮流负责。一些神戏的戏资，也是轮流出资。如《瓯海公报》之上巳"举行迎神之筹备"条记载：

永邑俗例，每届上巳举行迎神赛会，无论大街小巷均悬灯结彩，以助游兴。兹闻本年轮值巽山东岳庙业田，由该庙司事酿资筹备一切，择日举行云③

---

① 沈不沉编著：《温州戏曲史料汇编》上册，中国戏剧出版社2011年版，第261页。
② 郑维国、鲍克让主编：《苍南民俗》，2001年刊行本，第64—65页。
③ 《瓯海公报》，1918年3月23日，转引自沈不沉编著《温州戏曲史料汇编》上册，中国戏剧出版社2011年版，第427页。

"永邑"①，也就是温州，有上巳节迎神赛会的传统，当然也会演神戏，这次由轮值的巽山东岳庙负责所有费用。

上述东岳庙轮值时，能够保证迎神赛会等费用的支出，是因为其有庙田。关于庙宇拥有庙田等庙产的情况，还有清光绪十六年（1890）十一月刻，佚名撰《关帝庙碑记》的记载：

> 钦加五品衔赏戴蓝翎特授永嘉场正堂加六级纪录十二次高为承管庙产事：
>
> 缘去秋飓风大作，本城武庙东廊三间大殿、西首一间俱经毁坏。本场莅任，劝饬修复，适王锦麟、张应树、徐定珍以庙内前账未楚，具呈求理。经生员徐鼎尹出为理取，遵批承认。因三人难兼司其事，特会三社众等，另举黄学度、张森元、徐瑞龙、王林福、夏茂祥、张式郎、范瑞泮等承管修庙。自后守修庙产，责成是数人专司。计现修庙费共洋伍拾肆元，除佃荡英洋念壹元外，少三十三元俱由三社摊派以成其事等情前来，除批示外合行准饬泐石以垂永久。为此仰三社承管人等知悉：尔等须知庙宇巍峨，神人攸赖，本场因准定案。日后荡产轮值永远不许各社私分，将来子母接涨，均归三社升税，书差无得勒索，涂邻并前司事不许觊觎争占。俟开垦以后收租之日，酌议演戏三台，以昭诚敬。……
>
> 光绪庚寅年（十六年）冬月谷旦（立）。②

此次武庙维修的费用，由两部分组成。一部分是庙产的佃荡费用，但因为佃荡费用不足，所以另一部分由三社摊派。为保障庙产以后能够提供足够的维修费用，规定今后荡产由各社轮值，不许私分，各方也不得勒索争占。

迎神赛会时，演戏费用从庙产中支出，在温州是一种普遍现象。沈不沉研究指出：

---

① 明清时期的"永嘉"，即今天的温州。
② 吴明哲编：《温州历代碑刻二集》上册，上海社会科学院出版社2006年版，第214—215页。

瓯俗敬神事鬼之风由来已久，城乡各地宗祠庙观星罗棋布。每逢神诞、佛事、祈禳、丰庆等活动，必邀戏班前来演戏娱神，所需费用从庙产中支出，称为"额子戏"。①

除上述两种戏资来源方式外，还有一种来源，即罚款。如瑞安城隍庙例：

瑞安城隍庙每年例于清明节出庙巡游，届时大街小巷悬灯结彩，热闹非常。并于小沙堤演剧十昼夜左右，以资游兴。兹闻近已推定吴幼广君为斋官筹备一切。惟因定"大高升"班角色做工俱属恶劣，以致地人群起反对。现有调人某允将上次漏海案罚款拨出四十元，再行订演"琴娱社"两昼夜云。②

瑞安城隍庙每年有清明节演神戏的传统。这一年因为原定斋官办事不力，所请戏班不能令人满意，所以又另请一个戏班演戏两昼夜。加演的费用，则是由以前所得的罚款中支出。

第二节 戏价的数额：多样、不等

戏价是指观看戏曲演出时，需要支付费用的具体数额。张棡在日记中记载了几次在温州看戏时支付费用的情况，下面据此对当时的戏价做个推测。《杜隐园观剧记》之"光绪三十四年戊申（1908）三月廿五日 观新益奇"条记载：

是日周宅请寿酒，下午尚有寿戏，班名新益奇，日间在茶场庙做，是夜即在宅内扮演。是晚吃闹夜酒，坐观寿戏数出。周维新、林蕴山点戏极多，约费赏钱数千文。③

---

① 沈不沉编著：《温州戏曲史料汇编》上册，中国戏剧出版社 2011 年版，第 246 页。
② 《瓯海公报》，1918 年 3 月 23 日，转引自沈不沉编著《温州戏曲史料汇编》上册，中国戏剧出版社 2011 年版，第 427 页。
③ 沈不沉编著：《温州戏曲史料汇编》下册，中国戏剧出版社 2011 年版，第 354 页。

第十二章 明清时期温州戏曲值得关注的其他问题

张㭎这次是和朋友一起,在私宅吃寿酒、看寿戏。周、林二人,因为点戏极多,所以支付了赏钱数千文。因为张㭎只写到"点戏极多",无法确切知道具体点了多少出,所以不能推算出点一出戏的费用。需要注意者,周宅请戏班演寿戏,已经支付了戏曲演出的基本费用,周、林付的只是点戏的钱,所以当时点戏要额外支付费用。

此外,张㭎日记中还记载了几次在温州观看商业性戏曲演出时,支付费用的情况。先将这些史料整理列表于下,再进行分析。

表12—1　　　　张㭎在温州付费看戏史料汇总

时间	地点	场所	看戏时长	戏价
1914	温州城殿巷	新教育剧社戏院	灯下,三更左右	小洋二角
1917	温州城	仓后庙	至十点钟始回	每人铜元六枚
1917	温州城仓后	财神庙	晚八句钟,以时近十一句半钟	小洋一元
1919		协衙内	下午,戏毕日暮	贰角
1920	温州城	茶场庙	晚,看两出即回	付茶摊铜元三片
1921	温州城五马街打铁巷	戏园		购普通票一纸,付小洋贰角
1922	温州城鼓楼下		下午,至圆台始回	付茶资铜元八片

张㭎几次付费观看商业性戏曲演出的资料,时间集中在1914至1922年,地点都在温州城内。说明温州从民国初年开始,在城内出现了商业性的戏曲演出。张㭎观看商业性戏曲演出的场所,有的是专业的戏院,有的是传统的庙宇。说明在庙宇中,也会有收费的商业性戏曲演出。戏价方面,可以看出如下信息。第一,每处场所收取标准不同。第二,当时的戏票已经区分等级,如张㭎购买的普通票,说明还有其他票种。票种不同,戏价不等。第三,看戏时除了可以买戏票看戏之外,还可以不直接买戏票,而是坐在茶摊上看戏,然后支付给茶摊一定的茶资。而且看的时间越长,付的茶资相应越多。关于茶摊看戏,薛林平指出:

> 清时戏园被称为"茶园",是清代商业性的演出场所,只收茶资,不售戏票。既然名曰"茶园",观众自然可以在看戏之时喝茶,但

其主要功能则是作为演出场所。①

薛氏是就全国的大城市情况而言，温州属于中小城市，而且地理位置比较偏远，所以民国时没有专业性的名为"茶园"的看戏场所，但类似性质的看戏方式，是存在的，就是可以坐在茶摊上付茶资看戏。推测此类茶摊，卖茶在其次，供人看戏是其主要功能。

总观上述分析，说明在当时的温州：第一，点戏要额外支付费用；第二，民国初年的温州城内，已有一定数量可以付费看戏的商业性场所。

第三节 戏贾：牵线搭桥、从中获利、能够操纵戏曲演出市场

关于何为戏贾，沈不沉指出：

> 戏伢习称"戏贾"，民间戏曲班社之职业经纪人。②
> 由于民间频繁的宗教民俗活动需要戏剧的演出，因而催生出一个十分活跃的戏曲市场，因而戏班之间的竞争就变得十分激烈。而且还诞生了一个全新的职业：有人在演出点与戏班之间牵线搭桥，从中获得利益，温州人把这种特殊的经纪人称之为"戏贾"。此风一直延续到现在。戏贾是戏曲市场的必然产物，是戏曲班社的衣食父母，掌控着戏班的经济命脉，除非会首特别指定某一戏班，多数情况下都会由戏贾来选择戏班，这就使戏贾有了居奇喊价坐地分赃的资本。通常一个演出点，都会有好几个戏班争夺，戏贾便通过类似竞标的办法，把这个演出生意给了佣金出价最高的戏班。③

沈不沉认为戏贾是戏伢的习称，身份是一种职业性的中介人，工作内

---

① 薛林平：《中国传统剧场建筑》，中国建筑工业出版社2009年版，第464页。
② 沈不沉编著：《温州戏曲史料汇编》上册，中国戏剧出版社2011年版，第432页的注释②。
③ 同上书，第327—328页。

容是在演戏需求者与戏班之间牵线搭桥,并从中获利。对此,本书表示认同。至于戏贾成为掌控戏班经济命运的衣食父母及通过竞标决定演出者等内容,下文会有涉及。

《温州词典》之"文化篇·戏贾"条的解释为:

> 经营戏曲演出中间商。戏贾熟悉班社状况,亦熟悉各地庙戏上演日期及演出天数,故戏曲班社巡回演出日程多由戏贾安排。各地延请班社亦通过戏贾,戏贾则从中收取佣金。[1]

从《温州词典》的解释可以看出:第一,戏贾是一群从戏曲演出需求者与戏班之间获利的中间媒介;第二,戏贾从业者要具备的条件,是熟知所服务双方的演需信息;第三,戏贾除了中介人身份,权力大于一般性中介人,能够在一定程度上影响戏曲演出需求者雇用哪个戏班及戏班能够演出的日程、路线等。可见,《温州词典》的解释,在某些方面与沈不沉的主张,比较相似。

本书认为,戏贾是指在戏曲演出需求者与戏班之间牵线搭桥,起到中间媒介作用,并从中获利的那部分人。戏贾的存在,第一,说明了温州戏曲演出市场的发达,具有一定规模,能够养活戏贾这一行当;第二,说明当时温州戏曲演出市场的商业化气息浓厚;第三,说明温州戏曲演出市场运作的专业化、规范化。因为温州戏曲演出供需市场的日常化、规模化,对于每年需要定期聘请戏班演出的需求者和进行戏曲演出的戏班而言,联系、协商戏曲演出的相关事宜,是一个需要经常面对,但又耗费时间、精力的事情。戏贾的出现,使这些事情变得专业化、规范化,可以省去供需双方的很多麻烦,不必事事需要自己操心,所以说戏曲演出市场运行的专业化、规范化需求,也促使了职业戏贾的出现及存在。

关于戏贾这一从业群体,本书仅找到1936年的一条史料。据《浙瓯日报》"元旦演剧设赌摊"条记载:

---

[1] 殷佩章主编:《温州词典》,复旦大学出版社1995年版,第387页。

（乐清通讯）第四区湖边镇每逢元宵演剧酬神，近年以农村经济衰落，无形停顿。本月五日，该镇戏伢林某，率领"竹马歌"班在该镇开演，一般赌徒设置赌摊。①

史料显示如下信息：第一，温州乐清湖边镇有一名戏伢林某；第二，林某作为戏伢能够"率领"戏班在该镇演出，说明其权力确实大于一般中介，超出了仅仅牵线搭桥、并从中获利的范围。

至于温州戏贾为什么会有比较大的权力，能够在一定程度上操纵戏曲演出市场，背后的原因值得深思，本书推测有以下几点。第一，与温州一直以来发达的戏曲演出市场需求有关。如前文的分析，温州因为地方神信仰和宗族文化等，一直以来有着演戏的传统，形成了固定化、规模化的戏曲演出市场需求。第二，与温州具有一定数量的演出班社有关。温州作为南戏故里，戏曲文化发达，在民间具有一定数量的演出班社。第三，与温州的地理环境有关。温州境内多山的地理环境，客观上造成了信息交流的阻隔，使戏曲演出需求者与演出班社之间，信息沟通不畅。职业性中介人的出现，在一定程度上解决了这一问题。久而久之，形成了依赖中介人的习惯，甚至最终因为职业中介人对戏曲演出演需市场信息的垄断，使之具有了比一般中介人更大的权力。

第四节　戏约：约束演需双方

关于何为戏约，张丽娟在《戏约趣谈》中指出：

戏约是解放前戏班经营者或其授权代理人与请戏班演戏的个人或团体两者之间签订的演出合同，是一种规定双方责任与义务，保障双方权利与利益的一种法律文书。解放后戏约称为演出合同。戏约同戏单、戏联、戏曲广告、海报、戏台题壁等一样，属于研究戏

---

① 《浙瓯日报》，1936年2月9日，转引自沈不沉编著《温州戏曲史料汇编》上册，中国戏剧出版社2011年版，第432页。

第十二章 明清时期温州戏曲值得关注的其他问题

曲发展嬗变、见证戏曲演出历程的特殊戏曲文献资料。①

张氏的研究指出,戏约是一种存在于解放前的演出合同,签订的目的是保障戏曲演出活动的顺利进行。戏约的存在,说明戏曲演出活动的常规化、规模化、市场化,需要一定的文书对演需双方进行约束和限制。

温州戏曲历史悠久,戏曲文化发达,自然存在着戏约。只不过本书并未能够发现明清时期的温州戏约实物,但在地方文献中发现了一些相关记载,藉此进行分析。在张组成的《浣垞观剧记》中,有两则相关记载,引录于下。即《浣垞观剧记》之"民国七年(1918) 八月初一日 看剧班大吉庆"条的记载:

> 晨八下钟,剧班大吉庆已到,然已逾期公罚矣。下午,翔臣叔等或去看戏,或围场消遣,地民以各戏目事及剧班不如期议罚,邀余与宗侠叔两人从中裁处。②

《浣垞观剧记》之"民国七年(1918) 八月初二日 特聘同声、翔舞台开演二天"条的记载:

> 下午观戏,尚堪入目,唯装饰太觉腐旧耳。罚戏事已有头绪,司事除罚七月晦日戏银一昼夜外,另罚款八元,班中三日夜戏银仅缴两昼夜足,余款并司事罚数共三十五元左右,特交予等。特聘同声、翔舞台开演二天,以谢地民。③

张组成日记中的这两则史料,记载的是前后相关的一件事。起因是剧班大吉庆未按约定的时间赶到演出地点,引起雇用者的不满,要对这件事进行公开处罚。被处罚的对象,除了大吉庆戏班,还有当地负责此次聘请事宜的司事。对于大吉庆班的处罚,是少交一昼夜的戏银。对于司事的处罚,

---

① 张丽娟:《戏约趣谈》,《戏友》2015年第4期。
② 沈不沉编著:《温州戏曲史料汇编》下册,中国戏剧出版社2011年版,第436页。
③ 同上。

是罚其出一昼夜的戏银，外加八元现金。罚得的钱款，用于另聘其他戏班演戏两天。

公开处罚的目的：第一，可以给演出戏班以警示，使大吉庆及其他戏班以后不再犯类似的错误，要按约定行事；第二，可以给此次负责聘请事宜的司事等办事人员以警示，使他们以后谨慎行事；第三，用罚得的钱款演戏，也给当地看戏的民众一定意义上的补偿。

张组成日记中的这两则记载，虽未明确提及戏约二字，但大吉庆逾期就要受到公罚，说明二者之间是有一定约定在前的。

第五节　戏曲演出的组织者：称呼不一，作用相同

祠庙等聘请戏班进行演出，包括其他相关的祭祀活动等，都要有人负责出面组织。

在明清时期温州出现的组织者，有以下几种称谓。第一种是福首。关于"福首"，在福建的一些民间祭祀活动中，也有出现。其是由男性成员组成福首会，主要负责相关祭祀活动或处理族内的日常事务。关于其福首的产生，一类是通过在神前掷卜杯的方式[①]，一类是通过抽签的方式。福首产生后，将该村轮值供奉的菩萨，一年供奉在被选为福首者家中，所以其是专职的工作人员。主要完成烧香、服侍菩萨，及负责招待到家中举行祭祀活动的人员等事务。[②]

关于温州的福首，在《杜隐园观剧记》之"光绪二十四年戊戌（1898）三月廿三日　命优伶演上寿戏三出"条记载：

是日太阴圣母寿诞，本年余值福首[③]，整衣冠到宫中叩拜，命

[①] 参见付华顺《祭祀空间与宗族认同——政和县禾洋村东平尊王祭祀的民俗考察》，《闽江学院学报》2007年第3期；吴晓美、周金琰《浮动的"中心"：湄洲岛妈祖信仰空间考察》，《民俗研究》2015年第1期。

[②] 参见刘钊、钟灵《论农村宗教的社会保障功能——以福建省长汀县宣成乡"祖师菩萨"为例》，《青海社会科学》2009年第5期。

[③] "福首，又名会首，地方上迎神赛会轮值之当事人，俗称'头家'。"沈不沉编著：《温州戏曲史料汇编》下册，中国戏剧出版社2011年版，第340页。

第十二章 明清时期温州戏曲值得关注的其他问题

优伶演上寿戏三出。午刻则请各位在自家大堂享寿筵酒。①

张棡日记中的福首,职责与福建接近,主要负责处理神庙祭祀、演戏及招待等相关事务。

第二种是司事。《张棡日记》之"光绪廿六年庚子(1900)十一月初七 西岘山文庙开光"条记载:

> 本月初四西岘山文庙开光演戏,班则新同福,约十本。予甫至城,而戏箱已装载出城。问何故,则以昨夜演戏违总局诸公之命,几酿事故,司事刘君菊仙即停演,故今日无戏也。②

在西岘山文庙开光演戏时,具体负责相关事务的是司事。

张组成《浣垞观剧记》之"民国七年(1918)八月初一日 看剧班大吉庆"条记载:

> 晨八下钟,剧班大吉庆已到,然已逾期公罚矣。
> 下午,翔臣叔等或去看戏,或围场消遣,地民以各戏目事及剧班不如期议罚,邀余与宗侠叔两人从中裁处。③

在这则史料中,戏班因为逾期问题,不仅自身要被聘请者公罚,负责聘请的司事也要被罚,即《浣垞观剧记》之"民国七年(1918)八月初二日 特聘同声、翔舞台开演二天"条记载的:

> 罚戏事已有头绪,司事除罚七月晦日戏银一昼夜外,另罚款八元,班中三日夜戏银仅缴两昼夜足。④

---

① 沈不沉编著:《温州戏曲史料汇编》下册,中国戏剧出版社2011年版,第339—340页。
② (清)张棡著,俞雄选编:《张棡日记》,上海社会科学院出版社2003年版,第64页。
③ 沈不沉编著:《温州戏曲史料汇编》下册,中国戏剧出版社2011年版,第436页。
④ 同上。

在史料中，司事主要是被罚款。

1918年上巳"举行迎神之筹备"条记载：

> 永邑俗例，每届上巳举行迎神赛会，无论大街小巷均悬灯结彩，以助游兴。兹闻本年轮值巽山东岳庙业田，由该庙司事醵资筹备一切，择日举行云。①

在这次迎神演戏等活动中，负责处理一切事务者，是当年轮值神庙的司事。

第三种是斋官。1918年上巳"举行迎神之筹备"条记载：

> 瑞安城隍庙每年例于清明节出庙巡游，届时大街小巷悬灯结彩，热闹非常。并于小沙堤演剧十昼夜左右，以资游兴。兹闻近已推定吴幼广君为斋官筹备一切。②

在这次瑞安迎城隍神演戏等活动中，负责处理一切事务者，是被推选出的斋官。

第四种是首事。张组成《浣垡观剧记》之"民国十九年（1930）七月廿九日 接新同福戏班来地演剧"条记载：

> 昨派工至永嘉接新同福戏班来地演剧，予亦四份首事之一，故有此举。夜戏已开演，忽报县公安局周巡官率巡逻队数十人持枪至地，过余家，云"奉票禁戏"，并拿获现行赌犯张乃姆、蔡根寿等，观者如堵。余语巡官：以演戏事，各村已有先例，且官厅无布告事先周知，势难遂禁。唯赌博事，例应处罚。③

在这则史料中，该村负责组织演戏的人，称首事。人数有4位。职责

---

① 《瓯海公报》，1918年3月23日，转引自沈不沉编著《温州戏曲史料汇编》上册，中国戏剧出版社2011年版，第427页。
② 同上书，第427页。
③ 沈不沉编著：《温州戏曲史料汇编》下册，中国戏剧出版社2011年版，第438页。

是组织、联系、解决演戏的相关事宜，如派人去接戏班，接待、应对官府的检查、询问等。

通过上述分析可以得知，在清末民初的温州地方社会，各地负责其祠庙迎神演戏等相关事务的组织者，有福首、司事、斋官、首事等几种不同的称呼，但作用基本相同，都是负责相关事务的组织、联系、协调，解决出现的各种问题等。如果办事不力，还会受到惩罚。

第六节 戏业组织：专业行业组织与业余爱好组织并存

温州作为南戏故里，戏曲演出市场繁荣，有许多职业戏班，后来成立了戏班的行业组织——戏捐局。关于温州戏捐局的成立背景、成立情况等内容，在地方文献中有相关记载。

《刘绍宽日记》之"光绪三十一年乙巳（1905）九月初五日"条记载：

> 舟往芦江，为议戏捐事。本年暂由戏班认捐，由雇人对掌班收取。本日戏股来者惟七八人，皆承认班分四等，捐数递差。至明年，则以戏银核计，值百抽十，或抽五厘、七厘，当再议也。班中琐事，学堂概不与闻，惟每年官戏，差役来索，或班在江南者，可由总董函告文武各衙，免其需扰也。计开头等一班：品玉；二等六班：连玉、新瑞昌、大瑞昌、喜春花、聚福、新马歌；三等六班：祥云、大顺昌、银福、小马歌、新同春、新玉和；四等二班：新义昌、塔头班。①

刘氏日记记载了戏捐的征收方式、数额及戏捐局的作用等。如1905年的戏捐征收方式是由戏班认捐，而且将戏班分等，每等捐额不同。计划1906年戏捐局成立后，按戏银抽捐，所抽具体数额再定。而且戏捐局成立后，除负责向戏班收捐外，也要为戏班提供一些保护，主要是每年使戏班免受官戏摊派之苦。

---

① 方浦仁、陈盛奖整理：《刘绍宽日记》，中华书局2018年版，第405页。

《东瓯逸事汇录》卷八"文化·戏学三事"条记载:

> 光绪季年,温之伶人联合各班,成一团体,此戏局之所由出见也。沪上伶人文明较胜,而所谓伶界联合会屡起屡蹶,则吾温戏局至今犹巍然存者,诚足自豪也。①

史料表明,清光绪时,温州戏班联合成立了自己的行业组织——戏局,且该组织存在了很长时间。对此,《温州词典》之"文化篇·戏业公会"条有更详细的记载:

> 温州较早之戏曲演出行业组织,组建于1906年(清光绪三十二年)。当时各职业戏班对官厅无偿摊派之"官戏"不胜其苦,为革除此项陋习,艺人派出代表与温州学务分处总理孙诒让商谈,自愿每年捐资1200元大洋作为师范学校经费,经温州道台衙门批准成立"戏捐局"。1925年在大高桥购得地基十余亩,兴建"温州戏业会馆",正式成立戏业公会,又名"戏业公所"。参加公会之民间职业戏曲班社达30余个。公会由专人负责,每日上午公布城区各庙台演出之剧目。②

从史料看出,清朝末年,温州的职业戏班为摆脱官戏无偿摊派之苦,1906年,以每年自愿向官府捐资的方式,申请成立行业组织,并得到批准,于是成立了戏捐局。1925年,兴建了自己的行业会馆,正式成立戏业公会。公会由专人负责,管理日益规范化。

此外,《温州词典》之"文化篇·珊珊票房"条记载:

> 温州早期业余京剧组织,成立于1933年,原名"三三票房"。由京剧爱好者张子畴、刘克西、姜绮雯等领头组成。开始时设在九

---

① 陈瑞赞编注:《东瓯逸事汇录》,上海社会科学院出版社2006年版,第183页。
② 殷佩章主编:《温州词典》,复旦大学出版社1995年版,第387页。

柏园头,后迁至三官殿巷,成员以当地工商业者居多。经常为募集抗日或地方公益事业经费举行义演。①

这条资料告诉我们,民国时期的温州,在原来建有专业戏曲行业组织的基础上,出现了业余的与戏曲相关的组织。这一组织的成员以当地工商业者居多,说明是属于劳动者阶层的一个业余戏曲爱好组织。

通过本节研究可以看出,温州存在的戏业组织,包括专业的戏曲行业组织——戏捐局,也包括业余的戏曲爱好组织——珊珊票房。

第七节 书会:由下层文人组成,进行剧本创作兼参与戏曲演出

温州作为南戏故里,戏曲文化发达的原因之一,是其有一个剧本的创作群体。新剧本、好剧本的不断创作与更新,是推动温州戏曲持续发展的重要因素。

关于剧作家与剧本创作,赵山林研究指出:

> 要不断有新的剧本推出,就要依靠剧作家的努力。宋元两代的剧作家主要是才人,即接近市民阶层的下层文人。才人多半参加书会,即专业的或业余的创作团体。……南戏现知有温州的九山书会,永嘉书会。②

赵山林指出,剧本的创作者主要是下层文人,而且多会参加专业或业余的创作团体。关于其提及的温州九山书会,《温州词典》之"文化篇·九山书会"条记载:

> 宋元时期温州南戏创作与演出机构。明《永乐大典·张协状元》

---

① 殷佩章主编:《温州词典》,复旦大学出版社1995年版,第388页。
② 赵山林:《中国戏曲观众学》,华东师范大学出版社1990年版,第9页。

载有"九山书会,近日翻腾,别是风味"等语。九山系温州地名,今尚有"九山河"、"九山路"等。《温州府志》载晋郭璞建城于温州周围九座山之上,故"九山"亦可作温州之别名。"书会"原为一种民间教育机构,系士子会文交友之场所。书会中之"才人"多从事戏曲演出活动。温州系南戏之发祥地,除"九山书会"外,尚有"永嘉书会"。①

《温州词典》的记载说明,九山书会是温州宋元明时期一直存在的一个戏曲创作机构,而且还参与演出。

洪振宁在《温州文化史图说》中指出:

> 书会是下层文人和艺人的组织,主要从事剧本和话本的编撰。书会的成员一般称为才人。钱南扬认为才人是不得志于时的小知识分子,他们接近市民阶层。早期书会的一个特点是编写脚本兼演出。在南戏发展的过程中,书会曾经起到过重要的作用。温州是南戏发源和盛行的地方,除了九山书会之外,还有永嘉书会等。②

从上述记载和研究可以看出,温州书会是由下层文人组成的,进行剧本创作兼参与戏曲演出的组织。之所以会出现这种现象,与对剧本创作者的文化素养要求和这部分群体的社会身份、处境相关。

进行剧本创作,需要具备一定的文化素养。在中国古代社会,因为戏曲行业地位低下,使得当时社会中的大知识分子,不会参与其间。生活在社会下层的普通民众,不具备进行剧本创作的文化素养。只有下层文人或小知识分子,既具备一定的文化素养,具有进行剧本创作的能力,又不介意参与其间。同时,这部分人在整个社会体系中,处于一种联上接下的位置。因为具有一定的文化素养,使之有机会接触、了解上层社会。但各种因素的限制,使他们又不会有很大的上升空间。正是这种不上不下的社会位置,

---

① 殷佩章主编:《温州词典》,复旦大学出版社1995年版,第384页。
② 洪振宁:《温州文化史图说》,浙江摄影出版社2012年版,第35页。

使他们对人世百态、人间苦暖有着更深的感悟。这些有利于他们进行剧本的创作，有利于他们写出既符合传统伦理道德标准，又反映民间社会疾苦、百姓心声的作品。

戏曲的社会教化功能逐渐得到统治者的认可，也是推动文人参与剧本创作的一大因素。李众喜指出：

> 从元末高明的《琵琶记》高调提出"不关风化体，纵好也徒然"开始，戏曲的教化功能逐渐被统治者重视并大加倡导，文人士大夫开始改变传统鄙视戏曲的态度，把戏曲当作治国平天下的重要辅助工具大力投入戏曲创作，利用戏曲演出将忠孝节义等封建礼教思想灌输给广大民众，规范人们行为，维护社会秩序和封建统治。①

温州不仅有本地戏曲创作的群体，与外地剧作家之间还有交流。沈不沉研究指出：

> 万历年间，著名昆剧作家梁辰鱼、汤显祖、屠隆等人都曾先后到过温州，与温州文人有过交往，这与温州的戏剧活动不能说毫无关系。②

温州书会、文人参与戏曲创作，对地方戏曲的发展，无疑产生了非常直接而又重要的影响。如《东瓯逸事汇录》卷八"文化·竹马歌班"条记载：

> 光、宣之间，竹马歌颇盛一时。其始亦不过三数士人之擅声律者偶一游戏，招群儿教之，久久才登场。当时不许伶人考试入仕，并禁其子孙，故以"青梅竹马"之意名其班，可谓煞费苦心。③

---

① 李众喜：《山西古戏台雕饰风格演变及文化动因》，《浙江艺术职业学院学报》2012年第2期。
② 沈不沉编著：《温州戏曲史料汇编》上册，中国戏剧出版社2011年版，第51页。
③ 陈瑞赞编注：《东瓯逸事汇录》，上海社会科学院出版社2006年版，第184页。

竹马歌作为温州地方戏曲的一种，在其产生、发展的过程中，地方文人发挥了非常重要的作用。

本章从以上七个方面，对温州戏曲中的一些问题进行了研究，也从中发现了其体现出的温州地域社会和文化的一些现象和特性，丰富了本书的研究内容。

结 束 语

中国的戏曲文化，博大精深，内涵丰富。不同地域的地方戏曲，具有自己的特色和风采。温州作为南戏故里，关于戏曲可做的研究很多。本书通过上述十二章内容，以戏曲学的视域，从不同的角度和层面，对明清时期温州的地域社会和文化，进行了较为全面、深入、充分的研究。在一定程度上揭示了当时温州地域社会和文化的特性与风采，为整个温州地域社会与文化的相关研究，提供了新的视域和思考，推动了相关研究，也为学界的类似研究，提供了地域的个案和参考。

研无止境，在本书内容行将结束之时，只能说从戏曲学视域对明清时期温州地域社会与文化的研究，是就目前所能见及的史料和能够进行的思考，做了一个阶段性的收尾。以后随着相关新史料、文物等的发现，关于温州戏曲与地域社会和文化，将会有新的思考。那是待之未来，心怀期待的事情了。

参考文献

一 史料（按史志、谱牒、文集顺序）

（一）史志

《明史》，中华书局1974年标点本。

康熙《浙江通志》，凤凰出版社2010年版。

弘治《温州府志》，上海社会科学院出版社2006年版。

道光《徽州府志》，江苏古籍出版社1998年版。

康熙《嵊县志》，上海书店出版社2011年版。

嘉庆《黟县志》，江苏古籍出版社1998年版。

道光《休宁县志》，江苏古籍出版社1998年版。

同治《祁门县志》，（台湾）成文出版社1975年版。

光绪《宁海县志》，上海书店出版社2011年版。

民国《歙县志》，江苏古籍出版社1998年版。

民国《平阳县志》，苍南县历史文化研究会2014年影印本。

朱礼主编：《文成县志》，中华书局1996年版。

（清）林鹗、林用霖编纂，陶汉心点注校勘：《分疆录点注》，香港出版社2010年版。

（清）戴咸弼辑：《东瓯金石志》，清光绪二年（1876）浙江温州郡庠自备聚珍批印本。

郑小小主编：《永嘉金石志》，中华书局2011年版。

金文平等编辑：《鹿城地名志》，1987年刊行本。

（二）谱牒

郑笑笑、潘猛补主编：《浙南谱牒文献汇编》第1辑，香港出版社2003年版。

郑笑笑、潘猛补主编：《浙南谱牒文献汇编——诗词篇》，香港出版社2007年版。

郑笑笑、潘猛补主编：《浙南谱牒文献汇编》第3辑，香港出版社2008年版。

钱克辉主编：《苍南谱序族规家训选编》，线装书局2015年版。

陈光熙、林伟昭校编：《瓯海谱牒文献汇编》，上海印书馆2016年版。

陈后强主编：《苍南县陈姓通览》，杭州出版社2006年版。

邓昭算主编：《温州邓氏族谱》，2002年印刷本。

缪维銮主编：《温州苍南缪氏通志》，（香港）国际炎黄文化出版社2008年版。

《金乡王氏宗谱》，1976年铅印本。

《钱镇彭城刘氏宗谱》，道光木活字本。

《永嘉鉴川麻氏宗谱》，2006年木活字本。

歙县《潭渡黄氏族谱》，清雍正九年（1731）刻本。

歙县《桂溪项氏族谱》，清嘉庆十六年（1811）木活字本。

黟县《南屏叶氏族谱》，清嘉庆十七年（1812）木活字本。

《茗州吴氏家纪》，万历抄本。

（三）文集

（宋）刘安节等撰，陈光熙、丁治民点校：《刘安节集 刘安上集 许景衡集 刘黻集》，上海社会科学院出版社2006年版。

（宋）薛季宣撰，张良权点校：《薛季宣集》，上海社会科学院出版社2003年版。

（宋）郑伯雄、郑伯谦撰，周梦江校注：《二郑集》，上海社会科学院出版社2006年版。

（宋）周行己撰，周梦江笺校：《周行己集》，上海社会科学院出版社2002年版。

（元）李孝光撰，陈增杰校注：《李孝光集校注》，上海社会科学院出版社 2005 年版。

（明）何白撰，沈洪保点校：《何白集》，上海社会科学院出版社 2006 年版。

（明）何孟春撰：《余冬序录抄摘内外篇》，中华书局 1985 年版。

（明）侯一麟撰，蔡克骄点校：《龙门集》，上海社会科学院出版社 2006 年版。

（明）姜准撰，蔡克骄点校：《岐海琐谈》，上海社会科学院出版社 2002 年版。

（明）陆容撰，李健莉校点：《菽园杂记》，上海古籍出版社 2012 年版。

（明）王健著，张侃、王绍新、董丽琼校注：《鹤泉集》，厦门大学出版社 2014 年版。

（明）文林撰：《文温州文集》，浙江巡抚采进本。

（明）王叔杲撰，张宪文校注：《王叔杲集》，上海社会科学院出版社 2005 年版。

（明）吴子玉撰：《大鄣山人集》，安徽巡抚采进本。

（明）项乔撰，方长山、魏得良点校：《项乔集》，上海社会科学院出版社 2006 年版。

（明）张璁撰，张宪文校注：《张璁集》，上海社会科学院出版社 2003 年版。

（清）陈虬、宋恕、陈黻宸撰：《东瓯三先生集补编》，上海社会科学院出版社 2005 年版。

（清）顾炎武撰，严佐之等校点：《顾炎武全集》，上海古籍出版社 2011 年版。

（清）洪炳文撰，沈不沉编：《洪炳文集》，上海社会科学院出版社 2004 年版。

（清）黄汉撰：《瓯乘补》，清道光二十二年（1842）敬乡楼藏本。

（清）黄体芳撰，俞天舒编：《黄体芳集》，上海社会科学院出版社 2004 年版。

（清）刘景晨撰，卢礼阳、李康化编注：《刘景晨集》，上海社会科学院出版社 2006 年版。

（清）梅冷生撰，潘国存编：《梅冷生集》，上海社会科学院出版社 2006 年版。

（清）孙锵鸣撰，胡珠生编注：《孙锵鸣集》，上海社会科学院出版社

2003年版。

（清）孙衣言撰，张如元校笺：《瓯海轶闻》，上海社会科学院出版社2005年版。

（清）孙延钊撰，徐和雍、周立人整理：《孙衣言孙诒让父子年谱》，上海社会科学院出版社2003年版。

（清）孙延钊撰，周立人、徐和雍编校：《孙延钊集》，上海社会科学院出版社2006年版。

（清）王理孚撰，张禹、陈盛奖编注：《王理孚集》，上海社会科学院出版社2006年版。

（清）王毓英著，卢礼阳编校：《王毓英集》，中国文史出版社2011年版。

（清）薛钟斗辑，余振棠校补：《东瓯词徵》，上海社会科学院出版社2004年版。

（清）张棡著，俞雄选编：《张棡日记》，上海社会科学院出版社2003年版。

（清）曾唯辑，张如元等校补：《东瓯诗存》，上海社会科学院出版社2006年版。

（清）朱一新撰：《佩弦斋文存》，清光绪二十二年（1896）龙氏葆真堂刻本影印本。

（民国）黄群撰，卢礼阳辑：《黄群集》，上海社会科学院出版社2003年版。

（民国）杨青撰，谢作拳、伍显军编：《杨青集》，上海社会科学院出版社2005年版。

陈光熙编：《明清之际温州史料集》，上海社会科学院出版社2005年版。

陈光熙点校：《符璋日记》，中华书局2018年版。

陈瑞赞编注：《东瓯逸事汇录》，上海社会科学院出版社2006年版。

丁世良、赵放主编：《中国地方志民俗资料汇编》华东卷，书目文献出版社1995年版。

方浦仁、陈盛奖整理：《刘绍宽日记》，中华书局2018年版。

黄庆澜：《瓯海观政录》，（台湾）文海出版社1976年版。

金柏东主编：《温州历代碑刻集》，上海社会科学院出版社2002年版。

李骅辑录：《浙江戏曲史料汇编》第5辑，1985年印刷本。

吕渭英、潘猛补编：《吕渭英集》，天马图书有限公司2001年版。

欧阳发、洪钢编：《安徽竹枝词》，黄山书社出版社 1993 年版。

秦学人、侯作卿编著：《中国古典编剧理论资料汇编》，中国戏剧出版社 1984 年版。

沈不沉编著：《温州戏曲史料汇编》，中国戏剧出版社 2011 年版。

沈洪保整理：《林骏日记》，中华书局 2018 年版。

吴鹭山著，卢礼阳、方韶毅编校：《吴鹭山集》，线装书局 2013 年版。

吴鸣皋编著：《文成见闻录》，1993 年铅印本。

吴明哲编：《温州历代碑刻二集》，上海社会科学院出版社 2006 年版。

俞光编：《温州古代经济史料汇编》，上海社会科学院出版社 2005 年版。

殷佩章主编：《温州词典》，复旦大学出版社 1995 年版。

张钧孙、张铁孙、戴若兰合编：《杜隐园诗文辑存》，香港出版社 2005 年版。

二 论著

B

卞利：《徽州民俗》，安徽人民出版社 2005 年版。

鲍义来：《徽州工艺》，安徽人民出版社 2005 年版。

C

曹飞：《清代山西神庙戏碑辑考》，三晋出版社 2012 年版。

常建华：《宋以后宗族的形成及地域比较》，人民出版社 2013 年版。

常建华主编：《宋以后的宗族形态与社会变迁》，天津人民出版社 2013 年版。

常建华主编：《中国日常生活史读本》，北京大学出版社 2017 年版。

陈琪、张小平、章望南：《花雨弥天妙歌舞：徽州古戏台》，辽宁人民出版社 2002 年版。

陈瑞：《明清徽州宗族与乡村社会控制》，安徽大学出版社 2013 年版。

车文明：《20 世纪戏曲文物的发现与曲学研究》，文化艺术出版社 2001 年版。

车文明：《中国神庙剧场》，文化艺术出版社 2005 年版。

车文明：《中国古戏台调查研究》，中华书局 2011 年版。

崔卫胜主编：《温州古戏台》，浙江古籍出版社 2013 年版。

陈支平：《近五百年来福建的家族社会与文化》，中国人民大学出版社

2011 年版。

D

董每戡：《中国戏剧简史》，商务印书馆 1949 年版。

F

冯尔康、常建华：《清人社会生活》，沈阳出版社 2001 年版。

冯尔康：《18 世纪以来中国家族的现代转向》，上海人民出版社 2005 年版。

冯俊杰：《戏剧与考古》，文化艺术出版社 2002 年版。

冯俊杰：《山西神庙剧场》，中华书局 2006 年版。

冯俊杰：《古剧场与神系·神庙研究》，西安交通大学出版社 2014 年版。

方坚铭：《"永嘉场"地域文化研究：以明代永嘉场为考察中心》，浙江大学出版社 2012 年版。

冯沅君、陆侃如：《南戏拾遗》，安徽教育出版社 2011 年版。

G

高琦华：《中国戏台》，浙江人民出版社 1996 年版。

巩天峰：《神庙戏台装饰艺术研究》，山东画报出版社 2014 年版。

H

胡雪冈：《温州南戏考述》，作家出版社 1998 年版。

胡雪冈：《胡雪冈集》，黄山书社 2009 年版。

洪振宁：《温州文化史图说》，浙江摄影出版社 2012 年版。

黄竹三主编：《宋金元戏曲文物图论》，山西人民出版社 1987 年版。

J

金丹霞、施菲菲：《温州望族》，浙江摄影出版社 2008 年版。

L

廖奔：《中国古代剧场史》，人民文学出版社 2012 年版。

廖奔：《中国戏剧图史》，人民文学出版社 2015 年版。

廖奔、赵建新：《中国戏曲文物图谱》，中国戏剧出版社 2015 年版。

廖奔：《宋元戏曲文物与民俗》，中国戏剧出版社 2016 年版。

洛地：《戏曲与浙江》，浙江人民出版社 1991 年版。

刘大可：《闽台地域人群与民间信仰研究》，海风出版社 2008 年版。

陆萼庭：《昆剧演出史稿》，上海教育出版社 2006 年版。

罗德胤：《中国古戏台建筑》，东南大学出版社2009年版。

刘敦桢主编：《中国古代建筑史》，中国建筑工业出版社1984年版。

李锋：《中国传统琉璃》，人民美术出版社2008年版。

林华东主编：《瓯文化论集》，浙江人民出版社2009年版。

陆林、凌善金、焦华富：《徽州村落》，安徽人民出版社2005年版。

刘念兹：《戏曲文物丛考》，中国戏剧出版社1983年版。

梁思成：《营造法式注释》，中国建筑工业出版社1983年版。

林天文主编：《永嘉曲谱集成》，浙江摄影出版社2014年版。

刘致平：《中国建筑类型及结构》，中国建筑工业出版社2000年版。

刘周晰、张声和主编：《温州历代楹联》，中华书局2012年版。

M

麻荣表主编：《文化应界坑》，2012年印刷本。

Q

钱南扬：《宋元南戏百一录》，哈佛燕京学社1934年版。

齐如山：《中国剧之组织》，山西人民出版社2014年版。

S

孙崇涛：《南戏论丛》，中华书局2001年版。

史行主编：《中国戏曲志·浙江卷》，中国ISBN中心1997年版。

邵田田主编：《绍兴古戏台》，浙江摄影出版社2007年版。

T

［日］田仲一成：《中国的宗族与戏剧》，钱杭、任余白译，上海古籍出版社1992年版。

［日］田仲一成：《中国戏剧史》，云贵彬、于允译，北京广播学院出版社2002年版。

［日］田仲一成：《明清的戏曲——江南宗族社会的表象》，云贵彬、王文勋译，北京广播学院出版社2004年版。

［日］田仲一成：《中国祭祀戏剧研究》，布和译，北京大学出版社2008年版。

W

吴东总主编：《东瓯遗韵：温州市非物质文化遗产大观（一）》，西泠印社出版社 2009 年版。

王国维：《宋元戏曲史》，上海古籍出版社 1998 年版。

王季卿主编：《中国传统戏场建筑研究》，同济大学出版社 2014 年版。

吴开英：《中国古戏台匾联艺术》，当代中国出版社 2007 年版。

吴开英等：《中国古戏台研究与保护》，中国戏剧出版社 2009 年版。

王荣法、王鑫君：《嵊州古戏台》，中国文史出版社 2014 年版。

王亚菲、朱黎明：《笙歌满庭芳：江西古戏台旅游》，百花洲文艺出版社 2009 年版。

中共温州市委宣传部主编：《温州节日》，中国民族摄影艺术出版社 2011 年版。

X

徐宏图、康豹主编：《平阳县、苍南县传统民俗文化研究》，民族出版社 2005 年版。

徐宏图：《南戏遗存考论》，光明日报出版社 2009 年版。

徐宏图：《温州古代戏曲史》，人民出版社 2018 年版。

徐进：《话台言戏：传统文化视阈下的乐平古戏台与民间戏曲》，江西人民出版社 2017 年版。

薛林平：《中国传统剧场建筑》，中国建筑工业出版社 2009 年版。

徐培良、应可军：《宁海古戏台》，中华书局 2007 年版。

谢涌涛、高军：《绍兴古戏台》，上海社会科学院出版社 2000 年版。

谢子静：《温州古戏台戏曲彩绘图集》，四川美术出版社 2017 年版。

Y

姚赯、蔡晴主编：《江西古建筑》，中国建筑工业出版社 2015 年版。

俞为民：《宋元南戏考论》，台湾商务印书馆 1983 年版。

俞为民：《宋元南戏考论续编》，中华书局 2004 年版。

俞为民：《南戏通论》，浙江人民出版社 2008 年版。

俞为民：《宋元南戏文本考论》，中华书局 2014 年版。

俞雄：《叶适思想论稿》，黄山书社 2015 年版。

杨新平等编著：《浙江古建筑》，中国建筑工业出版社 2015 年版。

杨影、王柬编著：《徽州文化》，吉林文史出版社 2010 年版。

Z

张庚、郭汉城主编：《中国戏曲通论》，中国戏剧出版社 2010 年版。

中共温州市委宣传部等编著：《人文温州》，浙江摄影出版社 2013 年版。

中共温州市委宣传部等编著：《走读温州》，浙江摄影出版社 2013 年版。

周航主编：《宁海古戏台建筑群研究》，浙江大学出版社 2015 年版。

周华斌、朱联群主编：《中国剧场史论》，北京广播学院出版社 2003 年版。

朱海滨：《祭祀政策与民间信仰变迁——近世浙江民间信仰研究》，复旦大学出版社 2008 年版。

赵华富：《徽州宗族调查研究》，人民出版社 2014 年版。

赵景深：《元明南戏考略》，人民文学出版社 1990 年版。

张良华主编：《中国乐平古戏台》，江西人民出版社 2008 年版。

赵山林：《中国戏曲观众学》，华东师范大学出版社 1990 年版。

赵世瑜：《小历史与大历史：区域社会史的理念、方法与实践》，生活·读书·新知三联书店 2006 年版。

郑维国、鲍克让主编：《苍南民俗》，2001 年刊行本。

朱万曙主编：《徽学》第 2 卷，安徽大学出版社 2002 年版。

朱万曙：《徽州戏曲》，安徽人民出版社 2005 年版。

周晓光主编：《徽州文化史》明清卷，安徽人民出版社 2015 年版。

张小平：《聚族而居柏森森：徽州古祠堂》，辽宁人民出版社 2002 年版。

周贻白：《中国剧场史》，中国戏剧出版社 2016 年版。

朱永春：《安徽古建筑》，中国建筑工业出版社 2015 年版。

三　论文

B

[日] 滨岛敦俊：《明初城隍考》，许檀译，《社会科学家》1991 年第 6 期。

白洪祉：《平阳县腾蛟镇忠训庙庙会》，载徐宏图、康豹主编《平阳县、苍南县传统民俗文化研究》，民族出版社 2005 年版。

毕忠松、李沄璋、曹毅：《徽州古戏台大本堂建筑形式浅析》，《建筑与文化》2014 年第 9 期。

C

陈琪：《藏在宗祠里的徽州古戏台》，《中国文化遗产》2013 年第 5 期。

车文明：《民间法规与罚戏》，《中国戏曲学院学报》2009 年第 4 期。

车文明：《中国古代戏台规制与传统戏曲演出规模》，《上海戏剧学院学报》2011 年第 1 期。

车文明：《中国神庙剧场中的看亭》，转引自王潞伟《上党神庙剧场研究》，中国戏剧出版社 2016 年版。

F

傅聪：《试论理学对徽州传统戏曲的影响》，《艺术评论》2011 年第 12 期。

范春义：《卫聚贤与 20 世纪戏台史研究的兴起》，《文学遗产》2013 年第 1 期。

付华顺：《祭祀空间与宗族认同——政和县禾洋村东平尊王祭祀的民俗考察》，《闽江学院学报》2007 年第 3 期。

H

胡春、王薇：《祁门古戏台建筑形制与木雕装饰艺术研究》，《安徽建筑大学学报》2016 年第 5 期。

黄辉富：《赣剧与乐平古戏台》，《戏曲艺术》1997 年第 2 期。

郝慧娜：《从〈杜隐园日记〉看清代光、宣年间温州戏曲演出之盛》，《温州大学学报》（社会科学版）2010 年第 1 期。

胡雪冈：《〈张协状元〉校释前言》，载胡雪冈《胡雪冈集》，黄山书社 2009 年版。

黄义枢、刘水云：《试论〈杜隐园观剧记〉的戏曲史料价值》，《温州大学学报》（社会科学版）2007 年第 4 期。

J

金亮希：《苍南县蒲城姓氏研究》，载徐宏图、康豹主编《平阳县、苍南县传统民俗文化研究》，民族出版社 2005 年版。

L

李冬君：《南戏里的民间精神》，《文史天地》2015 年第 7 期。

罗德胤：《中国古代戏台测绘图（三）》，载中华戏曲学会编《中华戏曲》第 38 辑，文化艺术出版社 2008 年版。

刘水云、黄义枢：《张㭎〈杜隐园日记〉中的地方戏剧史料》，《文献》2007年第3期。

刘文峰：《徽商与西商之比较及对戏曲的贡献》，载朱万曙、卞利主编《戏曲·民俗·徽文化论集》，安徽大学出版社2004年版。

刘钊、钟灵：《论农村宗教的社会保障功能——以福建省长汀县宣成乡"祖师菩萨"为例》，《青海社会科学》2009年第5期。

李众喜：《山西古戏台雕饰风格演变及文化动因》，《浙江艺术职业学院学报》2012年第2期。

P

潘小平：《徽州老戏台》，《江淮文史》2004年第4期。

S

沈不沉：《民国时期的温州话剧》，《温州日报》2012年5月28日第10版。

沈不沉：《张㭎日记：半部温州戏剧史》，《温州日报》2012年7月30日第11版。

T

［日］田仲一成：《中国戏曲文学在祭祀仪式中产生的过程》，载刘祯主编《戏曲研究》第76辑，文化艺术出版社2008年版。

W

王季卿：《中国传统戏场建筑考略之二——戏场特点》，《同济大学学报》2002年第2期。

王荣法：《嵊州古戏台调查》，《东方博物》2006年第1期。

王薇、徐震：《徽州地区明清时期古戏台规划选址及建筑类型》，《工业建筑》2015年第7期。

吴晓美、周金琰：《浮动的"中心"：湄洲岛妈祖信仰空间考察》，《民俗研究》2015年第1期。

X

肖勇骏：《绍兴古戏台的越剧风华》，《东方收藏》2013年第9期。

惜珍：《俗称"五马路"的广东路》，《档案春秋》2019年第5期。

薛林平：《安徽传统戏场建筑研究》，《华中建筑》2007年第8期。

薛林平：《浙江传统祠堂戏场建筑研究》，《华中建筑》2008年第6期。

薛林平：《上海清代晚期戏园研究》，《华中建筑》2009年第1期。

徐兆格：《平阳怀溪乡垟溪宫"五显爷庙会"》，载徐宏图、康豹主编《平阳县、苍南县传统民俗文化研究》，民族出版社2005年版。

Y

幺书仪：《徽班给北京带来了什么》，载朱万曙、卞利主编《戏曲·民俗·徽文化论集》，安徽大学出版社2004年版。

俞婉君：《堕民与绍兴戏曲关系考》，《文化艺术研究》2012年第2期。

Z

张奋：《平阳县钱仓城隍庙会》，载徐宏图、康豹主编《平阳县、苍南县传统民俗文化研究》，民族出版社2005年版。

周华斌：《中国古戏楼研究》，载周华斌、朱联群主编《中国剧场史论》上卷，北京广播学院出版社2003年版。

赵华富：《徽州宗族祠堂三论》，《安徽大学学报》（哲学社会科学版）1998年第4期。

张丽娟：《戏约趣谈》，《戏友》2015年第4期。

章望南：《传统民间戏曲与徽派建筑装饰》，载朱万曙、卞利主编《戏曲·民俗·徽文化论集》，安徽大学出版社2004年版。

朱万曙：《明清两代徽州的演剧活动及其与区域文化的互动关系》，载朱万曙、卞利主编《戏曲·民俗·徽文化论集》，安徽大学出版社2004年版。

四 学位论文

H

郝慧娜：《清末民初温州地方戏曲演出研究——以〈杜隐园日记〉为中心》，硕士学位论文，温州大学，2010年。

L

李强：《徽州古戏台观演空间研究》，硕士学位论文，安徽建筑大学，2015年。